从"快乐中国"到"文化中国"
——娱乐文化生产机制及其转向

郑 月 ◎ 著

图书在版编目（CIP）数据

从"快乐中国"到"文化中国"：娱乐文化生产机制及其转向 / 郑月著. -- 北京：中国戏剧出版社，2023.9（2024.6重印）
ISBN 978-7-104-05401-6

Ⅰ. ①从… Ⅱ. ①郑… Ⅲ. ①文娱活动－电视节目－研究－中国 Ⅳ. ① G222.3

中国国家版本馆CIP数据核字（2023）第 185875 号

从"快乐中国"到"文化中国"：娱乐文化生产机制及其转向

责任编辑：齐　钰
责任印制：冯志强

出版发行：	中国戏剧出版社
出 版 人：	樊国宾
社　　址：	北京市西城区天宁寺前街 2 号国家音乐产业基地 L 座
邮　　编：	100055
网　　址：	www.theatrebook.cn
电　　话：	010-63385980（总编室）　010-63381560（发行部）
传　　真：	010-63381560

读者服务：010-63381560
邮购地址：北京市西城区天宁寺前街 2 号国家音乐产业基地 L 座

印　　刷：	北京九州迅驰传媒文化有限公司
开　　本：	787mm×1092mm　1/16
印　　张：	18.5
字　　数：	270 千字
版　　次：	2023 年 9 月　北京第 1 版第 1 次印刷
	2024 年 6 月　北京第 1 版第 2 次印刷
书　　号：	ISBN 978-7-104-05401-6
定　　价：	118.00 元

版权专有，违者必究；如有质量问题，请与出版社联系调换。

序

湖南广电现象：中国媒体及社会广泛转型之窗

马嘉兰（Fran Martin）

墨尔本大学文化与传播学院文化研究系主任、教授

湖南广电[①]的迅速走红，抑或说湖南广电现象，在中国以及世界语境下，都可谓一种媒介奇迹，而本书恰恰对这一现象进行了独具洞见及富有学理性的研究。作者以严谨的学术态度、敏锐的洞察力，以及饱含温度的人文关怀，从多个方面探索并挖掘了这一媒介现象。在此过程中，作者深刻地论证了这样一个问题，即对湖南广电的研究并非只局限于对该媒介自身的研究，更重要的是它像一面镜子，反映了中国在某一历史阶段的重大转型。本书对一个社会主义国家的商业性广播电视台从一个小小的省级电台蜕变为全国性的"传媒帝国"进行了极富洞见的个案研究，这对我们了解20世纪90年代以来中国的媒体格局和更广泛的社会所发生的重大转变，具有重要意义。

本书对湖南广电近30年来各类现象的研究涉及了多个方面：既包括技术转型，湖南广电适应了从广播电视时代到流媒体及直播的崛起，以及从有线电视、卫星电视，到互联网平台化的变化；也包括经济方面的转变，湖南广

---

① 关于"湖南广电"的界定，详见本书正文部分第10页。

电的崛起既反映了中国媒体和社会市场化效应的深化，也促进了电视的商业性发展；当然也包括来自政策和规制的影响，在书中我们看到国家的规制之手确保媒体行业通过其宣传功能为国家及人民的需要服务，这尤其体现在近年来湖南卫视对弘扬健康的文化价值观、正能量、主旋律价值观主题的要求做出的回应。正如作者在行文中所强调的，这表明了电视的行政职能。作者以湖南广电为例，生动地论证了近几十年来，中国的传媒业是如何在以上这些（有时是矛盾的）力量的动荡交汇点上相互作用，并在这种动态变化的技术、经济和规制所共同构建起的复杂疆域中前行的。

本书研究电视的方法从一开始就以文化研究的传统为基础，特别是作者巧妙地运用了保罗·杜盖伊和斯图尔特·霍尔的"文化的循环"概念。作者批判性地驾驭了中西方媒介及文化研究领域中的关键理论。作者的关注点不只是把电视作为一种文化工业系统（就像我们在传统的媒体研究方法中看到的那样），也不仅仅只是对电视内容表征进行分析（就像我们在文学或电影研究中看到的传统文本细读的方法），而是运用"文化的循环"理论路径，要求我们把文化现象看作多方面的，需要从深层次的语境中关注规制、生产、表征、分配、消费和身份认同等因素。

在此基础上，作者以唯物主义的视角通过极为成功也令人动容的田野调查，从生产的角度进一步补充了"文化的循环"理论。在进入湖南广电进行田野调查的几个月中，通过参与式观察湖南卫视的电视专业人员并与其进行深刻交流，作者对荧屏背后的创造性劳动做出了极其令人信服的描述。作者通过论述生产研究的动能，人与人之间的深入交往跃然纸上，她的文字将湖南广电工作者工作生活的复杂性及真实性写活了，让人为那些发生在幕后的劳动故事所动容。

本书的核心是从政治、产业和文化的角度对"娱乐"概念的重述，其最重要的贡献之一是敏锐地描绘了娱乐这一概念的转向，即从早期娱乐与低俗之间的关联，到其通过与本土化的文化价值、正能量和主旋律主题的新联系而获得更广泛的文化及政治意涵。本书的另一贡献在于对综艺节目类型的关注。从某种程度上说，独具特色的东亚综艺节目类型成为阐述娱乐概念重大转向的载体。同时，该书对跨国间综艺节目模式流动的关注，特别是全球综艺节目模式的本地化，将中国案例研究的特殊性与更广泛的全球背景和产业联系起来。我希望全球电视研究学术领域可以关注到这一杰出的研究，对这样一个颇具复杂性与难度的中国个案研究的关注与认可，正是为推动本研究在领域内挑战西方霸权所做出的努力。

总而言之，这是一部了不起的作品，为中国乃至其他国家的电视研究做出了杰出贡献。这本书兼具启发性、可读性与美感，值得被更多人阅读。

目　录

C·O·N·T·E·N·T·S

序　湖南广电现象：中国媒体及社会广泛转型之窗 - 001

绪　论　娱乐的问题化 - 001
  第一节　问题缘起 - 001
  第二节　海内外研究现状 - 017
  第三节　主要研究内容与研究方法 - 034
  小　结 - 042

第一章　娱乐文化生产场域的形成 - 044
  第一节　被重新界定电视综艺格局："湖南电视现象" - 047
  第二节　日常生活的消费化与通俗化：综艺节目发展的文化动因 - 054
  第三节　娱乐文化生产场域的结构：从湖南经视到芒果 TV - 062
  小　结 - 080

第二章　政策规制——"看得见的手" - 082
  第一节　从"喉舌"到"主流媒体"：媒介改革政策的功能与发展 - 083
  第二节　"戴着镣铐跳舞"：湖南广电的改革策略及实践 - 091
  第三节　"娱乐立台"：政策规制下的路径选择 - 110
  小　结 - 119

第三章　内容生产——技术变迁下的综艺制作与流通 - 122

第一节　作为变革动因的技术：从有线电视到视频平台 - 123

第二节　节目模式的流动及生产：从模式借鉴到文化出海 - 140

第三节　内容生产方式与劳动者的身份认同 - 154

小　　结 - 175

第四章　资本与消费——娱乐文化的物质性与生产性 - 177

第一节　作为物质基础的空间及其扩张 - 178

第二节　在娱乐文化再生产的背后 - 187

第三节　融合：消费与生产的相互建构 - 196

小　　结 - 209

第五章　文化认同——视听综艺与新型家国关系的建立 - 211

第一节　作为文化建构的视听综艺 - 212

第二节　亲子关系、亲密关系在都市视域中的表征 - 220

第三节　构建新时代青年文化的引领力 - 232

小　　结 - 251

结　论　"以中国为方法"的新文化及未来 - 253

第一节　娱乐文化生产机制的基本结构 - 255

第二节　具有中国特性的文化生产 - 262

参考文献 - 269

后　记 - 287

绪　论　娱乐的问题化

第一节　问题缘起

一、作为时代症候的泛娱乐化问题

2021年12月28日，湖南卫视新浪官方微博发布了如下内容：

一声你好，是对未来的祝福，也是拥抱美好的自信态度。
勇往直前，去感受拼搏力量，去体验奋斗之美！
《你好，星期六》1月1日起每周六20:10播出。
一起携手同行，说声"你好"！

《你好，星期六》代替《快乐大本营》，意味着《快乐大本营》这档极具娱乐特质的综艺节目，结束了其在湖南卫视自1997年7月开播以来的24年播出生涯。自1997年开播以来，《快乐大本营》已然成为湖南卫视及其以娱乐化为明显特征的内容和定位的标志性能指。它的停播，不仅是一次简单的节目内容的调整，更代表了一个以泛娱乐化为特点的综艺时代的终结。

2021年5月，爱奇艺自制选秀类综艺节目《青春有你3》引发的"倒牛奶"[①]事件，成为国家对泛娱乐化问题进行整治的导火索。对此，2021年国家

---

① "倒牛奶"事件是指：2021年5月，在爱奇艺自制的选秀类综艺节目《青春有你3》中，粉丝为获取节目赞助商产品上的二维码给其支持的选手投票，疯狂购买赞助商品牌的奶制品，在投票完成后把大量剩余的牛奶倒掉，造成了极大的浪费。

网信办开展"清朗"系列专项行动,重点打击五类"饭圈"乱象行为:网络上各种类型的低俗化、娱乐化炒作等现象;一切以吸引眼球、追求流量为目的的网络行为,以及违背社会公序良俗原则的网络行为;规范明星群体及其背后的公司机构;规范官方粉丝团在互联网上的相关行为;严厉打击网络暴力、引发网络粉丝群体非理性发声以及应援活动等的行为。[①]

无论是《快乐大本营》的停播,还是"倒牛奶"事件所折射出的"饭圈"乱象,都指向了一个问题,即进入21世纪第二个十年以来中国大陆(内地)[②]的社会文化语境中,电视及视频网站上的视听综艺的娱乐化已经成为一种"症候"。一方面,其在丰富人民群众精神生活的同时带来了巨大的经济效益;另一方面,由视听综艺的兴盛所带来的泛娱乐化也引发了一系列的社会问题,例如明星的天价片酬、过度畸形的"饭圈文化"、影视作品的IP化,以及唯流量论等问题。在此意义上,以视听综艺作为娱乐化及泛娱乐化的载体,便具有了巨大的复杂性与张力。毫无疑问,在当下中国的社会文化语境中,这已然成为一个迫切需要得到解释的问题。如何进一步解释这个问题呢?首先需要厘清视听综艺泛娱乐化现象背后的社会文化、行业现状等背景性因素,具体体现在如下几个层面:第一,从历史的角度看,视听综艺的发展建立在中国电视业及互联网行业蓬勃发展的基础之上;第二,从行业现状的角度看,技术进步所带来的以平台化为特征的全新的媒介环境,给传统电视综艺节目带来了新的挑战;第三,从其诞生及发展的文化语境看,娱乐性综艺是在不断交织变化的文化背景及媒介环境变迁过程中获取其正当性并逐渐发展壮大的。

从电视业的发展看,自1958年5月1日中国第一座电视台——北京电视

---

① 《国家网信办:严厉打击引发粉丝非理性应援等行为》,来源于2021年5月8日中央广播电视总台央视新闻的报道,具体参见:https://news.cctv.com/2021/05/08/ARTIjPPFg7uay4CgRSevSgZe210508.shtml。

② 本书所论及的范围为中国大陆(内地),不包括港澳台地区,为方便阅读,后文统称中国。

台（现中央广播电视总台的前身）的试验播出①，到六十余年后的今天，电视台大楼早已经成为几百米高的城市地标性建筑②，数字高清信号、5G技术也已经被广泛应用到电视直播中，24小时播出的异彩纷呈的电视节目，观众不仅可以手持遥控器选择节目，而且手机、平板成为更主流的终端，平台已然成为和电视台平分秋色甚至更胜一筹的媒介，在人民群众的日常生活中扮演着日益重要的角色。距今，中国电视已走过一个甲子的历程。自1958年以来六十几年的电视史历经了几个阶段，其中对中国电视发展史比较公认的一种分期方法③是，赵月枝、郭镇之等总结了中国电视的发展历程，将其大致划分为三个历史时期：1958年至1976年为第一阶段，该时期电视功能较为简单，仅作为教育与政治的边缘性手段；1978年至20世纪80年代末为第二阶段，电视开始与政治、文化产生较为密切的联系；20世纪90年代末开始了第三阶段，电视对于市场经济、消费文化、爱国主义的推广具有重要意义。④更为细化地讲，1958年至1966年为艰苦创业时期，是中国电视业的初创期，经历了从无到有的过程，虽然在模式、规范、风格和体制上具有初创时期的稚嫩，却也在观念和实践领域为其后的发展打下了基础。随后，1966年至1976年基本上是电视业附庸于政治的十年，电视业在初创时期形成的一些理念和实践

---

① 1958年是中国电视的元年，随后，上海电视台（今上海广播电视台的前身）与哈尔滨电视台（今黑龙江广播电视台的前身）相继于当年的10月和12月与观众见面。以上内容整理自：郭镇之：《中国电视史》，中国人民大学出版社1991年版，第3—4页。常江：《中国电视史：1958—2008》，北京大学出版社2018年版，第7页。刘习良主编：《中国电视史》，中国广播电视出版社2007年版，第17页。

② 如今的中央广播电视总台（光华路办公区），位于北京市朝阳区东三环中路32号，占地面积约18.7万平方米，总建筑面积约55万平方米，其中主楼由两栋分别为52层234米高和44层194米高的塔楼组成。

③ 参照郭镇之著《中国电视史》（1991年版）、赵玉明主编的《中国广播电视通史》（2004年版）、刘习良主编的《中国电视史》（2007年版）、常江著《中国电视史：1958—2008》（2018年版）、哈艳秋主编的《当代中国广播电视史》（2018年版）中对电视发展的历史分期。

④ 赵月枝：《传播与社会：政治经济与文化分析》，中国传媒大学出版社2011年版，第181页。

传统在这十年中出现了明显的断裂和倒退。以上两个阶段，处于幼年状态的电视业尚未自立，只能称得上是中国电视业的摇篮时期。1976年至1982年是电视业的转型期，电视在题材和形式上开始解冻和复苏，文艺节目、体育节目、专栏节目、电视教育、电视剧等形式得到发展，电视作为媒体开始"自己走路"，为后续的发展奠定了坚实的基础。

其中，1982年是中国电视业发展历程中的重要分水岭。这一年新设立的广播电视部，取代了原中央广播事业局，由吴冷西担任部长。这是在官方话语中首次正式将"广播"与"电视"并提，电视的地位被充分重视和强调[①]。从1983年起，随着改革开放带来对市场经济的重视，以及"四级办电视"政策的推广，电视开始成为具有强势地位的主流媒体，对大众文化的制造起到了重要作用。随之而来的20世纪90年代，消费文化的普及使得中国电视业比较完整地向商业化转型，电视文化也逐渐向大众文化转型，在国家规制、市场刺激、电视机构自身发展的共同作用下，迈入了21世纪。进入21世纪的第一个十年，全行业进行了狂飙突进的产业化改革，面对互联网的浸润，电视业在技术上、市场化的程度上都获得了前所未有的突破。最近十年，随着互联网的发展，平台化对传统电视业产生了史无前例的巨大冲击和褫夺，电视业在这场资本和技术的厮杀中，通过壮士断腕般的创新和改革，在平台的全面夹击下进行突围。

其中值得注意的是，随着近十年来互联网视听业的发展，长视频流媒体平台、短视频平台如雨后春笋般涌现，在内容、用户、流通等层面对传统电视业展开了疯狂"围剿"，一种全新的媒介环境出现，数字化与平台化就是这种新的媒介环境的显著特征。在媒介融合深入推进的境况下，多种层次的"屏幕"出现。列夫·马诺维奇从两个角度追溯屏幕的历史时提到，屏幕在人们的日常生活中无处不在，并处于动态、实时、交互的状态。当下屏幕所具

---

① 1982年5月4日，第五届全国人大常委会第二十三次会议审议通过了《全国人民代表大会常务委员会关于国务院部委机构改革实施方案的决议》，其中规定设立广播电视部，撤销中央广播事业局，电视作为主流媒体的地位得到提升。

有的交互性、模拟性和远程性，沿袭了几百年以来人类对矩形屏幕观看的习惯，这意味着人类社会并没有离开屏幕的时代。①同时，平台化与数字化并不只是技术的变革，它还深刻地塑造着人类的日常生活实践，已经成为一种生活世界的组织方式。②毫无疑问，人类已经进入后电视时代，传统"电视"的定义边界发生了变化，需要重新对"电视"进行定义。随着后电视时代的来临，受互联网的冲击，媒介环境发生了根本性转变，曾经建立在广播网络基础上的电视，正经历着全世界范围内的源头性转变。

因此，需要更加多元地重构对电视的定义，包含在技术、生产方式、观看经验、节目，以及生产背景和生态等多重转变下重新定义电视。③在空间流动性上，电视已经从家庭的客厅转移到卧室、办公室、商场、车上、咖啡店，展现出一种私人化和便捷性的转变；在生产方式上，大型的广播电视公司逐渐式微；在规制上，电视已经被广泛地去规制化，商业化逐渐增强，并且更加重视娱乐性，用户开始成为节目考虑的核心，在内容生产和流通上，个人成为内容生产者，传统的内容开始转移到商业网站和视频网站上，电视内容已经不主要依靠传统的电视网络流通，而是"病毒式"地在网站、社交媒体上传播，传统电视逐渐被平台化媒体取代。在海外市场中，网飞（Netflix）、葫芦（Hulu）、亚马逊视频（Amazon Prime Video）、苹果电视（Apple TV+）等付费流媒体视频平台已经成为观众收看电视剧、综艺节目及电影的主流渠道；在国内市场中，随着互联网技术的急速发展所带来的流媒体技术在中国的成熟，中国成为全世界范围内数字视频内容发展最快的区域④，其中优酷、爱奇艺、腾讯视频、芒果TV等视频平台作为代表，已经成为主流的娱乐性

---

① ［俄］列夫·马诺维奇：《新媒体的语言》，车琳译，贵州人民出版社2020年版，第95—114页。

② 胡翼青：《当我们说数字劳动，我们在谈论什么》，《新闻与写作》2021年第2期，第1页。

③ Spigel and Jan Olsson. *TELEVISION AFTER TV: Essays on a Medium in Transition*, Duke University Press, 2004, p.2–4.

④ Fung, A.Y. "Fandomization of Online Video or Television in China". *Media, Culture&Society* Vol.7, 2019, p.996.

节目的传播平台，在受众范围和商业程度上，开始打破传统电视台主流媒体的强势地位。可见，新的媒介环境对传统电视媒体造成巨大冲击：平台化的视频网站、短视频等各种类型的媒体及其背后形成庞大资本规模和运营链条的媒体行业已经对传统电视业形成压倒性优势，这种优势体现在资本、受众、内容生产、传播方式等方面。具体到当下中国电视业的语境中，伴随着网络视频业对传统电视业的褫夺，主流媒体面临的问题是如何发展媒介融合，使其既发挥传统媒体在主流宣传上的优势，又向新媒体进发，在新的媒介环境中占领新的阵地。在政策层面，国家大力发展媒介融合，积极推进创建新型主流媒体。值得注意的是，在新的媒介环境中，国家媒介政策的转变展现了主流宣传的新形式，采用了各种新的技术手段，除了传统电视媒体，更在视频媒体平台、社交媒体上占领青年文化的思想阵地，在宣传形式上呈现出借助娱乐性节目的新特点。

正是在这样的电视及视频行业发展所生成的全新媒介环境中，作为娱乐的重要载体的视听综艺所呈现出的种种乱象才开始具有症候性与复杂性。那么，"这种问题是在何种文化及历史的语境下生成及发展的"是一个亟待阐释的问题。因此追溯娱乐性综艺节目在中国的文艺脉络中所形成的文化语境及发展过程，是解释当下具有症候性的泛娱乐化问题的关键。

二、社会及历史语境下娱乐性综艺节目的诞生

从传统的角度看，"文以载道""歌以咏志"的观念长期留存在中国历史文化观念中，文学、艺术等形式通常被当作文人墨客抒发抱负与情感的手段。"娱乐"一词在汉语中由来已久，《史记·廉颇蔺相如列传》中出现："请奉盆缶秦王，以相娱乐。"阮籍《咏怀》诗中写道："娱乐未终极，白日忽蹉跎。"《辞海》中对娱乐的释义为：娱取怀乐；欢乐。亦指欢乐有趣的活动。[①]娱乐作为一种人类个体或群体的行为，既是具体的活动行为，也是心理需求与生活需要。在中国传统的文化序列中，娱乐并不具有独立性的地位。人们

---

① 辞海编辑委员会编：《辞海》，上海辞书出版社1990年版，第1243页。

对娱乐的态度一直存在着不同程度的偏见与误读,认为娱乐是庸俗浅薄、难登大雅之堂的。孔子在《论语·阳货篇》中讲道:"恶紫之夺朱也,恶郑声之乱雅乐也,恶利口之覆邦家者。"他认为世俗的娱乐及欲望影响了正统的礼教,是需要被遏制的。晚清民国时期,虽然已经出现如戏剧、广告等受到西方文化影响的艺术形式,但其中蕴含的娱乐性意义却鲜少被肯定,对于具有精英性的知识分子群体来说,娱乐所具有的休闲放松的功能极少得到正面的肯定,大众对娱乐的认知主要还是被来源于文化上与政治上两方面的因素所影响①。与此类似,在中国共产党左翼革命的文艺思想中,文艺的作用在于鼓舞群众与塑造革命"新人"。在《在延安文艺座谈会上的讲话》中,毛泽东明确地指出,文艺工作要为政治服务,要为工农兵服务,这就要求不仅要把新的政治与新的文艺进行有机的、有意识的结合,同时更要通过对文艺与政治的结合的阐述与论证,在理论的层面上构建出一种全新的历史意识与人民主体性。②

中华人民共和国成立后,广播和电视相继成为主流媒体,虽然电视的主要功能仍为新闻宣传,但也承担了一定的娱乐性功能。在中国电视的起步阶段,电视担负着丰富人民群众的娱乐文化生活的任务,并始终重视文艺节目的制作和播放。③例如在1958年,北京电视台首次试验播出时就已经播放了诗歌朗诵和舞蹈节目④,文艺节目已经成为当时电视节目的重要组成部分。从制作方式上看,该时期的文艺节目大多为演播室节目,节目形态包括诗朗诵、

---

① 马薇薇:《晚清上海西式娱乐的传播路径与娱乐观念的建构》,《重庆邮电大学学报(社会科学版)》2016年第3期,第126页。

② 张旭东:《文化政治与中国道路》,上海人民出版社2015年版,第376页。

③ 《当代中国的广播电视》编辑部选编:《中国的电视台》,北京广播学院出版社1987年版,第8页。

④ 1958年5月1日,北京电视台首次试验播出的节目单中,包括诗朗诵《工厂里来了三个姑娘》和《大跃进的号角》,北京舞蹈学校学生表演的舞蹈《四小天鹅》《牧童与村姑》《春江花月夜》,文艺性的节目占当天播出节目的半数以上。

曲艺、杂技、歌舞、戏曲等。①20世纪60年代，三次"笑的晚会"②在较为宽松的文艺政策的背景下诞生，内容以轻松幽默的喜剧节目为主，电视节目首次以诙谐搞笑的娱乐形式出现在电视荧屏上，受到观众的热烈欢迎。当然，"笑的晚会"同时也受到诸如格调不高、较为庸俗的批评，但是20世纪80年代之后具有强大的文化影响力的春节联欢晚会，在节目框架和内容上都很大程度地沿袭了"笑的晚会"的传统。③电视娱乐性的增强是随着电视机作为大众媒介的迅速发展而产生的。进入20世纪80年代，随着国民经济水平的提高，越来越多的家庭拥有了电视机，电视所具备的娱乐功能在人民群众的日常生活中不断加强。时任文化部副部长的陈荒煤称："电视是最普及、具有群众性与影响力的有力的宣传工具，也是重要的文化娱乐工具。"④这意味着，自20世纪80年代初期开始，电视的文化娱乐功能得到了官方的肯定，其影响力也随着经济的不断发展进一步扩大。随着1983年"四级办电视"政策带来的地方性城市电视台在数量上的激增与内容生产上的丰富，更多观众喜闻乐见的娱乐性节目得以生产。由此，在中国的社会文化语境中，具有娱乐性的电视节目开始成为电视节目内容的基本类别之一。综艺节目作为电视娱乐节目的重要组成部分，自20世纪90年代开始在中国的电视荧屏上逐渐发展起来。

20世纪90年代伊始，《综艺大观》和《正大综艺》分别于1990年3月和4月在央视一套和央视二套首播，两档节目不约而同地使用了"综艺"这个名称，也是"综艺"这个词首次被应用于中国电视节目的命名中。"综艺节

---

① 常江：《中国电视史：1958—2008》，北京大学出版社2018年版，第63页。

② 1961年8月30日晚上8点，北京电视台二楼导演室举行了第一次"笑的晚会"，主要嘉宾为游本昌和马季，随后于1962年1月20日和1962年9月30日相继举办了第二次和第三次"笑的晚会"，节目内容以相声、小品、洋相和笑话等喜剧表演为主。

③ 郭镇之：《中国电视史》，中国人民大学出版社1991年版，第47—48页。

④ 赵承燕整理：《陈荒煤同志在北京召开的全国电视剧编导经验交流会上的讲话》，《大众电视》1981年第8期，第3页。

目"一词在英文中普遍被翻译为 variety show，这种译法主要源于港台地区①对"综艺"这个名称的使用。由此，综艺节目开始成为一个固定的节目类型，并随着电视业产业化程度的不断加强，逐渐成为媒体机构吸引观众、创造经济价值、产生文化影响的重要组成部分。从"文艺"能指向"综艺"能指的变化，其所指反映了中国社会在不断变化的历史文化语境中，文化观念与文化话语实践所展现出的转向，即从强调文化实践是为革命与人民群众服务的文艺路线，向强调文化产品是为满足观众对娱乐性与休闲性的需求从而呼应市场经济逻辑的转变。作为中国近代革命遗产的一部分，文艺能指所指向的具有群众动员与革命性质的文化观念逐渐在社会文化的语境中被综艺所取代，而社会主义文艺观仍对后续文化实践产生着重要影响。在中国的文化语境中，社会主义文艺观始终和消费主义文化所主宰的个人对休闲的需求所形成的娱乐观之间存续着彼此作用的张力②。随着电视技术的不断发展，媒介环境的丰富，电视综艺的内涵与外延也在不断变化与拓展。

朱礼庆曾对电视娱乐节目进行了广义和狭义层面的划分。从广义上说，电视娱乐节目指"综合舞台艺术与电视艺术的表现形式，具有娱乐性、趣味性的电视节目"，电视连续剧、晚会、电视音乐节目、电视综艺节目、电视游戏节目、电视真人秀节目、电视娱乐资讯节目、电视娱乐谈话节目等都可以纳入该范围内；而狭义的电视娱乐节目包括电视晚会、音乐节目、综艺节目、真人秀节目、益智类节目等。无论是广义的还是狭义的电视娱乐节目，都具备娱乐性、互动性和普适性三个特点。③ 在此划分基础上，综艺节目随着时间

---

① 港台地区于20世纪60年代即开始播出综艺节目。1967年，香港无线电视台开始播出综艺节目《欢乐今宵》，这也是香港电视史上迄今最长寿的电视综艺节目，于1994年停播。"台视"于1969年推出时长90分钟的综艺节目《欢乐周末》。"中视"于1970年推出综艺节目《欢乐假期》，播出达18年之久，成为"中视"的招牌栏目。

② 周逵、黄典林：《娱乐的正当性：当代中国大陆电视综艺节目的观念与实践流变》，《国际新闻界》2021年第7期，第65页。

③ 朱礼庆：《娱乐的本性——电视娱乐节目的娱乐性研究》，光明日报出版社2013年版，第12页。

的推移，在内容与形式上不断融合，其内部已经形成不同的细分类别，但总体而言可以定义为具有娱乐性及互动性的，融合了多种艺术形式的电视及网络节目形式。综艺节目在当代中国的电视业及视频业版图中，已经成为具有支柱性意义的，并深刻参与到人们日常生活实践中的文艺形式。由于在具有娱乐性的节目类型中，综艺节目与电视剧、晚会、专题节目等在生产方式及传播方式上都存在较大的差异，本书以具有娱乐性与互动性的综艺节目为主要的论述主体①。

进入20世纪90年代中后期，随着有线电视和卫星电视在全国范围内的兴起，电视的娱乐性进一步增强。从中央电视台到各个省级卫视及地面有线电视台，涌现出一大批通过娱乐性节目（包括综艺节目、电视剧等形式）获取布尔迪厄意义上的文化资本及经济资本的电视台。其中不容忽视的是，被视为走"娱乐化"道路的电视台的代表——湖南电视台（包括湖南经视、湖南卫视、芒果TV等湖南广电旗下的代表性电视频道及平台），凭借其在不同时期推出的以娱乐性为主要特点的综艺节目所获取的成功，长期伫立在中国的电视业版图的核心位置上。同时，湖南广电②自市场化改革以来，近30年的变化也展现了中国广电业发展的一个侧影，因此通过对湖南广电的分析，可以为研究20世纪90年代以来中国娱乐性文化生产以及文化产业的变革提供可行性视角。

三、湖南广电的独特意义

从20世纪80年代到90年代中期，综艺节目的生产中心主要在中央电视台。无论是上文提到的"笑的晚会"，还是《正大综艺》与《综艺大观》两档

---

① 本书以综艺节目为论述的主体，但在具体论述其背景性因素及其产生影响的过程中，也会涉及一些具有娱乐性的其他节目类型。

② 这里需要对本书中所指的"湖南广电"做出概念性的界定：是指湖南广播电视台（集团），本书中所分析的"湖南广电"既包括具有事业性质的湖南广播电视台，如广为人知的湖南卫视，地面电视台如湖南经视，也包括其旗下所属的具有企业性质的经营性公司，如视频平台芒果TV，以及湖南广播电视集团的一系列下属企业所构成的集团性产业链。

综艺节目，都开始展现出娱乐性的意味，当然也兼顾着主流宣传和教育大众的功能。然而，1997年湖南卫视凭借《快乐大本营》这档有明星参与的互动式游戏型棚内综艺节目，在省级卫视中异军突起，引发了全国性的娱乐狂潮，在当时的业界和学界被称为"湖南电视现象"。由此，湖南卫视也凭借其在综艺节目上所获取的文化资本，打破地域性的限制，改变了彼时中国电视行业的格局，也在全国范围内促进了省级卫视对娱乐性综艺节目的全面开发。此后，湖南经视于1998年推出的《还珠格格》，创造了中国电视剧收视率的神话。湖南卫视凭借2005年的《超级女声》塑造出全民性的"偶像"，掀起全国性的追星热潮；2013年又凭借《爸爸去哪儿》打造出明星"萌娃"，名人亲子关系的公众化又掀起一波全民狂欢潮；近几年来，通过对性别化综艺的尝试，推出《乘风破浪的姐姐》《披荆斩棘的哥哥》等节目，也成为现象级的综艺节目。以湖南卫视、湖南经视、芒果TV等代表性的频道及平台所推出的具有强烈娱乐性色彩的节目打造出湖南广电以娱乐性为特点的品牌，并在近30年的电视（视频）行业中形成了具有特色的"湖南电视现象"。

湖南广电所制造的一波波娱乐性狂潮的背后，是其自20世纪90年代展开的一系列在体制、生产方式、流通模式等方面具有标志性意义的改革。自1993年起，湖南广电展开了以"大广播、大电视、大宣传、大产业"为主要构想的改革，并通过建立湖南经视、湖南卫视、芒果TV等具有广泛影响力的频道及视频平台，在娱乐性内容的生产、媒介产业的发展、传媒技术的提升等方面均采取了一系列卓有成效的实践。发展至今，湖南广电已成为在国内及国际上都具有较强影响力的媒体集团。在这近30年的历程中，其在内容生产、产业改革、媒介融合等层面的一系列实践已经构建起一套具有代表性意义的文化生产机制，即一套以内容生产为中心，辅以制度改革、产业发展以及平台建设，从而形成的由各种产业协同作用构成的以平台为流通途径，推动文化消费及认同，并不断循环的生产机制。该文化生产机制在不同的媒介及社会文化语境中呈现出不同的特点，自20世纪90年代以来，其以生产娱乐性、消费性的文化为主，而到2010年后期，形成了较为明显的具有主流性与文化性的文化生产模式，进而出现了文化生产机制上的转向。在此意义上，随着中国从20世纪90年代开始经济不断发展的过程中市场化程度的逐渐加深，社会主义文化建设过程中精神文化内涵的不断丰富，以及在充满冲突与博弈的全球性政治文化生态中，作为具有国有性质的主流媒体（集团），在这样不断发展变动的经济政治文化语境中，通过其在内容生产、产业融合、战略定位等方面所采取的改革实践，产生了一套具有代表性意义的文化生产机制。这种"机制性"及其展现出的转向，对于反映20世纪90年代以来我国在媒介改革和文化生产方面的变迁，以及该过程中所蕴含的曲折性与复杂性，具有代表性意义。

毫无疑问，湖南广电就娱乐性而言，既开创了娱乐化的先河，又在不断的发展过程中续写着娱乐"神话"。当然，湖南广电也多次由于娱乐化的问题受到了规制，其在乘着娱乐之风不断壮大的过程中，也的确出现了一些需要被讨论的问题。湖南电视台（这里不仅仅指湖南卫视，也包括湖南广电旗下的湖南经视、芒果TV等一系列电视台及媒体机构）从一个处于经济并不发达、地理位置并不优越的中部省份的电视台，到如今在内容生产和产业融合上都具有强大影响力的传媒"大鳄"，在其不断发展壮大的背后，是一套以娱乐性内容生产为核心，配合媒介及平台在技术、定位上的不断升级与融合，并以相关产业提供资本及物质上的支撑，而形成的文化生产与消费机制及逻辑。其中的原因值得我们从社会历史语境、媒体发展历史、内容生产等方面进行多角度的分析，对湖南广电如何构建出一套娱乐文化的生产机制的研究，也是从媒介变迁的角度对市场化以来中国文化社会的变化作出一种解释。

以湖南广电作为个案研究的对象，需要对其所处的中国电视业及媒介平台产业的基本状况与格局进行背景性梳理。首先，作为党和国家的宣传机构，媒体始终身兼二职，一方面，宣传人民群众喜闻乐见的正能量文化、传达党和国家的声音，这具有重要的公共性宣传意义；另一方面，作为需要在市场旋涡中谋求自身发展的商业性媒体，其肩负着引导和形塑大众文化的职责。其次，中国的电视业与西方的公共电视台及商业电视台都有所区别，即其始终遵循行政化与市场化双条逻辑进行发展，因此电视台始终处于事业—企业、市场—公共服务、主流宣传—自身发展的多重因素的制衡之下。与此同时，囿于中国电视业条块分割的管理制度，电视业还处于一种特殊的层级版图之下，即中央、省级、地方三重行政管控和规制之下，并且这种结构性的区隔在当下依旧较为分明。在省级卫视中，娱乐性节目的质量及对观众的吸引程度，被分为中心、次中心、边缘的层级格局。这种层级格局也符合"赢家通吃"的规则，即当同一市场中不止一家媒体存在时，广告的投入会不成比例地向排在前面的新闻媒体倾斜，尤其是向最有影响力的新闻媒体倾斜，即便第一家与第二家在影响力上的差距并不明显，为了争取更大的受众市场，广告商更愿意向冠军新闻媒体投放广告，而非亚军。因此新闻媒体必须向市场领头羊的位置发起挑战，否则将会在竞争中出局，或处于一种永久性的差距地位。广告市场集中度越大，竞争成本就越高。当市场集中度达到80%以上时，即可确保这家媒体的领头羊地位，对其发起挑战的成功机会就越小。[①]因此，作为兼具公共性与商业性的电视媒体，并处于"中央电视台—省级卫视—地方电视频道"的层级格局中，同样需要在凭借节目内容尤其是娱乐性综艺节目的内容吸引观众及市场的外部要求中，共同构成作为主流媒体的电视台（广播电视集团）所处的行业格局及背景。同时需注意的是，电视媒体并不是铁板一块，它本身的整体性是建立在行政力量、技术发展、人事、内容生产等一系列因素的共同作用之上的。电视媒体作为一个"场域"，内嵌了不同层面的角力。对构成电视场域不同因素的分析，大致可以勾勒出电视业变革的复杂性。

湖南广电也正是在这样的行业格局与背景下，从一个无论在地缘上还是在经济上都不具有突出优势的地方电视台开始探索与实践。在20世纪90年代之前，湖南电视台还处于籍籍无名的状态，而为什么在发展至今的30余年时间里，即便面对电视行业全行业的困境和危机，湖南广电依然可以占得省级卫视的第一梯队中的核心位置？答案可以归结为改革的力量。湖南广电的发展与中国自20世纪90年代开展的媒介改革之间存在密切的联系。正如雷

---

① 周翼虎：《中国超级传媒工厂的形成——中国新闻传媒业30年》，秀威资讯科技股份有限公司2011年版，第409—411页。

启立在分析20世纪90年代以来的传媒改革时所言:"作为中国经济改革的一个组成部分,传媒的改革和一定程度的开放已经成为一个引人注目的现象,传媒作为一个产业的内在品格和问题需要得到认真的讨论和揭示。在中国社会文化的具体语境中,媒体起到了勾连知识、文化、政治、经济等多方面因素的作用,对20世纪90年代以来中国社会产生了极为重要的影响和作用。媒体通过其自身所进行的各种改革实践,充分展示与证明了其在不断变革的当代中国所具备的动能。"[①] 20世纪90年代以来中国社会的不断变化,改变了大众媒体的功能与定位,逐渐使其从附属地位向对文化生产及变革具有主动力量的方向发展。

自1994年开始至今,湖南广电经历了四轮改革,各轮改革的重要标志可以归结为地面频道湖南经视的崛起、湖南卫视的成功、集团化改革以及媒体融合下对平台的占领。在后电视时代平台化媒体对传统广电产生冲击的背景下,湖南广电是唯一一家通过"芒果TV"的党管媒体平台与优酷、爱奇艺、腾讯视频等商业性视频平台"共分天下"的。在此意义上,湖南广电也深有代表性。面对当下视频网站及短视频构成的新的媒介环境的压倒性挑战,传统媒体要如何做?湖南卫视作为中国三级广电体系的中间一环,作为省级卫视改革的案例,是如何处理市场、媒体、国家三者之间的关系的?在此意义上,媒介成为新的意识形态生产的土壤。湖南广电的代表性在于,在不断游移于政治和市场的探索与试错过程中,探索出一条以娱乐化为主的道路,并不断在体制改革上创新,完成了从传统媒体到融合型新媒体的转变。因此,把湖南广电的改革作为本书探讨的对象,通过深入分析其变革的动因、条件、成果、问题,如何把这种变革语境化与复杂化,并和整个国家社会的文化变革勾连起来,探究以湖南广电为代表的主流媒体是如何在双轨制发展的路径上通过将以娱乐为突出特点的节目生产作为中心,所建构出一套文化生产机制的,以及这套文化生产机制在不同社会语境中的变革及转向,是本书要着重处理

---

① 雷启立:《传媒的幻象:当代生活与媒体文化分析》,上海书店出版社2008年版,第2页。

的问题。

总之,作为主流媒体的湖南广播电视集团,自20世纪90年代发展至当下,面临着商业性资本平台对传统电视台的全方位侵占,与此同时也面临着国际性的娱乐文化生产对行业产生的潮流导向。在这样复杂的媒介环境及行业导向中,以电视台为代表的传统媒体在突围的过程中采取了应对策略,其中湖南广播电视台通过建立新媒体平台,在节目生产与流通上的一系列创新举措,在这场传统媒体与新媒体的交互战中突围成功,因此就具备了一定的代表性意义。本书的出发点正是源自在当下全媒体构成的全新媒介环境中,泛娱乐化成为一种问题与症候,而湖南广电正是由于其"娱乐性"的重要特征得以在中国的媒体版图中占据了重要的位置。在湖南广电近30年的改革过程中,新旧媒体交替过程中出现了"改革的阵痛"所带来的表象与问题,如何细致地揭示这种"改革的阵痛"的成因、内容、解决的策略,以及描述以湖南广电为代表的娱乐文化生产机制在不断进化的媒介环境中发生的变化及转向,是发掘出市场化以来在媒介改革的历史变迁中,以电视为代表的大众媒体在改革过程中的曲折性与复杂性,并解释大众文化生产机制的重要途径。以湖南广电为个案研究的对象,回溯构成其文化生产机制的各部分在文化与社会语境下的发展脉络,分析这套文化生产机制如何运转及发生转向,通过分析湖南广电近30年来在内容生产、产业发展、改革策略等一系列实践中所呈现出的动因及特点,总结其文化生产机制运作的准则及规律,能更好地回应当下文化上的泛娱乐化问题在不断变动发展的文化生产场域中产生的原因,以及探索进一步进行文化良性改造的可能性。作为"娱乐"的重要产物之一的综艺节目,由于电视台等媒介机构对其生产及流通都具有相对的自主性,因此本书把分析的重点放在了湖南广电的视听综艺的生产上。

本书所聚焦的问题为:在当代中国的历史语境下,"娱乐"是如何通过综艺节目这种视听节目的类型,成为一种文化观念与实践方式的?娱乐文化是如何通过综艺节目在社会主义文艺发展的脉络中,以及媒体的双轨制定位发展中被建构和表征的?这个过程在不同的历史条件下遭遇了哪些挑战,经历了什么样的危机?我们如何来描述这个不断变动的语境?是什么样的因素和结构影响了娱乐话语在中国文化生态中的变迁？湖南广电因其综艺节目的成功，无论是在传统电视台时代还是在互联网平台时代都独占鳌头，但在发展过程中也经历了不断的试错和调整。通过考察其视听综艺节目的生产和消费过程，以及综艺节目在历史进程中的流变过程，分析构成和影响综艺节目生产的重要组成部件及其之间的关系，与如何形成一套娱乐文化生产机制，可以有效地解释综艺节目与娱乐文化之间的关系，进而通过娱乐文化的变化看出当代中国文化政治的变迁。湖南广电的改革实践体现了市场化以来主流的泛娱乐化大众文化的话语生产过程，以及这套主流话语是如何在主流宣传、社会现实与市场话语彼此交错影响的动态历史过程中生发出来的。因此，分析以湖南广电为代表的主流媒体的文化生产机制具有必要性。生产机制体现在政策、技术、市场、内容等方面，它们在几十年间的演变过程中共同作用于主流话语的生产。通过对湖南广电这一个案的阐述，厘清作为大众文化生产机器的媒体是如何处理国家、市场、社会之间的关系的，是如何生产既能进行主流宣传，又能在市场与观众中获取成功的一种以大众文化为表象的文化政治的。因此，列举以娱乐性为重要特征的湖南广电的改革及生产实践事例，对于分析市场化以来中国特色社会主义文化的生产的流变过程具有代表性意义。

一言以蔽之，综艺节目何以成为娱乐文化发生作用的"关键装置"？它是如何一方面成为电视台经济效益的增长极及进入市场的"一般等价物"，另一方面又作为意识形态国家机器的有效发生器的？娱乐综艺是如何作为一个中间装置，接合①市场需求与国家意识形态的？它是如何被规制、被生产、流通及消费的？最终达到怎样的传播效果？在这个过程中，形成了一套娱乐文化生产机制，是哪些历史及现实的因素促使该文化生产机制生成的？该机制是如何

---

① 斯图尔特·霍尔指出，"接合"（articulation）这个词在英文中具有双重含义。首先，其意味着发声、表达，除此之外，他用"铰链式"卡车来形容两个部分之间通过特色的装置进行连接，但这种连接并不是固定的，而是在一定条件下进行的。因此，"接合"意味着一种连接形式，在一定条件下把不同的要素连接起来，但各要素之间的关系并非绝对的、确定的。

运作、如何自我调节的？它如何在全球性的环境中确定了其独特的中国特色？

作为主流媒体的湖南广电，它是如何通过娱乐综艺的生产，获取其在电视业中的领先地位的？其娱乐综艺受制于哪些因素？是在何种语境下形成的？又通过娱乐综艺构建起了怎样的"娱乐帝国"？通过考察其综艺生产、流通、消费、认同的过程，及支撑综艺生产背后的作为物质性力量的湖南广播电视集团，试图探究市场化以来，以娱乐综艺为中心的娱乐文化生产如何接合受众、市场与主流宣传，并通过解读娱乐综艺近30年的流变，梳理主流文化是如何通过综艺的形式完成社会主义文化转向的。

本书通过分析构成娱乐综艺的生产场域的因素及相互作用的动态合力，以湖南广电的文化生产机制为主要的研究对象，探讨作为主流媒体的湖南广播电视台，自20世纪90年代以来，在电视媒体领域所占比重和地位越来越高的综艺娱乐内容的正当性是如何在既有的国家、市场和社会关系框架中得以确立，并伴随着媒介产业发展及改革的外部作用的影响而发生变化的。湖南广电是如何通过综艺娱乐作为其打开市场的有效途径，并建立起娱乐"帝国"，进而形成一套日渐成熟的以娱乐为特征的文化生产机制的？在此过程中，湖南广电又是如何受制于来自市场、观众的需求及来自国家政策的审查与管控的？通过厘清这个过程，可以有效地回应娱乐化在当下呈现出的问题。通过娱乐综艺的生产、流通、消费、认同的过程中所展现出的组成娱乐性文化生产机制的要素及其之间的相互关系，以及在由市场、受众需求、主流媒体的定位共同构成的背景下所进行的改革及实践，可以从个案的角度反映出中国特色社会主义文化的建构过程。

第二节　海内外研究现状

对湖南广电的文化生产机制进行研究，需要站在以下几个层面的基础之上：第一，湖南广电处于中国电视业的格局之中，因此需要对中国电视业的发展进行较为深入的梳理;第二,作为在媒介改革政策影响下较为突出的主流媒体,湖南广电的发展处于中国媒介改革的浪潮之中,因此需要对中国的媒介改革进行一定程度的梳理;第三,分析湖南广电的娱乐性特征,需要考察电视研究及媒介研究中对娱乐的讨论。因此,本书的文献综述主要围绕经典的电视研究理论、中国的电视发展史及媒介改革史、媒介研究中以"娱乐"及综艺节目为中心的研究,以及以湖南广电为研究对象的研究而展开。

一、电视研究的经典理论

对电视泛娱乐化的研究最具代表性的分析和批判可以追溯到媒介环境学派,其中尼尔·波兹曼的"媒介批判三部曲"凸显了电视的娱乐化对人类社会的影响。《童年的消逝》[①]揭示了美国电视文化存在的问题,电视使得儿童丧失了童真,通过让儿童窥见他们不该看到的秘密,使儿童成为小大人,同时也使成人变得幼稚化,儿童和成人都被电子媒介戕害,该书是波兹曼通过印刷与电视的对比产生的对电视文化最深刻的批判;在《娱乐至死》中波兹曼追溯了技术对政治、文化、宗教和历史的影响,控诉电视对人们阅读与写作能力的损害,谴责大众娱乐将公共话语与一切文化简单化,并谴责政治因此而沦为庸俗的娱乐,该书成为世界公认的最深刻的批判力作;在《技术垄断:文化向技术投降》[②]中波兹曼揭示了唯科学主义和信息时代的现实危机,批判技术垄断对美国文化和人类文化所造成的危害[③]。媒介环境学派中,其他理论家如麦克卢汉、保罗·莱文森、梅罗维茨对作为大众文化生产机器的电视对人造成的影响以及涉及的技术、情境等关键概念的论述,亦是对电视媒介批判性研究的经典案例。波兹曼所批判的电视,是发生在电视业已成为主要大

---

① [美]波兹曼:《娱乐至死·童年的消逝》,章艳、吴燕莛译,广西师范大学出版社 2009 年版。
② [美]尼尔·波斯曼:《技术垄断:文化向技术投降》,何道宽译,北京大学出版社 2007 年版。
③ 何道宽:《尼尔·波斯曼:媒介环境学派的一代宗师和精神领袖》,《新闻记者》2019 年第 11 期,第 7 页。

众传媒方式（电子媒介）的阶段，在此之前西方马克思主义已经形成了对电视进行批判性研究的传统，解释传统西方（马克思主义）对电视理论的研究，有助于打开研究的基本视野和思路。

威廉斯对电视的分析和批判是建立在20世纪60年代英国独立性电视台发展的基础之上的，《电视：技术与文化形式》[①]中对有关电视的问题展开了一系列的讨论。威廉斯从技术和文化的视角考察电视作为一种新的技术形式给社会带来的变化，他将电视视为一种特殊的文化技术，并从该视角来研究其发展、体制、形式和后果。威廉斯对电视的研究为其后电视研究的研究范式带来了三个方面的启示：第一，在政治经济分析的基础上，建立起一套完整的、批判的电视研究的框架。这一特点在他的电视研究中尤为突出，包括对资本主义文化霸权的剖析和批评，以及对观众体验模式的剖析，二者通过政治经济分析来确定电视发展的社会物质关系。第二，威廉斯对电视的研究重视并强调其改变世界的实践性。受其启发，在威廉斯之后左翼电视研究迅速发展，出现了一批有影响的新生代文化研究学者，如斯图尔特·霍尔、约翰·费斯克、戴维·莫利等。威廉斯之所以与众不同，是因为他把具有批判性的电视研究和民主政治计划结合在一起，把理论和社会实践结合在一起。第三，在电视领域中引入社会历史分析，对技术决定论思潮的泛滥起到了很好的抑制作用。在《电视：技术与文化形式》中，威廉斯对技术决定论的批评从未停止过，他指出："现实的情形并非技术决定论的，哪怕是某种精致的技术决定论的观点。"延续了法兰克福学派在《启蒙辩证法》中对文化工业的批判，阿多诺在《电视与大众文化模式》中展现了对电视研究基本内容和层次的指引，在研究内容上，阿多诺指出，电视研究不仅要贴近节目的内容，与日常生活经验结合，同时还要运用更深层的心理学范畴的概念并结合早期的大众传媒的有关知识，从理论上分析电视对受众不同层面的人格所造成的潜在性影响。阿多诺认为，首先要对电视节目在叙事和心理动态两个层面上

---

① Raymond Williams, Ederyn Williams. *Television: Technology and Cultural Form*, Routledge Press. 2003.

具有代表性的行为进行系统的研究，并对其形成的必要条件和总体模式进行分析，进而才能对其可能造成的后果进行评价。阿多诺从多层面的视角出发，提出需要对电视进行多层面的分析，并指出要从心理学的视角对电视进行更深层次的研究。在《关于电视》[①]中，布尔迪厄通过场域理论框架，分析了电视场域的构成与新闻生产之间的关系，并指出在其分析的资本主义社会中，电视的基本功能体现为两点：一是电视在晚期资本主义社会所呈现出的反民主的象征暴力；二是电视的发展在西方资本主义社会中受到商业逻辑的制约，这种商业逻辑进而影响了大众文化生产的性质。布尔迪厄指出，在以法国为代表的西方电视生产场域中，由于经济资本的不断增加，商业逻辑开始影响电视的风格与内容，电视从20世纪50年代关心公共性与文化意义，并注重对观众文化趣味的培养，发展至20世纪90年代呈现出以追求收视率的商业逻辑为导向，通过"媚俗"的手段进行节目的生产从而达到吸引观众的目的，满足观众的"偷窥癖"和"暴露癖"。这种商业逻辑对电视生产的侵蚀，带来了一个影响深远的后果，即电视开始呈现出去政治化的性质，进而指出这种后果带来了文化生产上的"内爆"，打破了新闻和娱乐之间的界限。布尔迪厄运用场域的概念来分析电视，并在其分析中点明电视的非政治化趋向，同时指出电视具有将其所表征的事物进行政治化与非政治化相互转化的功能，这种双重功能使得电视成为当代西方民主社会中具有危险性的符号。

在当代西方的理论视野中，人们对电视的研究呈现出更为细化和极具批判性的特征。在文化研究的路径上，戴维·莫利的《电视、受众与文化研究》[②]是从文化研究的角度进行电视研究的关键性著作，它开辟了一种较之于传统电视研究有所不同的研究框架。作者打破了以往以电视为中心的媒介研究，通过考察不同信息与传播技术在家庭领域内的使用情况而构建起一个具有创新性的整体理论框架重新对电视进行定位；并通过对《全国新闻》的分

---

① ［法］皮埃尔·布尔迪厄：《关于电视》，许钧译，南京大学出版社2011年版。
② ［英］戴维·莫利：《电视、受众与文化研究》，史安斌主译，新华出版社2005年版。

析，探讨了意义产生作用的两种不同的制约性因素，即文本的内在结构、运作机制以及受众的文化背景，并在此基础上讨论了编码解码的过程。同时，作者在对电视的受众研究中，将视角转向了家庭内部，即将研究的视角置于对解码过程中收视语境的关注。在研究方法上，莫利的研究运用了批判理论、受众分析、表征理论等，尤为重要的是，他在研究中充分结合了民族志研究方法，考察了收视行为以何种形式存在于具有语境性的家庭收视行为当中。莫利的著作在理论框架和研究方法上都对本书的研究具有启发性意义。

对电视娱乐性的讨论，不论是从中国本土的研究视角，还是从海外的研究视角，都是电视研究和媒介研究的经典议题。其中，朱礼庆的《娱乐的本性——电视娱乐节目的娱乐性研究》[1]以电视娱乐节目为关键词，通过对娱乐性的多维度审视，分析了电视娱乐节目娱乐性的类型，并概括了电视娱乐节目娱乐性所构成的各种元素，同时指出了娱乐性的异化和负面效应，是一部具有概括性与理论性的关于电视娱乐节目的学术著作。乔新玉根据其博士论文出版的著作《电视娱乐化转向——景观社会的视角》[2]，通过景观社会的理论框架描述了电视的娱乐化转向，并从消费主义和技术隐喻的角度描述了新媒体技术下电视娱乐的话语表达，同时对电视娱乐化进行理论性的批判。在《娱乐的正当性：当代中国电视综艺节目的观念与实践流变》[3]中，作者以"娱乐"为坐标，考察了娱乐观念在当代中国是如何从复杂的政治经济文化语境中被建构起来的，并以综艺节目为案例，分析综艺节目如何通过娱乐建立起其正当性，以及在不同历史阶段呈现出怎样的变化。在海外研究中，娱乐电视（Entertainment TV）也是近年来电视媒介的重要研究领域，以《全球娱乐

---

[1] 朱礼庆：《娱乐的本性——电视娱乐节目的娱乐性研究》，光明日报出版社2013年版。

[2] 乔新玉：《电视娱乐化转向——景观社会的视角》，社会科学文献出版社2019年版。

[3] 周逵、黄典林：《娱乐的正当性：当代中国大陆电视综艺节目的观念与实践流变》，《国际新闻界》2021年第7期，第60—79页。

媒介》①为代表，其中介绍了全球电视产业中娱乐性节目在内容、受众等方面的理论性分析，提出了"娱乐的地理学""电视通过娱乐革命"等概念性理论，并从地理学的分区上对世界各地的电视娱乐进行了分析与讨论。

二、中国的电视史及媒介改革研究

把中国电视史作为内容的学术著作，最早的针对中国电视史的开创性学术研究是1991年出版的郭镇之的《中国电视史》。在这部著作中，她第一次赋予中国电视事业以文化上的独特地位，在很大程度上转变了中国新闻传播史研究脉络中长期以来的"广播电视"并提，将电视视为广播系统不可分割的一部分的思维方式。该书的历史跨度是从中国电视诞生的1958年到1988年中国电视业的市场化改革浪潮的开端，对政策、节目以及历史语境下的社会心理都做了详尽的描述和论述，为中国电视前30年的发展做出了整体性的学术描述。除此之外，还有刘习良主编的《中国电视史》（2007年出版），该编著资料汇编色彩较强，为中国电视研究的史料做出了贡献，更具文献价值。2018年出版的常江的《中国电视史：1958—2008》填补了学术界在中国电视史研究上后20年的空白，这本著作深受文化研究路径的影响。面对浩如烟海的历史资料，作者的做法是回归到每个时期的社会历史语境中，对影响电视业发展的技术、政策、文化和经济结构间的关系展开了细致的探索和分析。这本著作展现了电视在不同的历史时期所处的位置和作用，并把电视语境化与动态化，同时把电视技术、机构、节目和生产放在宏观的政治、经济和文化的语境之中。尤其值得注意的是，在描述维度上，作者增加了"人"这一维度，包括电视的政策制定者、机构管理者、节目生产者等。这一维度的增加更见其对社会语境的重视，也让这部电视史更具创新意义。

另一部近年来出版的电视史类著作是哈艳秋主编的《当代中国广播电视

---

① Anne Cooper-Chen. *Global Entertainment Media: Content, Audiences, Issue*, Psychology Press, 2014.

史》①。这部鸿篇巨制横跨中国广播电视业发展的 60 年，在内容上把广播电视作为一个整体，也正是因为广播电视一同被划入其研究范畴，才可以体现电视和广播在历史流变中位置的变化。该书的结构基本以中国发展历史来展开，涵盖新中国创业初期、初步探索建设社会主义道路时期、"文化大革命"时期、改革开放时期、市场经济时期以及 21 世纪广电事业的发展。从内容上看，其最大的价值在于对中华人民共和国发展史的梳理和对广播电视政策及在不同历史时期节目类别的梳理。同时，补充了中华人民共和国成立以来香港、澳门、台湾地区广播电视业的发展状况。

除此之外，本书的研究所参考的关于中国电视业的文献和历史资料，大致有以下几种类别：

第一，来自官方历史性资料汇编，如《中国广播电视年鉴》《中国电视收视年鉴》《中央电视台发展史》《中国新闻年鉴》《中国广播电视大事记》等。关于湖南广播电视业，《湖南广播电视年鉴》自 1986 年开始编纂出版，为本研究提供了相当详尽的历史文献和资料。另外，《湖南年鉴》《湖南统计年鉴》也在整个区域史的层面上展示了相当详尽的材料。

第二，相关领域学者的新闻史或广播电视史专著与编著，包括某些电视节目类型的专门史，如方汉奇主编的《中国新闻事业通史》②、赵玉明主编的《中国广播电视通史》③、李彬著的《中国新闻社会史（1815—2005）》④、陈昌凤著的《中国新闻传播史：传媒社会学的视角》⑤、赵玉嵘与陈友军编著的《中国早期电视剧史略》⑥、岳淼著的《中国电视新闻节目发展史研究（1958—

---

① 哈艳秋主编：《当代中国广播电视史》，中国国际广播出版社 2018 年版。
② 方汉奇主编：《中国新闻事业通史》，中国人民大学出版社 1996 年版。
③ 赵玉明主编：《中国广播电视通史》（第 2 版），中国传媒大学出版社 2006 年版。
④ 李彬：《中国新闻社会史（1815—2005）》，上海交通大学出版社 2007 年版。
⑤ 陈昌凤：《中国新闻传播史：传媒社会学的视角》（第二版），清华大学出版社 2009 年版。
⑥ 赵玉嵘主编：《中国早期电视剧史略》，中国电影出版社 2008 年版。

2008）》①、何苏六著的《中国电视纪录片史论》②、许婧著的《中国电视艺术史》③等。

第三，非学术性的当事人口述资料、回忆文章以及报告文学等。如具有回忆录及口述史性质的《当代中国广播电视回忆录》④《老电视人·口述历史》⑤等，知名电视工作者的总结性著作如孙玉胜著的《十年——从改变电视的语态开始》⑥等，及散见于各类专业期刊与报纸上的电视从业者访谈与回忆文章。另外，还有关于湖南电视业的非学术著作，如欧阳常林、张华立、刘一平主编的《追梦：湖南电视40年》⑦系列丛书，杨晓凌著的《解码电视湘军》⑧等。

在电视业的发展变革研究中，通过结合中国广电业变革的具体实践，国内相关学者基本上从以下几种角度考察了电视业的生产机制：

从政策规制的角度，赵瑜的《从数字电视到互联网电视：媒介政策范式及其转型》⑨探讨了全球范围包括中国在内的数字电视政策规制及其影响，指出电视政策的演化过程中所遭遇的现实性困境。以围绕数字电视推进的一系

---

① 岳淼：《中国电视新闻节目发展史研究（1958—2008）》，厦门大学出版社2009年版。

② 何苏六：《中国电视纪录片史论》，中国传媒大学出版社2005年版。

③ 许婧：《中国电视艺术史》，文化艺术出版社2013年版。

④ 中华人民共和国史广播电视编辑部编：《当代中国广播电视回忆录》，中国广播电视出版社1995年版。

⑤ 上海音像资料馆、上海文广新闻传媒集团节目资料中心编：《老电视人·口述历史》，学林出版社2009年版。

⑥ 孙玉胜：《十年——从改变电视的语态开始》（修订版），人民文学出版社2012年版。

⑦ 欧阳常林、张华立、刘一平主编：《追梦：湖南电视40年》，湖南人民出版社2010年版。

⑧ 杨晓凌：《解码电视湘军》，中国传媒大学出版社2009年版。

⑨ 赵瑜：《从数字电视到互联网电视：媒介政策范式及其转型》，复旦大学出版社2015年版。

列政策规制为抓手，通过对有关数字电视的技术、市场、运营等过程中所颁布的大量的政策性文本的解读与分析，指出媒介政策的生产制定逻辑及运行方式。在论述的层次上，兼具理论、推广以及国际性和本土性的视野，首先以政策制定的理论基础为依据，进而在政策实施的层面论证了数字电视政策对于推动社会经济发展的意义，并将中国推行数字化电视的政策置于西方媒介规制的传统及框架中。该书中对政策性文本解读的方法以及把政策规制纳入社会经济文化的语境中的理论视角，对于本书中对政策性文本的分析及研究具有启发性。

从技术变迁的角度，姬德强的《数字化中国：有线电视数字化的政治经济学》[①]可以提供很好的理论视野和研究方法的示范，从政治经济学和文化分析的视野阐述了电视数字化在国家、资本与社会关系间的转换。以"青岛模式"为个案研究，从数字化实践出发，对于电视行业，数字化改造经历了从有线电视数字化到三网融合的过程，着重分析国家和资本在形塑这一模式的过程中以及在相关的模式中所发挥的重要结构性作用；同时，把数字化改造实践的过程放入对技术民族主义和新自由主义国家力量视角的考察，并关注到各类资本的制约，"社会保护运动"对国家规制的诉求的影响，以及国家所扮演的多重角色。

从劳动方式的角度，王维佳的《作为劳动的传播——中国新闻记者劳动状况研究》[②]探讨了中国传媒业从业者的劳动商品化问题，以历史性的视野探讨了从中华人民共和国成立到当下，传媒业从业者的身份转变，在市场化不断推进的进程中，传媒业从业者的身份如何与新的生产方式和新的生产规模相适应，以及相应的用人制度的改革。基于周翼虎的博士论文而著成的《中国超级传媒工厂的形成——中国新闻传媒业30年》一书中，以新闻从业人

---

① 姬德强：《数字化中国：有线电视数字化的政治经济学》，中国广播影视出版社2016年版。

② 王维佳：《作为劳动的传播——中国新闻记者劳动状况研究》，中国传媒大学出版社2011年版。

员在传媒改革进程中的身份变化为中心,讨论了所谓由新闻从业者所组成的"超级传媒工厂"的形成,是在中国市场化改革的进程中,国家意志长期与新闻记者在体制内博弈的意外产物。① 以上研究分别从政策规制、技术变迁、劳动方式的角度讨论了中国的电视文化在市场化改革进程中所呈现出的新特点及其背后的社会文化背景。

关于广电改革的已有文献性研究成果,主要有以下几个方面:

第一类是对广电改革制度本身的研究,其对制度的讨论亦跟国家在不同时期的媒介政策紧密相关。如李兆丰在《被命名的改革:2008年以来广电制播分离的政策与政治》②中,以历史的视角通过梳理国家关于广电制播分离的相关政策,分析政策的实施者即中央监管部门与政策的接受者即广电集团所面临的各种问题,尤其分析了湖南广电传媒在1998年筹备上市过程中出现的问题,呈现了制播分离改革过程的激进性和复杂性,以及改革过程中所呈现出的国家与媒体之间错综交织的权力结构。尹鸿从总体的制度性角度出发,在《"分离"或是"分制"?——对广电制播分离改革的思考》③中指出,中国广播电视体制改革中的制播分离明显不是为了优化行业结构,而是为了改变广播电视市场的运作方式;目前,制播分离改革的重点在于如何进行转制,而不是将生产与播出分开;制播分离作为媒介改革的突破口,应该以"分制"为关键词。张丕万从公共服务的角度来揭示我国广电体制的改革走向④,以上海文广与湖南广电的传媒体制改革为例,分析广电"制播分离制"的意义、实质及其困境,指出制播分离应该是整体转制的缓冲和过渡阶段,促进中国

---

① 周翼虎:《中国超级传媒工厂的形成——中国新闻传媒业30年》,秀威咨讯科技股份有限公司2011年版。

② 李兆丰:《被命名的改革:2008年以来广电制播分离的政策与政治》,《现代传播(中国传媒大学学报)》2011年第2期,第9—12页。

③ 尹鸿:《"分离"或是"分制"?——对广电制播分离改革的思考》,《现代传播(中国传媒大学学报)》2010年第4期,第98—100页。

④ 张丕万:《从公共服务角度谈我国广电体制的改革走向》,《新闻界》2010年第5期,第100—102页。

的媒介改革政策形成由国家与社会共同参与，在市场机制作用下的多元性政策结构。近些年来，对"媒介融合"的研究是在建设新兴主流媒体的国家媒介政策的大背景下进行的。李岚从国家政策解读的角度，提出制播分离和媒介融合二者并重的问题，并在《关于广电改革的两点思考》①中指出，当前情况下，广电改革已由主要依靠技术、体制机制推动的阶段进入主要依靠竞争驱动的阶段，其特征为既面向市场又面向外部，这关系到媒体的生存与发展问题，传统媒体正面临着改革创新的重要关头，加快实施以竞争为导向的改革迫在眉睫；广电改革的重点是"制播分离＋融合发展"，只有把制播分离与融合发展统一纳入竞争驱动型改革的核心，与市场对接，才能实现媒体的转型升级，使其成为真正具有竞争力的新型主流媒体。田进在《加快推进广电媒体与新兴媒体深度融合》②的主题报告中指出，按照习近平总书记提出的要求以及新闻传播规律和新兴媒体发展规律，积极推进传统媒体与新兴媒体在内容、渠道、平台、经营、管理等方面的深度融合，媒体融合要坚持广电媒体的定位不能变、党管媒体和政治家办台办网的原则不能变、新闻立台的理念不能倒的原则，始终坚持统筹发展、协调发展，坚持改革创新、创新促融合、融合促创新。黄田园在《加速融合媒体转型 推动广电体制机制改革创新》③中，从创新融合型主流广电媒体生产运营机制流程再造、探索融合型广电媒体集团产业机制跨界发展两个方面进行了论述，指出由媒介融合所驱动的、广电集团所主导的具有融合属性的服务体系的建构，促使传统的广播电视媒体由单纯的内容生产方，转向成为实力雄厚、传播力强、公信力强的新型主流媒体集团。张腾之在《中国广电媒体融合的驱动路径与未来思考》④中，

---

① 李岚：《关于广电改革的两点思考》，《中国广播电视学刊》2015年第9期，第24—25页。

② 田进：《加快推进广电媒体与新兴媒体深度融合》，《新闻战线》2016年第19期，第2—4页。

③ 黄田园：《加速融合媒体转型 推动广电体制机制改革创新》，《电视研究》2017年第7期，第18—20页。

④ 张腾之：《中国广电媒体融合的驱动路径与未来思考》，《现代传播（中国传媒大学学报）》2016年第5期，第8—13页。

从互联网与广大媒体的转型与融合的角度探讨各电视台在线性探索中所面临的障碍和短板。以上所列举的文献大都从政策解读的角度，总结了我国媒介改革政策的关键时期、内容以及相关的实践。

第二类是关于具体的电视媒体的改革实践研究。如高顺青在《用改革的力量推进媒体融合转型——以南京广电集团改革实践为例》[1]中，通过实施媒介融合政策以来南京广电所采取的一系列措施，分析了改革的动力与潜力。陈剑晨等在《工作室制：广电运营模式的改革与探索》[2]中，从湖南卫视2018年设立工作室的具体事件开始，实地调研了湖南、广东、黑龙江等五家广电机构，从工作室的概念、运行现状、运营效果、发展方向等方面进行了深入探讨。具体到湖南广电改革，电视湘军的第一代领军人物魏文彬在《关于湖南广电改革和发展的思考》[3]中，概括了湖南广电改革的思路，即以宣传为中心，管理上由松散型向紧密型转变，经营上由计划型向产业型转变，建设广电中心、卫星上行站和有线网络，并保证一流的人才队伍；在改革上，应该在机制改革上激活人才的力量，在体制改革上推行上市融资，并指出创新是湖南广电改革的灵魂。这类文献主要以业内人士的研究居多，虽在理论高度上没有很深入的探索，但提供了丰富的电视台改革的材料和具体举措。

第三类属于总结性的研究。比较有代表性的有易前良教授的《媒介管理者与传媒产业化：中国广电体制变迁的微观考察》[4]，该文考察了20年间广电体制的变迁，指出从1993年到2013年这20年间是广电产业发展最充分的阶段，广播电视产业蓬勃发展的根本原因是媒介分享了体制改革的红利，并从

---

[1] 高顺青：《用改革的力量推进媒体融合转型——以南京广电集团改革实践为例》，《中国广播电视学刊》2019年第1期，第28—31页。

[2] 陈剑晨、薛瞳瞳：《工作室制：广电运营模式的改革与探索》，《青年记者》2019年第29期，第62—63页。

[3] 魏文彬：《关于湖南广电改革和发展的思考》，《湖北宣传》2007年第2期，第25—26页。

[4] 易前良：《媒介管理者与传媒产业化：中国广电体制变迁的微观考察》，《现代传播（中国传媒大学学报）》2018年第3期，第18—22页。

宏观与微观两个层面论证了中国广电体制改革的特点，在微观上是通过坚持一元体制的前提，发展媒体事业、产业联合的二元式结构，在宏观上中国广电体制改革是通过国家和地方政府的纵向管理，并结合其他国家和地区先进的改革经验，共同构成了中国广电体制改革的核心动力。杨俊伦等的《自主创新四级办 再造生态融未来——中国广电70年发展初探》[①]，从政策上梳理了中国广电70年的历史，围绕党中央在两个不同历史时期做出的两次"社会主要矛盾转化"的重大决策，梳理中国广电从"四级办电视"到媒体融合战略，从在困境中起步到"四级办电视"依托体制的崛起，再到媒介融合时期在阵地建设中的转型，历史性地回顾了中国广播电视自中华人民共和国成立以来的一系列媒介政策。

以上文献从中国电视的发展历史、中国电视研究的基本内容，以及媒介改革研究的角度进行了简要论述，为对于中国电视发展历程中重要的主流媒体，深刻参与到中国媒介改革过程中的湖南广电的进一步研究，从历史性、政策性的角度打下了基础。

三、以湖南广电为个案的研究

作为传统广电研究及媒介融合研究的代表性个案，在中西方媒介研究的领域，一直不乏对于湖南广电的研究。在以湖南广电作为典型的个案研究对象的研究中，对其讨论的范畴主要聚焦在以下几种议题：事业研究、产业研究、历史进程的梳理、品牌战略以及内容生产研究。根据已有的研究成果，主要可分为以下几种视角：

第一，以湖南广电发展过程中的政策、战略为研究对象。作为具有典型性与拥有成功案例的湖南广电，其改革过程中的政策和战略研究是媒介机构研究中的一个热门题目，尤其是从媒介管理的角度进行讨论的居多。周长宏的硕士学位论文《广电系视频网站的品牌建构——以改版后的芒果TV为

---

① 杨俊伦、王向前、郑妍：《自主创新四级办 再造生态融未来——中国广电70年发展初探》，《电视研究》2019年第3期，第40—42页。

例》①将芒果TV作为个案切入点，从台网关系、媒介组织、识别系统、内容建设、互动机制、生态建设、资本运作等视角分析芒果TV的品牌建构策略；张茜的硕士学位论文《湖南广播电视产业发展研究》②以湖南广电第三轮改革为背景，列举和分析了大量与湖南广电改革有关的历史材料，从媒体战略的角度，对湖南广电近十年来的发展战略与政策进行研究，由于作者湖南广电工作人员的身份，其中引用的材料具有较高的可信度与文献价值；吴杰的硕士学位论文《湖南广播电视台文化体制改革中的问题及对策研究》③在文化体制改革的政策环境背景下，基于湖南广电第三轮改革的举措与经验，分析了湖南广电在改革过程中发现的管理制度不畅、投资体系不完善、产业发展不均衡等问题，并列举了其具体的改革措施，通过实现管办分离、局台分开、制播分离，保证公益性和经营性产业同步发展等改革模式，为广电行业文化体制改革提供了理论性和经验性的总结；祁高的硕士学位论文《湖南广电集团第三轮体制改革研究》④以湖南广电第三轮改革为研究中心，通过媒介体制改革以及我国文化体制改革的变革过程，阐述了湖南广播电视集团第三轮体制改革的总体思路，从体制、管理两个方面梳理了其历史变迁以及第三轮改革中的矛盾与需集中处理的问题，并通过对国外相关广电企业改革过程中的经验性总结，试图为湖南广电第三轮改革做出可行性研究与分析。与之类似的还有谷良的硕士学位论文《湖南广电集团企业运作模式创新研究》、胡萍的硕士学位论文《融媒体背景下湖南广电产业竞争力研究》等。

第二，以"媒介融合"作为聚焦点，或探讨媒介融合技术和政策背景下湖南广电的具体实践，或以其媒介融合的平台芒果TV为研究对象，多从新闻传播学的角度进行分析，但具有批判性视角的研究较少，大都以较为成熟

---

① 周长宏：《广电系视频网站的品牌建构——以改版后的芒果TV为例》，浙江传媒学院硕士学位论文，2016年。
② 张茜：《湖南广播电视产业发展研究》，中南大学硕士学位论文，2008年。
③ 吴杰：《湖南广播电视台文化体制改革中的问题及对策研究》，湖南大学硕士学位论文，2015年。
④ 祁高：《湖南广电集团第三轮体制改革研究》，湖南大学硕士学位论文，2011年。

的媒介研究框架进行问题的解释。左妮的硕士学位论文《传统电视媒体融合平台研究——基于湖南广电与上海文广的案例分析》[1]以媒介平台为切入点,通过对比和分析湖南广电芒果 TV 和上海文广,重点讨论自建平台与对接外部平台两种融合策略的运作机制;蒋凯警的硕士学位论文《价值链视角下电视媒体融合发展路径选择——以芒果 TV 发展战略为例》[2]从"媒介融合"这一概念出发,探讨了芒果 TV 从"独播"到"独特"的发展战略以及具体运营机制,从价值链架构、盈利模式、价值主体以及渠道运营等方面进行了论述;毛震的硕士学位论文《湖南广电媒体融合的平台化发展研究》[3]以平台化作为研究线索,以芒果 TV 的实践作为具体的分析对象,从内容融合、渠道融合、经营融合三个维度,分析湖南广电在媒体融合过程中构建新媒体平台、布局平台生态、探索平台商业模式的实践,并发现其在融合方面的不足;曾文晶的硕士学位论文《湖南广电"局台分离"运行研究》[4]以湖南广电第三轮改革中局台分离运行模式为研究对象,对作为行政管理单位的局、作为事业单位的电视台以及作为新市场主体的芒果传媒三种不同体制的机构在运行中所采取的制度与机制进行分析;吴文依的硕士学位论文《湖南广电集团的媒介融合研究》[5]以媒介融合为关键词,从湖南广电集团媒介融合的背景,具体的媒介融合在不同时期的实践,以及湖南广电集团媒介融合的升级策略等方面,相对完善地梳理了媒介融合视野下的湖南广电的实践;李芳旭的硕士学位论文《湖南广电集团电视产业可持续发展研究》[6]从电视产业可持续发展的

---

[1] 左妮:《传统电视媒体融合平台研究——基于湖南广电与上海文广的案例分析》,暨南大学硕士学位论文,2016 年。

[2] 蒋凯警:《价值链视角下电视媒体融合发展路径选择——以芒果 TV 发展战略为例》,中国青年政治学院硕士学位论文,2017 年。

[3] 毛震:《湖南广电媒体融合的平台化发展研究》,湖南大学硕士学位论文,2017 年。

[4] 曾文晶:《湖南广电"局台分离"运行研究》,湖南大学硕士学位论文,2011 年。

[5] 吴文依:《湖南广电集团的媒介融合研究》,南昌大学硕士学位论文,2015 年。

[6] 李芳旭:《湖南广电集团电视产业可持续发展研究》,湖南大学硕士学位论文,2013 年。

角度对湖南广电集团的产业发展进行分析,具体从支持、协调、推动、保障四个角度对其可持续发展的问题进行剖析,并指出其在协调体系、推动体系、保障体系等层面上存在单一化、能动性不足以及不完善的问题。与之类似的还有袁娟的硕士学位论文《新媒体时代传统电视转型发展研究——以芒果TV为例》、王晗的硕士学位论文《平台型媒体的构建与发展研究——以湖南广电为例》、王欢的硕士学位论文《媒介融合时代的分享与协同:以湖南广电集团为例》等。

第三,以湖南广电的具体节目及节目内容分析为主的文献,以湖南广电比较具有代表性的节目为分析对象,并将节目类型化和模式化,一般以分析娱乐节目、综艺节目为主,通过内容分析的方法,同时考虑节目所处的媒介环境、媒介政策等因素。何倩的硕士学位论文《湖南卫视品牌综艺节目的互联网转型研究》[1]以湖南广电品牌综艺节目的互联网转型为研究对象,从节目制作、传播和运营商的互联网化的具体表现方面进行论证,并指出节目内容泛娱乐化现象严重、节目生产受制于"电视思维"等问题;曾徽的硕士学位论文《湖南卫视综艺节目的娱乐化研究》[2]分析了湖南卫视综艺节目娱乐化的理论依据、现实条件和实际效果,并以《爸爸去哪儿》作为综艺节目本土化改造的成功案例进行分析,同时对综艺节目娱乐化的发展与前景进行阐释。类似的还有王贞瑾的硕士学位论文《芒果TV自制综艺节目传播及效果研究》[3],引入了"智造"节目的全新阶段,分析了芒果TV差异化打造"爆款""独款"综艺节目过程中创新节目形式,打造直播式综艺,颠覆单线性制作,营造沉浸式用户体验等特点,同时也指明了芒果TV作为湖南广电的网络视频服务平台的独特性,具有比较新的文献价值。

此外,由冯晓临的博士学位论文所形成的专著《湖南卫视电视节目形态

---

[1] 何倩:《湖南卫视品牌综艺节目的互联网转型研究》,湖南大学硕士学位论文,2017年。

[2] 曾徽:《湖南卫视综艺节目的娱乐化研究》,江西财经大学硕士学位论文,2015年。

[3] 王贞瑾:《芒果TV自制综艺节目传播及效果研究》,湖南大学硕士学位论文,2018年。

演变研究》①，选择湖南卫视电视节目形态的演变作为研究对象，选取的历史时间节点为1997年湖南卫视开播到2013年，从形态学和艺术形态学的相关概念入手，对电视节目形态予以定义，对湖南卫视在不同类别、不同时段、不同构成要素和组合方式的新闻资讯节目、社会生活节目以及综艺娱乐节目进行梳理，明确了研究电视节目形态的内在构成要素和组合方式，并涉及影响节目形态的政治、经济、社会、技术等外部因素，从一个历史化的角度，细致展现出以节目形态为中心的湖南广电17年来的演变历程。杨晓凌的博士学位论文《电视媒体创新的路径与系统——兼析湖南电视现象》②，以电视创新作为贯穿始终的行文线索，从湖南卫视战略定位的创新、电视内容的创新、管理系统的创新以及商场创新等几个方面，以极其丰富的材料作为支撑，以1997年到2010年为历史时间节点，主要通过丰富的档案材料和内部资料，综合归纳了湖南电视的发展路径，采用了媒介管理学的方法，虽然并未提出较为有洞见的批判性思考，但该论文翔实的资料却为今后的研究奠定了扎实的基础。值得注意的是，该论文的作者在撰写博士学位论文前已经完成了报告文学《解码电视湘军》，通过对电视湘军的第一代领军人物魏文彬的深度采访和观察，展示了湖南广电改革初期电视湘军的改革历程，其中提供了大量鲜为人知的史实和故事。

阿姆斯特丹大学 Nauta A.P.M. 的博士学位论文《通过真人秀治理：以湖南卫视为例》(*Governing through reality in contemporary China: The Case of Hunan Satellite Television*)③，通过对湖南卫视的个案研究，从综艺节目的角度论证在当代中国，福柯意义上的"治理术"是如何通过综艺节目尤其是真人秀节目发挥作用的。同时从政治、经济、社会以及文化的角度讨论综艺节目的制作和消费，并结合对具体的综艺节目如《爸爸去哪儿》等进行内容分析

---

① 冯晓临：《湖南卫视电视节目形态演变研究》，中国社会科学出版社2015年版。

② 杨晓凌：《电视媒体创新的路径与系统——兼析湖南电视现象》，中国人民大学博士学位论文，2010年。

③ Nauta, A.P.M. *Governing Through Reality Television in Contemporary China*, University of Amsterdam 2021.

及对观众进行焦点访谈的方式分析受众，论证了综艺真人秀在当代中国的重要作用。

综合以上研究湖南广电的硕博士学位论文，或以具体的媒介政策为重点，突出管理学上对改革发展的规律总结；或从媒介融合的角度讨论具有代表性的媒介机构，如为数众多的关于芒果TV的研究，基本上都是从媒介研究的几个面向入手，来分析具体的传媒机构的"成功经验"或未来发展；或以具体的节目内容或节目模式作为研究对象，从节目内容的特征和类型入手进行分析，并对节目效果进行讨论。但总体来说，在已有的研究中，大都以具体的节目或具体的管理制度为研究中心，较为缺乏透过湖南广电改革或节目内容将其所处的中国文化政治变迁的过程勾连起来的角度。已有的研究为接下来的研究提供了丰富的研究资料，并开拓了几个研究的方向，如政策研究、内容研究、结构研究、节目形态研究等。本书接下来对湖南广电的研究，将在已有研究的基础上，试图打通政策、技术、节目、机构之间彼此独立的研究框架，拉长覆盖的历史时期，并把视野放在更深层次的社会文化变迁的角度，以娱乐文化生产机制的生成、运转以及转向为中心，加以批判性的深层次的讨论，以使已有研究得到更好的发展。

第三节　主要研究内容与研究方法

一、主要研究内容及章节安排

本书以湖南广电为个案研究的对象，通过分析其自20世纪90年代以来在改革路径、内容生产、产业发展等方面的一系列实践，用以说明作为大众文化生产机器的电视台（传媒机构）如何在由代表国家的政治权力的官方意志、以新自由主义为代表的市场以及人民群众日益丰富的精神文化需求所构成的环境中，接合（articulation）国家和市场间看似对立却又相互影响的关系,并生产出一套被广泛接受的具有娱乐化特征的大众"文化"。因此对于该娱乐文化生产机制的描述和分析会帮助厘清国家、市场和社会之间的关系。本书通过场域理论的视角,分析在构成娱乐文化生产场域中具有代表性的各要素及其相互之间的关系,着重从生产的角度,讨论影响娱乐文化生产机制的因素及其在发展过程中呈现出的转向。

中国自 20 世纪 90 年代以来,随着经济建设的不断发展,社会文化建设也在不断繁荣,具有娱乐化特征的电视及新媒体作为社会文化表征的一个方面,其 30 余年的流变和发展过程,从一个侧面展现了中国特色社会主义文化建设的文化自信和制度自信。然而,先前对娱乐化的研究和分析多以批判性的视角为主,本书旨在通过考察娱乐文化在复杂的社会文化语境中被生产和构建出的过程,以及不断发展的历史过程所呈现出的转向,发掘其所具有的生产性的、积极的意义和潜力。区别于以往与法兰克福学派等站在精英文化的立场上去僵化地批判娱乐文化,这是对以法兰克福学派为代表的相关的西方马克思主义对娱乐文化批判的一个反思与延伸,即站在中国的具体语境中,通过反思和正视娱乐文化的生产过程,为具有中国特色的文化发展寻求理论与文化上的根源与路径。

在行文结构上,一定程度地借用了布尔迪厄的"场域"理论框架,通过分析构成湖南广电文化生产机制的各要素及它们之间相互作用、相互影响的关系,并从场域层级的角度探讨湖南广电娱乐文化的生产场域与更大的文化生产场及权力场等之间的不断变动的张力关系。在绪论部分,通过在新的媒介环境下出现的泛娱乐化现象引出本书的问题意识,即娱乐性综艺如何"接合"媒介发展改革与主流文化生产,其背后蕴含的是一套以娱乐性为特征的文化生产机制。通过对娱乐综艺在电视发展史过程中的追溯,以及娱乐话语在中国的流变的梳理,将研究对象聚焦到具有代表性的湖南广播电视台近 30 年来在媒介改革、内容生产、产业发展等方面的实践上;通过对其"娱乐文化生产"的考察,阐明其所具有的建构力量和积极的政治、经济、文化上的动能,并叙述了本书的基本脉络及研究方法。

第一章从娱乐文化生产场域的角度对本书的研究对象进行阐释,首先从历史的维度说明湖南广电因其在综艺娱乐节目上的成功开始进入中国电视综艺的格局之中，进而对综艺节目在中国开始发展的历史与文化语境展开分析，并通过湖南广电几个具有代表性的频道及平台在内容生产、技术发展、路径政策等层面上的实践分析湖南广电是如何在不断的发展过程中构建起其娱乐文化的生产场域，并勾勒场域的基本结构及相互关系的。

第二章从娱乐文化生产场域中政策规制的层面，分析在政策这个"看得见的手"的规制下，从全国性的媒介改革政策、湖南广电集团的战略路径选择及具体的频道定位由宏观到微观的层次上，中国电视业在媒介改革政策规制下的发展与转折，以及在此语境下，湖南广电发展过程中的四轮改革所代表的其在战略路径上的选择与实践。本章着重于厘清政策对电视的娱乐化发展所起到的作用，在分析清楚针对电视娱乐化的几轮重要的政策后，探究在湖南电视改革过程几次重大的发展转向中，政策是如何作为一个根本性的决定因素在文化生产场域中发挥作用的。

第三章从文化生产场域中内容生产的层面展开分析，以湖南广电的技术发展、节目模式、生产制度在不同时期的发展变革为主要内容，并作为推动内容生产的内在因素共同推进娱乐文化的生产。其中，电视技术的不断发展，奠定了娱乐性内容在获取全国性市场上的基础；节目模式由借鉴到自主研发的历程，体现了在综艺节目的生产上模式创新带来的中国式变革及文化创新的前景；生产制度由频道制片人制向独立工作室制的转变，反映了产业制度的变革及媒体内部不断发展的动能。

第四章从文化生产场域中的资本与产业的层面展开，通过对湖南广电在发展过程中对资本与产业的不断升级与改造的实践的分析，展现了其从一个边缘化的地方电视台逐渐发展成具有资本属性的传媒集团的过程，在资本和产业发展的过程中促使消费文化的产生及变化，从而形成了生产与消费的融合。这种融合引起了生产及消费两个方面的结构性转变，消解了生产与消费之间的边界，在文化生产场域中作为经济性的力量，促进和支撑着文化生产的过程。

第五章从文化生产场域中节目表征的角度，指出作为文本的视听综艺节目与文化认同之间的关系，通过追溯视听综艺节目的类型及内容的演变，描述了一条娱乐节目与国家主流意志之间的流变脉络。以节目内容分析为重点，通过对湖南卫视及芒果TV在不同阶段具有代表性的节目内容的分析，指出综艺节目建构出受众对家庭与国家的文化认同，并且在节目内容的变化中，娱乐性与文化性在一定程度上得到了调和，逐渐形成了一种具有中国文化特色并兼具娱乐性的文化生产体系。

以上从政策规制、内容生产、产业发展以及节目表征层面进行的分析，基本构建起湖南广电娱乐文化生产场域的各个要素，这些要素之间彼此联系，并形成了一种文化生产机制。结论部分指出该文化生产机制在中国独特的社会文化语境中被生产出来，并经历了从娱乐性向文化性的转向，在其发展过程中逐渐形成了一种中国方式的文化生产和流通机制，是中国特色社会主义文化在文化自信、理论自信、道路自信上的有力体现。

二、研究方法

本书采用质性的研究方法，在理论层面吸收和发展文化研究与批判政治经济学的方法，并把两者加以结合。除此之外，在研究方法上还借用人类学田野调查的方法。笔者以为期八个月的湖南广播电视台战略研发部实习生的身份，通过参与式观察及访谈法深入了解和调查了湖南广电的机构设置及总体性的运行规律。

文化研究的理论路径在方法上注重对话语的分析，强调语境的重要性，以及话语层面的权力关系，文化研究的焦点聚焦于社会关系、社会意义、社会权力关系不平等的生产和再生产问题，文化研究方法的突出特点体现在其跨学科性上，广泛借用来自社会学、人类学、文学的研究方法。就电视研究和通俗文化研究而言，文化研究的理论路径基于对文化的重新定义，把文化视为一种广义的生活方式的实践促使其展开对娱乐业和媒介研究的关注。但是，一种对文化研究比较广泛的批判认为，文化研究注重话语、权力的分析，而较为忽略对政治经济层面的解释。莫斯可在《传播政治经济学》中回答了文化研究与传播政治经济学之间的关系，政治经济学致力于文化研究是如何被生产和构成的,并把文化看作商品化过程中动态性的产物。① 传播政治经济学注重将研究对象置于具体的社会历史进程与历史变迁之中进行考察,并探讨政治的社会结构性力量对传播实践的影响。传播政治经济学框架的引入,填补了文化研究的理论方法在资本、技术等层面分析上的欠缺。由于中国电视业始终处于行政管控之下的国有属性与谋求自身发展的市场化属性,本书的主要历史时段放在20世纪90年代之后的电视业发展改革,因此本书的分析框架借助传播政治经济学的分析框架来分析、阐释特定问题,把来自文化研究与传播政治经济学理论路径中的方法有机结合,是本书在写作过程中所借助的两个方法论意义上的理论资源,借以通过对相关理论的阐释、档案历史材料的梳理总结、具体的节目内容分析,并回归当时的社会历史文化语境,结合批判政治经济学视角从技术、经济与政治的维度,对电视生产的机制进行分析和论述。

借用民族志的方法,通过长时间细致的田野调查获取第一手研究资料。具体的研究方法有参与式观察法、深入访谈等。正如埃文·塞德曼所说,通过在访谈工作中"听故事"的过程,了解受访者鲜活的经历,并通过"讲故事"这一文本叙述的方式进行转换,从而理解他们对其经历生成的意义。② 本书的田野调查工作主要发生于2018年1月至2019年2月,其中2018年1月至8月笔者连续在湖南广播电视台进行参与式观察与访谈工作,2018年9月至2019年2月进行部分线上访谈的工作。笔者是通过投递简历并经过熟人介绍的方式进入田野调查的,介绍笔者进入田野调查的"领门人"身处湖南广电高层,因此他的帮助为笔者后期资料的搜集以及选择实习的部门提供了极大的便利。

2018年1月,笔者进入湖南广播电视台战略研发部担任实习生,主要的

---

① [加]文森特·莫斯可:《传播政治经济学》,胡春阳、黄红宇、姚建华译,上海译文出版社2013年版。

② [美]埃文·塞德曼:《质性研究中的访谈:教育与社会科学研究者指南》,周海涛主译,重庆大学出版社2009年版。

工作内容为参与撰写与编辑湖南广播的内参刊物，并配合湖南广播电视台的第四轮改革前期的"大调研"工作，撰写相应的调研报告等。在此期间，笔者对作为一个传媒集团的湖南广播电视台进行了较为深入与细致的参与式观察，撰写了田野笔记，并完成了对26位工作者的深度访谈，其中男性9人（34.6%）、女性17人（65.4%），包括实习生、一线的制片人、从制片人岗位上转行至行政工作的人员、编辑、相关部门的负责人等（具体情况参见表0-1）。访谈以直接访谈为主，2018年1月至8月，笔者连续在湖南广电担任实习生期间，对21位湖南广电的工作人员进行了面对面的直接访谈；其后，2018年年底至2019年2月，笔者对其余五位受访者进行了线上访谈，主要通过互联网视频的形式进行线上对话。在集中的田野调查结束后，笔者跟受访者保持长期的联系，后续陆续通过电话、网络笔谈等方式继续进行访谈与交流，并根据访谈记录进行了语料的归纳与分析。

表0-1 受访者情况表

编号	受访人职位	受教育程度	工作年限	访谈时间	访谈方式
F1	总台编辑	研究生	9年	2018.2.13	面谈
F2	总台编辑	研究生	13年	2018.2.16	面谈
F3	制片人	本科	32年	2018.2.20	面谈
F4	副总编辑	本科	23年	2018.3.2	面谈
F5	执行制片人	本科	7年	2018.3.2	面谈
F6	现场导演	研究生	4年	2018.3.20	面谈
F7	卫视某部门主任	本科	20年	2018.4.3	面谈
F8	节目导演	研究生	7年	2018.4.12	面谈
M9	内容策划	研究生	3年	2018.4.15	面谈
M10	技术开发	研究生	4年	2018.4.17	面谈
M11	现场导演	研究生	9年	2018.5.8	面谈
M12	人力实习生	研究生	2个月	2018.5.9	面谈
F13	栏目实习生	本科	3个月	2018.5.13	面谈
M14	总台实习生	研究生	11个月	2018.5.20	面谈
F15	栏目实习生	研究生	2个月	2018.6.3	面谈

续表

编号	受访人职位	受教育程度	工作年限	访谈时间	访谈方式
F16	某中心主任	本科	20 年	2018.6.10	面谈
M17	局技术主管	研究生	35 年	2018.7.3	面谈
M18	执行制片人	研究生	7 年	2018.7.5	面谈
F19	节目宣传	研究生	6 年	2018.7.12	面谈
F20	后期实习生	研究生	3 个月	2018.7.20	面谈
F21	产业管理科员	本科	18 年	2018.8.21	面谈
F22	现场导演	研究生	3 年	2018.12.21	线上
M23	执行制片人	研究生	4 年	2018.12.26	线上
F24	后期实习生	本科	3 个月	2019.1.4	线上
F25	前制片人	本科	25 年	2019.1.15	线上
M26	内容编辑	研究生	9 年	2019.1.20	线上

（F 代表女性，M 代表男性）

在访谈提纲的设计上，以半开放型的问题为主，依据受访对象的工作年限、岗位的不同，对具体的访谈问题进行调整。整体而言，访谈提纲的结构分为以下几个部分：第一，关于受访者工作经历及具体岗位工作内容的询问；第二，根据岗位的不同，对受访者关于身份认同的询问，例如，如何看待自己的岗位及工作过程中对"工作"的认识是否有转变；第三，受访者对政策、技术、改革机制的转变所持的态度与观点，及相应转变对其工作产生的影响；第四，从受访者具体的工作内容的角度，询问其对广电发展的期待与设想。

同时，笔者在湖南广播电视台进行内刊编辑、整理湖南广电第四轮改革的调研报告、整理湖南广电改革资料等工作的过程中，收集和整理了大量一手的档案与资料[①]，并对这些档案与资料进行了文本性的分析与解读。

在田野调查的过程中，笔者也遇到了一些问题。第一，是关于如何处理田野调查中"守门员"的问题。陈向明在分析田野调查工作中"守门员"与

---

① 囿于保密制度，本书呈现出的一手资料属于非保密等级，并进行了相应的匿名化处理。

研究的关系时指出，鉴于"守门员"的身份及其在被研究机构中所处的位置，一般情况下会对研究者存在一定的顾虑。在通常情况下，"守门员"会采取一种自我防卫的心理，或通过影响及限制采访者的行为，以获取对其有利的研究成果。[①] 刚刚进入湖南广电实习时，笔者也遇到了相似的问题，当笔者试图与受访者说明自己的研究意图并简要说明自己的访谈问题时，并未收到热情的回复，通过一段时间的实习与熟络之后，笔者的访谈工作才开始逐渐顺利起来，受访者也会介绍他们在湖南广电工作的其他朋友与同事参与笔者的研究。第二，是关于研究者身份的暴露问题。在刚刚进入湖南广电实习时，笔者只是简单说明自己加入实习的目的是展开学术研究，在顺利进入田野调查过程后，才逐渐向笔者所在部门的领导具体说明了笔者的研究内容，进而获得其较为充分的支持，也就是说笔者进入田野现场的过程，采取了"逐步暴露式"的方法。第三，是在田野调查过程中所处理的一系列矛盾。笔者试图处理作为实习生需要完成的工作量与田野工作之间的矛盾，当从业者对来自学界的研究者持一定程度的回避态度时，如何进行引导并保证访谈内容的可信度等问题。

项飚在田野调查的方法论中提供了一种新的民族志方法，即强调田野调查中的概念化想象问题，把不同的田野调查材料抽象化，将其组织在一个概念体系中，给材料中相互关联的点提供位置和制度上的意义，通过发掘通常被认为毫不相干的现象之间的联系，揭示出以前尚未意识到的问题。[②] 克利福德·吉尔兹在其著作《地方性知识——阐释人类学论文集》[③]中指出，"地方性知识"是一种新型的知识观念，其中"地方性"并不仅仅意味着对区域的限制，更重要的是其所指涉的知识形成过程中的具体语境，正因知识的形成有

---

① 陈向明：《质的研究方法与社会科学研究》，教育科学出版社2000年版，第153页。

② 项飚：《全球"猎身"——世界信息产业和印度的技术劳工》，王迪译，北京大学出版社2012年版，第48—49页。

③ ［美］克利福德·吉尔兹：《地方性知识——阐释人类学论文集》，王海龙、张家瑄译，中央编译出版社2000年版。

赖于具体的社会文化语境，因此应该注重对其生产过程中所处的具体的语境进行详尽的考察。吉尔兹主张，研究者需要在实验室，在贫民窟，或在非洲的村落，去思考知识生产的途径与过程。①"地方性知识"的理论在方法论层面上影响了本书的研究方法，为期八个月的湖南广播电视台战略研发部实习生的经验，促使笔者生成了许多切身感受，这种切身感受与进入田野之前的预设存在差异，正是这些差异使得地方性知识的生产成为可能。

小　结

　　本书的创新性主要体现在以下三个层面：第一，以往以广电业为研究对象的研究，大都聚焦于媒体机构或具体的节目内容分析，如分析广电业改革历程中在政策和战略方面的创新和管理机制，或以具体某个层面的媒体机构作为研究对象，或以某一类电视节目作为研究对象，其研究基本涵盖某一具体研究面向的范围之内，而鲜少有跳出既定的研究框架，从更广泛的视野来分析中国广电业的独特问题。本书通过湖南广电变革实践的个案研究，突破仅仅就节目内容进行的话语分析，注重从文化生产方式的方向把握整体的结构内容，实为对更深层次的文化生产方式的探讨，其目的在于揭示更深层次的广电媒体与国家政治和市场之间的关系，并以文化的视角探究整个社会的变革。

　　第二，湖南广电作为一个典型的具有丰富内容资源的媒体，在传播研究、新闻研究，甚至管理研究中，都不算一个具有新意的研究对象。本书选取其为研究对象的开拓性及创新点在于：其一，通过考察在全新的媒介环境中，作为传统媒体的湖南广电集团如何通过"平台化"的一系列改革手段，形成另一种新的文化生产方式，完成了在后电视时代传统媒体的成功突围；其二，

---

① 汪民安主编：《文化研究关键词》，江苏人民出版社2007年版，第41页。

将其置于一个文化生产机制的视角,通过分析文化生产机制构成要素、相互作用的关系,及其在社会文化语境的变动中出现的转向,探讨了其与更广泛意义的中国的文化生产的相关性。

第三,从研究的视角,突出了全球视角下中国文化生产的代表性意义。中国的节目模式生产和发展嵌套在国际节目模式的区域化特征和历史性脉络当中,通过国际节目模式的生产、流通以及中国节目模式向世界传播。在经济和技术不断发展与进步的同时,地方性与全球性的媒介环境都发生了巨大转变。在这样的语境下,中国电视行业在此过程中,也经历了泛娱乐化、对同质化内容与模式的模仿抄袭、经济资本至上等一系列问题。但发展至今,已经逐渐生发出一套"以中国作为方法"的、具有中国特色的文化生产与传播机制,这对于新时代中国重返"人民文艺"、理论创新与文化自信都具有重要意义,突出了中国文化生产在历史进程中所形成的具有社会主义文化特色的生产方式与路径。既往的传播政治经济学对媒体机构的研究,强调"国家—市场—媒体"的模型中,媒体始终处于国家和市场之间的结构,而本书通过湖南广电的实践说明,国家与市场并非二元对立,国家、市场、媒体三者也并非处于相互独立的固定模式中,在以湖南广电为代表的新型主流媒体建设的不断发展中,政治性与经济性已经逐渐以一种有机的方式加以融合,生产以娱乐为表征,以文化上的引领性为内核的具有中国特色的文化生产机制,也是社会主义主流媒体建设道路创新的表现。

第一章　娱乐文化生产场域的形成

　　社会的持续斗争中，两种权力是至关重要的，即经济的权力和文化的权力。社会世界作为一个整体，是围绕着这两种相反的权力建构的。总体上，经济资本力量更加强大。而场域中的内部组织是相似的。在每一个场域中，经济资本和文化资本的具体形式都不同。场域是充满斗争的场域。①

　　"场"本来属于一个物理学的概念，形容围绕在物体周边的重力或电磁力的空间。布尔迪厄在系统研究过"惯习""资本"等概念后，提出了"场域"的理论。个体所占据与支配的资本的不同决定着其在场域中的位置，这里的资本指的是经济资本、社会资本与文化资本。在布尔迪厄看来，场域具备了两个基本特征：其一，作为一个结构化的空间概念，场域中的各种力量彼此之间具有一定的关系；其二，场域是不断变动的并充满争夺的空间。布尔迪厄在《关于电视》一书中提出了电视场域、新闻场域及媒介场域的概念，揭示了电视在当代社会中符号暴力的特征并讨论了商业逻辑对文化生产领域的僭越，该书的主要逻辑在于通过文化生产场与商业逻辑的相互关系来思考电视。②布尔迪厄指出，新闻场与政治场和经济场一样，远比科学场、艺术场更容易受到市场的裁决，饱受市场的考验。

　　布尔迪厄所提供的场域理论框架对于分析中国的媒介也同样适用。场域

---

① ［美］罗德尼·本森、［法］艾瑞克·内维尔主编：《布尔迪厄与新闻场域》，张斌译，浙江大学出版社2017年版，第5—6页。

② ［法］皮埃尔·布尔迪厄：《关于电视》，许钧译，南京大学出版社2011年版，第13—15页。

理论重视从关系的视角来进行分析，并提供了一种相对宽松且有具体阐释空间的理论范式，这对从中国具体的本土性经验出发，结合在地性的媒体所具体存在的问题，具有较大的阐释空间。场域理论同时强调其不断变动、争夺的过程。在中国媒介发展的进程中，经历着一系列的媒体改革，恰好可以验证场域中不断变动与争夺的特征。场域理论可以兼顾宏观上的媒体层面在场域中如何斗争及争夺的过程，以及媒介场域权力场、经济场、文化场之间的关系；同时，场域理论重视场域中的行动者所拥有的惯习、资本及其如何行动，也就是说运用场域理论的框架，可以从多个层级进行研究，既包括媒介（传媒机构）的层次，也包括对媒介中的行动者（劳动者以及群体）的研究。当然，在运用场域理论的框架时，也需要考虑中国所处的社会文化语境与布尔迪厄所处的西方语境的不同。布氏对西方媒介场域进行分析时，主要研究其经济资本与文化资本。而在中国媒体所处的行政—市场的双轨体制中，势必要重视对行政力量的分析，因此这里有必要引入政治资本这个概念。场域理论中的政治资本泛指为获取国家政治权力或国家权力承认而进行的投入，用以描述国家权力对媒介合法性的认定。[①]布尔迪厄曾经为新闻业提供了一个场域的线性规律图，他律极代表场域外部以经济力量为主的外部力量，自律极代表该场域特有的具体资本，纵轴上表示的是资本的总量，而横轴上表示的是文化资本和经济资本的比例。布尔迪厄指出，随着行动者由文化资本比重大的一边向经济资本比重大的一边位移，文化资本与经济资本的比例就会发生相应的变化。布尔迪厄在对新闻场域的分析中，从层级的角度区分了新闻场与其上一层的文化生产场的关系。在这组关系中，新闻场受制于文化生产场：在文化生产场域中文化资本比重大的一极，新闻业所受的规制较多；而在其经济资本比重大的一极，大量的娱乐文化产品被生产出来。同时，布尔迪厄指出，多数行动者更倾向于大规模生产，这就意味着与经济资本更加统一，促使每一个层级的场域中代表外部经济力量的他律极的影响力增强，进而导致了各场域间的趋同性，即所有的场域都更接近权力场中的商业一极，

---

① 刘海龙：《当代媒介场研究导论》，《国际新闻界》2005年第2期，第8页。

进而引发了新闻业商业性和娱乐性的增强。①

由上述内容可知，布尔迪厄分析的是法国乃至西方社会的新闻生产场域。鉴于与中国所处的历史、政治、文化背景都有所不同，本书仅借用其理论框架并结合中国的具体语境进行分析。如果把场域理论纳入分析中国电视业发展的场域中，可以较为清晰地解释和分析中国电视场域中政治资本、经济资本、文化资本间相互争夺作用的关系，以及随着市场的壮大、经济资本的增加，娱乐性和商业性在电视场域中产生了趋同化，更有力地推动了权力场中的商业极。但值得注意的是，中国的电视场域的独特性在于，政治资本在其中具有不可撼动的稳定性，除布尔迪厄着重分析的经济资本与文化资本外，也要考虑政治资本的决定性因素。这里需要指出的是，在具有层级关系的场域网络中，存在着两种文化生产场域，广义的文化生产场域是指处于电视业之上的文化生产场，狭义的文化生产场域是指在电视业内部，湖南广电所进行的一系列实践也构成了一个以娱乐为突出特性的文化生产场域，该场域的特点在其发展过程中发生了转向。本书所着重分析的是狭义的文化生产场域。由于湖南广电的文化生产具有机制性的特点，因此通过对其文化生产场域的分析，也能反映及代表广义的文化生产场域的特征。

总体而言，这些场域彼此之间处在不断变动的关系之中。下文将针对具体的湖南广电的文化生产场域的构成及作用关系进行分析。运用场域理论的框架，有助于分析湖南广电在娱乐文化的生产过程中，是由何种要素共同构成这个文化生产场域的，各要素之间是如何相互作用并处于不断变动的关系当中的，以及该娱乐文化生产场域与权力场、经济场之间存在怎样的关系，它的运转受制于何种因素，又是在怎样的历史及文化背景中形成的。同时，有助于从结构性的视角分析各层级的场域之间的关系。接下来，本章将从20世纪90年代末的"湖南电视现象"入手，分析构成其娱乐文化生产场域的各要素及其之间的相互关系。

---

① ［美］罗德尼·本森、［法］艾瑞克·内维尔主编：《布尔迪厄与新闻场域》，张斌译，浙江大学出版社2017年版，第5—9页。

第一节　被重新界定电视综艺格局："湖南电视现象"

1997年是具有标志性的一年，因为中国的电视格局被重新划定。"娱乐"成为这一年电视综艺节目的关键词，各种具有鲜明娱乐色彩的综艺节目开始活跃在20世纪90年代末期中国百姓家中的电视荧屏上。到2000年5月，《快乐大本营》在北京的收视率高达27%，《玫瑰之约》的收视率也高达25%。[①] 在非湖南地区取得如此高的收视率，意味着湖南卫视的综艺节目已经在全国范围内拥有较大的影响力。从1997年起，湖南卫视由于具有当时与众不同的"娱乐"气质并制作精良的综艺节目，迅速在全国范围内占领市场，搅动了以往固有的以中央电视台为核心的电视业格局，成为全国观众喜闻乐见的省级卫视。这一现象，被当时的媒体称作"湖南电视现象"[②]，即通过通俗的、具有娱乐性质的节目内容与风格，以及产业化的改革思路，受到全国观众的欢迎并引发了其他省级卫视对其节目内容与风格的模仿。"湖南电视现象"也因此成为一种具有地域性特征的媒介景观，展现出一套独特的具有娱乐性的内容生产方式。因推出棚内游戏类型综艺节目而成为现象级电视台的湖南卫视，在1997年彻底改写了彼时中国电视业的层级区隔，打破了在此之前央视独大的格局，并引导了地方电视台节目制作的风格和潮流的改变。

一、突破已有的电视业格局

20世纪90年代末期的《快乐大本营》为何可以刮起这阵"娱乐旋风"？它的节目内容和形式是以何种方式呈现出来的呢？该节目于1997年7月11日起在湖南卫视周末档的黄金时段播出，每星期播出一期，每期播放时长为90分钟左右。我们对当时的一期节目进行内容分析，让我们把目光投向1998

---

① 官怀椿：《试论电视业的转型创新》，《中国广播电视学刊》2000年第8期，第75页。

② 吴湘韩：《"湖南电视现象"探秘》，《中国青年报》1999年12月12日。

年 3 月 13 日播出的《快乐大本营》的现场：在节目的开始，主持人李湘与何炅亮相，这也是何炅第一次在《快乐大本营》担任主持人的工作。两人的着装散发着青春活力，上半身均着黑色西装搭配彩色格纹衬衫，女主持人下半身着短裙搭配黄色长靴，这在当时主流的审美中，显得格外青春时尚。在介绍了节目的赞助商之后，主持人点明了本期节目的主题是"关注三一五 维护消费者权益"，接下来是明星入场的环节，这一期节目邀请的明星包括：时尚文化名人靳羽西、歌手黄文君、小品演员洪剑涛和范伟、电影演员史可。明星的出场方式为从观众席的后方出场，在走向舞台的过程中与观众热情互动，并派发奖品，在观众席中引起数次欢呼狂潮。该期节目的基本流程为：黄文君演唱歌曲《追梦人》，游戏"快乐天平"，洪剑涛和范伟演出小品《真情》，游戏"精彩二选一""快乐传真"，史可演唱歌曲《只要觉得自己无悔》，以及游戏"火线冲击"。整台节目的重点落在游戏环节，游戏的置景、设计都极具新意，嘉宾的参与度与现场观众的热情都很高。比如游戏"快乐天平"，通过在舞台中央装置一个巨大的金属架作为天平，嘉宾和现场观众登上数米高的"天平"，通过小心移动来控制天平的平衡，并需要走到天平两端完成相应的任务才算获胜，可以为所代表的队伍赢取积分。节目中其他游戏的设计也精巧刺激，让观众有一种极强的参与感与紧张感。值得注意的是，节目中还设置了一些"寓教于乐"的环节。在这期节目中"精彩二选一"的问答类游戏环节，所设计的题目都与商品的真伪有关，通过游戏的形式让消费者提高打假意识，维护自身的权益。同时，长沙市技术监督局的工作人员也来到了舞台，通过具体的案例为观众讲解如何分辨商品的真伪。

根据以上内容，我们可以看出当时《快乐大本营》[1] 的节目模式基本上以

---

① 从 1997 年开播到 2021 年停播，在 24 年的播出历程中，《快乐大本营》节目经历了几个不同的时期，其中，1997 年至 2005 年为第一阶段，这个阶段定位为"给观众送去快乐"，以明星表演、互动性游戏为主；2006 年后，随着"快乐家族"主持群的加入，节目开启"日常生活化娱乐化"及"主持人脱口秀"的模式；2012 年受制于"限娱令"的影响，节目弱化明星与泛娱乐化元素，把时长压缩至 90 分钟；2017 年，伴随着节目开播 20 周年纪念活动，推出特别节目，加入全新的科普性板块等。而本节讨论的《快乐大本营》是指 1997 年开播之初，节目所呈现出的特点及产生的影响。

游戏结合歌曲表演与语言类节目表演为主,在模式上,借鉴了台湾地区业已发展成熟的棚内游戏类综艺的模式,并结合了彼时长沙本土化的歌厅文化,打造出了具有娱乐精神的在地性节目模式,由此引发的全民收视热潮也就不足为奇了。同时,在节目中加入了一定的具有教育性与指导性的内容,但却摒弃了说教的形式,而是通过做游戏或抽奖的形式进行输出。正是通过这样的游戏性加本土化的"寓教于乐"的形式,《快乐大本营》才成为这场娱乐风暴的中心。在节目形态上,《快乐大本营》以"快乐大本营,天天好心情"为口号,从中可以看出该节目的定位是以"快乐""娱乐"为中心,以明星现场表演结合棚内游戏为节目基本形态,突出与观众的互动。节目设置"精彩二选一""火线冲击""心有灵犀""快乐传真""快乐天平"等几十个常设板块,在每期节目中一般只运用七个左右,并适时根据国家大事、节日等非常态的主题变换节目的编排,在娱乐性中融入教育性。尽管这需要制作者付出更多的辛苦,却能在最大程度上确保节目对观众的持续吸引力。另外,《快乐大本营》大胆选用知名度不高但较为年轻的何炅与李湘作为主持人,彼时他们都是刚刚大学毕业的年轻人,无论外形还是个性均更显青春活力,不但迅速受到全国观众的喜爱,而且也更善于在节目录制现场调动参与者的热情。正如当时的学者对《快乐大本营》的评价中所描述的,节目不追求所谓的"高层次",不进行严肃说教,而是制造出欢乐的气氛,节目的制作者都在尽力提高节目的品位,做到通俗化,而非庸俗化。同时,节目的目标受众也很明确地定位为年轻人群体。[①]

在当时以严肃性新闻节目与专题节目占主导地位的电视节目内容生态中,推出一档以"游戏""快乐"为主题的综艺节目将会面临巨大的风险与压力。作为刚刚上星的湖南卫视能否"打响第一枪"极为关键,《快乐大本营》在创办之初就面临着双重压力与挑战,一方面来自娱乐性内容,虽然对观众具有吸引力,但在当时的内容生态与审查制度中也具有风险性;另一方面源自

---

① 游洁:《电视娱乐本性的回归——从〈快乐大本营〉说起》,《现代传播(中国传媒大学学报)》1999年第3期,第89页。

经济上的压力。该栏目首位制片人汪炳文在对第一期节目播出场景的回忆中指出：

> 1997年7月11日晚，筹备了一年的《快乐大本营》终于要在这一天向全国现场直播，这一天是决定命运的时刻，弄不好就像前几次一样被"毙"掉，20：15栏目的片头开始播放，随着节目程序的推进，场内的气氛越来越强烈，我意识到，我们可能成功了……第一期《快乐大本营》的经费不足，是靠我们大家拉赞助和"借钱"搞起来的。魏厅长对节目予以高度评价，同时指示台里先拿一百万投进去。①

其实，在当时湖南本土的语境中，已经有另一档名为《幸运3721》的综艺节目在《快乐大本营》之前已经取得相当辉煌的成绩。《幸运3721》始播于1996年1月1日，是湖南经济电视台②推出的第一档综艺节目，节目主打"游戏性"，通过大量的具有竞技性的游戏环节的设置，以及主持人仇晓和岳跃利轻松活泼的主持风格，并融入湖南本土的"策"③文化，在湖南本省取得了极高的收视率，曾达到39.47%④。自1997年起，《幸运3721》更名为"幸运"系列，依据年份命名栏目，成为湖南经济电视台的招牌节目，也是湖南地面频道中综艺节目的王牌。在《幸运1997》播出100期的座谈会上，中央电视台《电视研究》副主编孙秋萍说："由于经视《幸运1997》闯出了一条新路，湖南出现了综艺节目竞争的局面，这使全国同行受益。"

从当时全国的电视业格局来看，除中央电视台的《正大综艺》和《综艺大观》以外，地方电视台也于20世纪90年代初期开始了对综艺节目的探索。例如，北京电视台1994年始播的《开心娱乐城》《黄金乐园》，上海电视

---

① "快乐大本营"节目组编撰：《走进"快乐大本营"》，海南出版社1999年版，第159页。
② 湖南经济电视台为湖南广播电视台经济频道前身。后文简称"湖南经视"。
③ "策"为湖南方言，意为调侃、搞笑的意思。
④ 文德选部长在湖南经济电视台《幸运1997》座谈会上的讲话，载于湖南广播电视编辑委员会编《湖南广播电视年鉴1998》，湖南年鉴出版社1998年版，第66页。

台 1994 年始播的《智力大冲浪》，在当地都取得了不错的收视率。与之相比，中央电视台的综艺节目呈现出一定的高雅格调，虽然也涉及游戏环节，具有一定的娱乐属性，但更多承担的是拓宽视野、教育大众的功能。然而，随着卫星电视技术在全国的展开，卫视节目可以实现跨地域传播，央视在此前积累的受众关注度在一定程度上随着省级卫视推出娱乐性强的综艺节目而转变。这种转变随着 1997 年湖南卫视《快乐大本营》引发的全国性的关注而出现，这档综艺节目在全国市场的走红，改变了在此之前央视作为绝对中心的电视业格局。从此，在综艺节目的生产和全国性传播的角度上，中国的电视综艺进入了"湖南卫视"时代。一时间，全国各地的电视台纷纷开始模仿《快乐大本营》的模式，以游戏性和娱乐性为代表的综艺节目开始占据当时中国观众家庭的电视荧屏。到 20 世纪末，全国已有 90 余档类似的游戏类综艺节目，如天津电视台的《卫视娱乐城》、上海电视台的《智力大冲浪》、浙江电视台的《假日总动员》、山东电视台的《快乐星期天》、河北电视台的《大家来欢乐》、河南电视台的《青春风采》等，均在观众中产生了一定影响。[①]在强大的竞争压力下，1998 年，中央电视台也开播了《城市之间》和《幸运 52》两档游戏性强的综艺节目，弱化了《综艺大观》时期的知识性和高雅性，强调观众的参与性。

由此可见，1997 年湖南卫视《快乐大本营》的播出，对于中国电视业在发展格局及综艺节目的生产上都具有里程碑式的意义。通过游戏性、互动性强的节目设计的特点和对青年观众主体的关注，湖南电视在当时的大众文化场域中成为一种现象。同时，湖南广电内部也出现了在综艺节目上的竞争，这反而促进了湖南电视在综艺内容生产上的竞争力的提升。总体来说，由湖南卫视《快乐大本营》所开创的带有明显娱乐性的游戏类综艺节目带来了以下几种变化：第一，娱乐性综艺节目成为地方电视台撬动此前央视独大的电视格局的一种手段，地方卫视的地位显著提高；第二，综艺节目开始成为一种新的休闲方式，与电视剧共同成为观众日常生活中休闲娱乐的重要组成部

---

① 刘淑燕：《玩也要玩得有品位有格调》，《当代电视》1999 年第 7 期，第 32 页。

分；第三，电视综艺呈现出一种通俗化和平民化的文化气质，电视综艺的说教意味开始弱化，以娱乐的方式接近观众、取悦观众成为电视综艺更为重要的定位。

二、"湖南电视现象"引发的电视综艺的娱乐化转向

以《快乐大本营》为代表的湖南综艺模式的成功，使中国电视在20世纪90年代末期的娱乐化程度加深，出现了较为明显的娱乐化转向。这种娱乐化转向，是建立在制作、技术及文化环境三方面的基础上实现的。第一，到20世纪90年代末，电视产业化已经达到一定的程度，例如湖南广电已经完成了"电广传媒"的上市等一系列产业化行为，这使得电视台自身具备了一定的经济基础来实现更高水平的内容制作与生产。第二，在电视技术发展的层面上，至20世纪90年代末期，全国大部分省市及自治区已经完成了卫星电视的铺设，这种娱乐化的转向是建立在全国性的卫星电视基本铺设完成的基础上的，卫星电视的全国性覆盖保证了省级卫视可以通过卫星电视系统向全国观众输出节目，各省级卫视需要通过节目内容来争夺全国的观众市场。但囿于新闻宣传制度的限制，各省级卫视用来争夺全国观众市场的重任实则落在了娱乐性节目上，省级卫视的竞争成为娱乐性节目的竞争。综艺节目和电视剧作为重要的娱乐性节目，在省级卫视的发展崛起及竞争中起到了重要的推动作用。第三，在内容生产和制作的层面上，地方电视台相对于中央电视台而言可以有更多的探索空间，对于新闻宣传主要起着上传下达的通道作用，因而可以把更多的资源放置在内容的创新上，这种较为宽松的文化环境为电视综艺的娱乐化转向提供了必要的条件。

在这样的背景下，电视综艺所呈现出的娱乐化转向，为当时中国的电视业场域带来了三个层面的影响：

第一，在节目丰富性的层面上，"湖南电视现象"所带来的全国性的卫星电视对娱乐性综艺节目的生产，减弱了节目内容的丰富性，带来了以娱乐性为突出特点的同质化趋向。娱乐性节目的蓬勃发展，致使全国各省级卫视出现了以娱乐性综艺节目为主要表现的同质化趋向。"每到周末的时候，各电视

台纷纷以'找乐大战''爱情大战'为主题播出综艺节目，看上去很是繁荣，但当类似的娱乐节目蜂拥而至，内容却是千篇一律，你抄我，我抄你，毫无新意。"① 由于各省级卫视需要跨出本土观众的界限，吸引全国观众，即在全国范围内争取广告收入，因此也必然会弱化本土性的文化特征。比如，在省级卫视的综艺节目中，我们鲜少能看到方言节目。这也就加剧了节目的同质化趋向与趋同性特点，弱化了具有地方性的文化特色。由此，本土化和地域化的电视文化逐渐被趋同性的电视文化所压制。

第二，以湖南卫视为代表的省级卫视通过娱乐性节目在全国市场上所获取的成功，改变了以往中央电视台的绝对权威地位，打破了既往电视业发展历程中高度一体化的从中央到地方的差序格局，为地方电视台全国性的繁荣奠定了基础。电视综艺的娱乐化转向为当时我国电视业在各级电视台的发展奠定了基础。

第三，这种改变对中央电视台的强势地位造成了冲击，同时也加速了全国电视市场的竞争，致使省级卫视纷纷走向市场化的商业性道路。自改革开放以来，尤其是1992年邓小平"南方谈话"后，中国经济开始进入高速发展的阶段，经济的发展势必会带来社会文化逻辑的转变，对于市场的重视、对于发展的渴望已然在电视业中生根发芽，同时人民群众日渐增强的购买力和对物质与丰富精神生活的渴求不断深化着这种发展的逻辑。由此，电视业的这种市场化路径意味着对电视叙事和电视模式的统一标准，中国电视的文化风格从地面频道时期的"通俗化"转向卫星电视时期的"娱乐化"，同时孕育出向国际流行的电视风格转向的萌芽，即向无差别的统一的工业化电视生产进行转型。这也就意味着娱乐性综艺节目的发展促进了其后电视业的商业化转型及内容风格的转变。

综上所述，湖南卫视通过推出综艺节目在全国范围内引发的娱乐热潮，成为引起中国电视业在20世纪90年代末期出现娱乐化转向的关键性因素。

---

① 伍素芬、董石才：《浅议"雷同"与"上星"》，《中国广播电视学刊》1999年第7期，第34页。

由湖南卫视所确立并为全国观众所认可的"娱乐道路",是以《快乐大本营》《玫瑰之约》等综艺节目在20世纪90年代末获取全国性的成功并引起"湖南电视现象"为标志的。同时,湖南卫视对于具有强烈娱乐气质的综艺节目的开发与传播,为其后整个电视业节目内容的生产及传播过程建立起一种具有范本性的节目类型,并对地方电视台在内容生产及流通上起到了标志性的引领作用。本小节通过对"湖南电视现象"进行描述,分析了娱乐化转向给我国电视业发展所带来的影响及引发的问题。笔者将在后文中指出,湖南广电通过"成立经视""集团化改革""主推卫视""平台—卫视两翼齐飞"等一系列实践形成了独特的"湖南模式"。"湖南模式"把娱乐气质与通俗化的平民特性带进了电视业的层级格局,并影响了一大批地方电视台的发展方向,同时也对中国综艺节目的发展起到了开端性的作用。

那么,这种娱乐气质是在何种社会文化的语境中形成的?它的形成对电视业格局产生了何种程度的撼动?又如何影响其后综艺节目的发展?为什么"湖南电视现象"在中国的电视综艺发展中成为一个重要的节点?在下一小节中,笔者将通过对综艺节目发展的文化与社会背景的阐述,分析推动娱乐性电视节目在中国的电视场域中兴起及发展的文化动因。

第二节 日常生活的消费化与通俗化:综艺节目发展的文化动因

20世纪90年代中期以来,中国百姓的日常生活变得日益丰富,这得益于工作时间与休息时间比例的改变。自1995年5月1日开始,国家推行"八小时工作制及双休日制度"[①]。该制度为娱乐在日常生活中的兴起奠定了基础,

---

① 1995年3月25日,时任国务院总理的李鹏签署了中华人民共和国国务院令第174号,发布《国务院关于修改〈国务院关于职工工作时间的规定〉的决定》,决定自1995年5月1日起实行八小时工作制与双休日制度,即"职工每日工作8小时,每周工作40小时。国家机关、事业单位实行统一的工作时间,星期六和星期日为周休息日"。

意味着人民群众在非工作时间有了更多的支配空间，日常生活成为一种需要被重视的领域，娱乐承担了八小时工作之外的调节功能，"消费"与"休闲"逐渐开始取代"生产"和"工作"。人们在工作之余开始在家庭空间中展开日常生活实践，其中"看电视"成为一种重要的休闲方式。这促进了电视业在内容和风格上的变化，通俗电视剧、电视综艺等带有娱乐性质的节目开始在电视荧屏上遍地开花，风格也逐渐开始通俗化与娱乐化。本小节将从文化与历史的角度追溯娱乐作为一种话语在中国电视场域中的流变，分析娱乐中的重要组成部分——综艺节目的发展，从而得出综艺节目在中国的语境中得以发展的文化动因。

一、电视娱乐在日常生活领域中的变迁

如绪论中提到的，中国的电视具有"行政—经济"双轨制发展的特点。其中，自电视在中国诞生之日起，其作为宣传工具的基本定位已经确定，但彼时电视的娱乐属性与功能暂时未被开发。20世纪60年代初期，北京电视台曾经播出过三次以相声、小品、笑话等为主要节目形态的"笑的晚会"，以缓解人民群众在经济困难时期的物质及精神痛苦，但这类具有娱乐性的节目却被斥为低俗和格调低下。总体来说，此时电视的娱乐功能是被公开压制的[①]。进入20世纪70年代，电视的定位还处于低于广播的非强势媒体，主要承担着宣传与大众教育的功能，并未呈现出商业性价值。直到1979年，电视荧屏上开始播放商业广告[②]，这预示着电视开始承担商业属性及娱乐属性。作为大众媒介的电视，自此开始具备宣传属性及商业属性的双重定位[③]。也就是说，在中国的媒体发展的语境中，电视的娱乐化是随着商业广告的出现而产生的。

---

① 赵月枝：《传播与社会：政治经济与文化分析》，中国传媒大学出版社2011年版，第182页。

② 上海电视台早在1979年1月29日就播出了中国电视历史上第一个电视广告，内容为参茸补酒；其后又于同年3月15日播出了第一个外国商品广告，内容为瑞士雷达表。

③ 郭镇之、邓理峰、张梓轩等编著：《第一媒介：全球化背景下的中国电视》，清华大学出版社2009年版。

商业广告作为人们日常生活的表征及其对消费的刺激作用，使得电视娱乐也开始深入当时百姓的日常生活中。随之而来的是，电视节目成为在全国性的电视市场中流通的商品，其生产方式和流通方式都出现了一定程度的市场化。

电视的娱乐性内容主要有两种表现形式，一种是电视剧的形式，另一种是综艺的形式。在时间上，具有娱乐性的电视剧更早进入中国大众的日常生活。20世纪80年代，由于国内电视的生产能力不足，大量的外国娱乐节目涌入中国的电视荧屏，例如从日本、美国、墨西哥和巴西等地引入的肥皂剧占据中国电视荧屏，相应地就带来了观众对娱乐性电视节目的心理需求。随着20世纪80年代末市场机制对电视业的影响，大量的娱乐性节目被引进中国电视市场，使得电视热迅速升温，其他形式的内容生产机构也加入电视剧的拍摄与制作中。一时间，电视剧成为最热门的视听叙事方式[①]。在20世纪90年代初期，国产电视剧开始发展起来，涌现出一批如《渴望》《编辑部的故事》《我爱我家》《北京人在纽约》等制作精良、脍炙人口的电视剧。从这时的电视剧中，我们明显可以发现通俗化的色彩，在内容和叙事上关注家庭、个人与日常生活，抛开了国家、社会、历史等宏大叙事，在主题上转向以个人和城市为主体的大众娱乐文化，并通过商品化的方式嵌入电视业的市场关系中。

在具有大众娱乐性质的电视剧兴起的几年后，娱乐综艺开始在全国引起关注。其中以1997年湖南卫视所开创的代表性节目《快乐大本营》的成功为重要标志，并由此形成了全国性的娱乐综艺生产的景观。在中国的电视场域中，以娱乐性为突出特征的综艺节目如游戏类综艺、约会型综艺、选秀型综艺以及真人秀综艺等，开始以巨大的数量和旺盛的生命力不断繁殖。赵月枝用"媚俗"来形容市场化以来的电视娱乐，她认为"湖南电视现象"作为一个例证，充分证明中国电视业自20世纪90年代末期以来，娱乐性节目的目

---

① Donald, S.D. ,Keane, M. and Yin, H. *Media in China: Consumption, Content, Crisi*, Routledge Press.2013, p.30.

标使大众通过消费电视话语追求快乐，进而制造其对中国身份的认同。① 因此湖南电视通过卫星电视技术将娱乐性节目送往全国市场，这为其带来了巨大的经济资本及社会资本。

总体而言，中国电视娱乐的兴起可以追溯到 20 世纪 90 年代初期。随着 1992 年市场经济的建立，中国电视开始了商业化的进程。电视不仅取代了广播与报纸成为主流的强势媒体，广告收入也节节攀升。电视剧成为当时娱乐文化的重要载体。随着以表征人民日常生活为主要内容的具有通俗性的电视剧的繁荣，综艺节目也在 20 世纪 90 年代开始崭露头角。其中，于 1990 年在中央电视台播出的《正大综艺》《综艺大观》两档综艺节目，标志着大陆综艺节目的开端。到 20 世纪 90 年代后半段，深受台湾综艺节目风格影响的湖南卫视开始崛起，1997 年的《快乐大本营》、1998 年的《玫瑰之约》和电视剧《还珠格格》使湖南卫视拉开了省级卫视和央视抗衡的序幕，搅动了当时央视一家独大的电视业格局。进入 21 世纪，随着文化体制改革的开启，大众媒体的市场化改革步入较快的发展进程，"媒体的商业化提升到一个新的水平"②，私人资本开始参与到电视制作和频道运营中，越来越多的娱乐性综艺节目被生产出来。与新闻节目相比，娱乐性节目在生产和传播的过程中所受到的规制较少，也更具市场化潜质，因此具备了内容生产和运营权的资本开始大力加强对娱乐性节目的生产。随着资本开始进入媒体市场，一大批商业性质的依附于传统电视台和个人的制作公司产生了，从而促进了综艺节目的生产及其市场化流通。随着资本进入娱乐节目生产领域，以及制播分离制度在全国范围内的推广，大量具有代表性的综艺节目开始成为娱乐性节目的主流，进而推动了大众消费文化的产生。

在推动大众日常生活中文化消费的层面上，湖南广电具有代表性意义。

---

① 赵月枝：《传播与社会：政治经济与文化分析》，中国传媒大学出版社 2011 年版，第 183 页。

② Zhang, Xiaoling. *The Transformation of Political Communication in China: From Propaganda to Hegemony*. Singapore: World Scientific Publishing.2011, p.51.

其中湖南卫视为其他省级卫视甚至中央电视台提供了一个范本，其核心在于通过对全球性娱乐节目类型和模式的借鉴而进行的综艺节目生产及消费，有效接合了城市青年在日常生活实践中所产生的心理需求、文化品位。2005年，湖南卫视推出选秀综艺节目《超级女声》，又一次在全民中掀起选秀和追星的娱乐热潮。其后，通过对韩国综艺模式的借鉴，打造了一批如《爸爸去哪儿》《我家那小子》等基于东亚文化圈所共享的感觉结构的综艺节目，巩固了其在省级卫视中的中心地位。湖南卫视通过一系列以日常生活为表征对象的综艺节目，结合以城市青年为主的受众的心理需求及文化品位，形成了一套以内容为中心的文化生产机制，不断推动着日常生活中文化消费的进行。

随着消费与休闲在20世纪90年代中期开始成为人们日常生活中的重要组成部分，娱乐性节目的出现也因此具有了社会及文化基础。综艺节目与电视剧作为娱乐性节目的两种基本形式，在20世纪90年代末开始兴盛起来。由于二者在制作与传播过程中存在着诸多不同，无法在一个统一的框架内进行分析，因此本书的主要分析对象以综艺节目为主。对于中国的综艺节目而言，湖南广电是一个极为重要的具有代表性的综艺生产及传播的媒体集团，无论是湖南卫视于1997年开播的综艺节目开创了综艺节目平民化及娱乐化的先河，还是当下媒介融合的全新媒介环境中，芒果TV凭借优质的综艺节目生产成为以传统电视媒体为依托的具有引领性的互联网视频平台，这些事实都充分验证了湖南广电在以综艺节目为代表的娱乐性内容的生产及传播中，所具有的代表性意义。

那么，综艺节目在中国的社会文化语境中，又是怎样发展起来的呢？如何确认娱乐性综艺节目在电视业及视频业的媒介生态中所处的位置呢？在下文中，我们将具体讨论在娱乐视域下综艺节目在中国的发展，进而更清晰地描绘出湖南广电娱乐文化生产场域形成的背景。

二、娱乐视角下中国综艺节目的阶段性演进

自改革开放以来，以电视综艺节目为代表的娱乐文化形态的演变，在社会文化语境中的发展，大致经历了四个阶段。在具有相对固定模式的综艺节

目出现之前，由中央电视台于 1983 年举办的第一届春节联欢晚会在娱乐性、互动性上成为当时影响力最大的文化奇观，兼具娱乐性与教育性，为后来综艺节目的出现奠定了扎实的基础。1990 年央视播出的《综艺大观》和《正大综艺》是中国最早固定播出的专栏化电视综艺节目，其中《综艺大观》以语言类节目和曲艺类节目以及一定的资讯内容为主，在内容和风格上延续了春节联欢晚会的文化氛围；《正大综艺》在内容和板块的设置上，更偏重于对世界各地人文景观及影片的介绍，拓展了中国观众的视野。中国电视综艺节目发展的第一阶段正是以《综艺大观》与《正大综艺》为代表，它们兼具娱乐性与教育性，并具有较高的审美格调，对于丰富当时人民群众的日常生活具有重要的意义，也体现了电视综艺对改革开放的文化逻辑的映射。

中国电视综艺节目发展的第二阶段的动力来自技术和产业发展的双重保证。在技术上，1990 年 4 月 7 日，中国自行研制的"长征三号"运载火箭成功发射了亚洲地区第一颗商用通信卫星——"亚洲一号"卫星，这意味着中国电视的卫星转播技术被推进到一个崭新的时代，并于 1999 年基本完成了中国大部分省市与自治区卫星电视的铺设及运行工作。在产业发展上，1992 年广播电视业被国家纳入第三产业的范畴[①]，电视业开始进入产业化进程，为电视业在内容生产以及广告收入上带来了更大的空间。正是在卫星技术的发展和政策上对电视业产业化的鼓励下，电视业在新旧世纪的交接时刻，基本上完成了制度和实践的"制播分离"。这个阶段的代表性综艺节目为上文所讨论的湖南卫视的《快乐大本营》，它的成功动摇了中央电视台通过《综艺大观》与《正大综艺》在娱乐性综艺节目上占据的中心地位，并引起了全国省级卫视在娱乐性综艺节目上的一系列实践。一时间，如北京卫视、江苏卫视、安徽卫视纷纷推出以"欢乐""大赢家""开心"为主题的游戏类综艺节目。在这样的风潮下，央视也于 1998 年起陆续推出《幸运 52》《开心辞典》等知识

---

① 1992 年 6 月 16 日，中共中央、国务院发布《关于加快发展第三产业的决定》，其中将广播电视业划入第三产业的行列，决定中指出："加快发展第三产业，主要依靠社会各方面力量，坚持谁投资、谁所有、谁受益的原则，不过多依赖国家投资。"

问答闯关型游戏类综艺节目。该时期的电视综艺节目呈现出游戏性强、互动性强的特点，符合当时重视日常生活的平民化的文化氛围。

21世纪以来，各省级卫视已经通过在综艺节目上获取的社会与文化资本形成了不同的等级，其中湖南卫视、东方卫视、浙江卫视、江苏卫视成为强一线卫视，在省级卫视的层级中位于第一梯队，其他省级卫视如安徽卫视、山东卫视、河南卫视等则位于第二梯队，我国电视场域内的层级划分格局已经基本形成。在这个时期，互联网技术进入了高速发展阶段，电视业则进入"三网融合"阶段，即电信网络、电视网络及互联网的融合，综艺节目发展的第三阶段是伴随着技术上的"三网融合"开始的。电信网络、互联网与电视网络的融合为电视综艺的发展带来了新的变化，即更加注重参与性、互动性与娱乐性，选秀类综艺成为该阶段具有代表性的电视综艺节目。2004年湖南卫视推出了第一届《超级女声》，但真正在全国乃至全世界范围引发关注的是2005年的第二届《超级女声》，由此开启了中国综艺节目的选秀热潮。各省级卫视纷纷推出选秀节目，如东方卫视于2006年推出的《加油！好男儿》也引发了较为广泛的关注。这个时期的选秀节目比较突出的特点为观众需要通过投票的方式与自己支持的选手建立联系，同时决定着选秀节目的结果。技术上的融合促成了选秀节目通过电信网络投票，使观众的参与度大大提高。

之后，随着爱奇艺、腾讯视频、优酷、芒果TV的上线，综艺节目的发展进入第四个阶段，即平台化阶段。网络综艺成为综艺节目的主流，网络视频平台开始成为综艺节目的重要生产方，依托视频平台完成综艺节目的制作、发行，其盈利不仅靠广告收入，更依托视频平台的会员制付费所获取的收益。互联网视频平台成为综艺节目生产和发行的重要载体，逐渐从播出已经在电视中播出过的综艺节目走向自制综艺的道路。其中，腾讯视频推出的《明日之子》《创造101》《吐槽大会》等，爱奇艺推出的《奇葩说》《中国有嘻哈》等，优酷推出的《这！就是街舞》等，以及芒果TV推出的"明星大侦探"系列、《女儿们的恋爱》等，都拥有极高的点击率和话题量，成为现象级的综艺节目。同时，视频平台的受众主要为青年群体，因此在节目内容和流通方式上，更加符合青年人尤其是城市青年人的审美趣味、文化品位和消费方式。

从 1990 年中央电视台推出《综艺大观》，到今天的视听综艺所呈现出的异彩纷呈的景象，中国的电视综艺已走过了 30 余年的发展历程。从以上对娱乐综艺发展历程的简要概述中，可以清晰地发现，综艺节目在中国电视及视频场域中的发展受到多重因素的共同影响，其中包括市场化改革对经济发展的需求，政策上为大众媒体发展提供更多的空间，以及卫星技术、互联网技术的进步为综艺节目的发展构建出一个适宜的环境。自 20 世纪 90 年代以来，综艺娱乐节目逐渐成为电视场域中重要的经济增长极，同时也是和新闻节目及电视剧并列的重要的内容产品。在综艺节目的发展过程中，娱乐文化的去政治化趋向、市场化需求，对娱乐消费主义的批判，以及来自政策上对娱乐化问题的规制，这些因素之间彼此互动、形成张力，不断改写着中国视听娱乐的面貌。[①] 随着互联网平台的越发壮大，以及广播电视行业的集团化与产业化，更为复杂的充满张力的场域形成了。在新的视听媒介的生产场域中，娱乐综艺受到来自政策的规制、受众的分化、技术的更迭、媒体内部生产方式的转变等各种因素的影响。其中，围绕对泛娱乐化问题的批判构成了近年来对媒体生产娱乐性内容在政策上规制的主要内容，娱乐内容的生产者即电视台等媒体不断地在实践中进行修正；技术的不断迭代升级使得互联网视频网站、流媒体平台不断褫夺传统电视业在内容生产、受众上的优势资源，促使传统的电视媒体必须通过不断的改革争夺受众与市场；生产方式和劳动的组织方式也在不断进步，迫使综艺节目的生产必须不断地接受更先进的生产方式和劳动的组织方式。

这一时期，处于场域中心位置的湖南广电势必面临着上述复杂的境况。在发展过程中，湖南广电是如何处理来自政策规制、技术发展、受众变化、生产方式革新等因素带来的对其自身发展及改革的压力，进而是如何体现其在娱乐性内容生产、媒介自身战略发展以及平台建设上的实践的？在下一小节中，我们将把视角放在湖南广电的具体实践上，以其发展过程中具有代表

---

① Keane, M. *Television and Moral Development in China*, *Asian Studies Review*, 22(4), pp.475–503.

性的电视台及视频平台为例，分析构成娱乐文化生产场域的各因素及其之间形成的相互制约的张力。

第三节　娱乐文化生产场域的结构：从湖南经视到芒果TV

在布尔迪厄的理论体系中，"资本"是贯穿其理论始终的一个重要概念。经济资本意味着金钱，经济资本也可以转化为金钱，文化资本包括学业证书、技术性知识、一般性知识、语言和艺术上的能力等。社会世界作为一个整体，是围绕着两种相反的权力建构的。布尔迪厄在其晚期的研究中，也提及了技术资本的概念。他指出技术资本是在生产的工业化过程中可以提高生产效率的科学资源与技术资源，是一种特殊形态的文化资本。[①] 同时，场域具有同源性，场域中存在着次级场域，其内部组织是相似的。

以湖南广电近30年的实践历程为例，在文化资本上，湖南经视和湖南卫视通过一系列成功的综艺节目与具有浓厚娱乐色彩的节目，奠定了其在中国电视场域中的独特地位。随着技术的发展，平台化进程的不断推进，芒果TV以长视频平台的形式，续写着湖南卫视创造的收视神话；同时，湖南广电在产业发展不断向前的过程中扩充自身的经济资本；在湖南广电自20世纪90年代开始的四轮改革过程中，通过在改革和制度上的不断实践，建成了新型主流媒体集团，其宣传的主流化趋向也在不断加深，并在该生产场域中不断积累着政治资本。这些资本在相互作用的张力状态下，呈现出一个处在不断变化中的娱乐文化生产场域。接下来，本节将通过对推动湖南电视综艺节目发展具有里程碑作用的几个重要频道及视频平台——湖南经济电视台、湖南卫视和芒果TV进行案例分析，解释湖南电视以娱乐性为突出特点的文化生

---

① Bourdieu P. *The Social Structure of the Econom*. Cambridge: Polity Press, 2005, pp.126–127.

产场域的构成要素和特点，以及处于其层级之上的场域之间的关系。

一、初创期：湖南经视——娱乐文化与制度改革的先行者

提及湖南电视，人们更多地会想到湖南卫视。然而，1996年成立的湖南经济电视台却在娱乐文化的创新、综艺节目的模式以及体制改革上都先行一步，为湖南卫视在全国的走红打下了坚实的基础。湖南经视对湖南广电的发展具有里程碑式的意义，它的成立拉开了湖南电视第一轮改革的序幕，并承担了湖南电视第二轮改革的重任，为湖南广电的集团化打下了基础。

作为地面频道的湖南经视对湖南广电以及中国综艺娱乐的发展具有重要的意义，主要体现在三个方面：第一，在娱乐性节目内容的层面上，湖南经视通过制作和播出一系列具有娱乐性的综艺节目，在湖南本土引起了轰动效应。在节目内容及模式上，湖南经视开创了娱乐性节目的先河，为后续湖南卫视娱乐性综艺节目的走红奠定了基础。例如，《幸运3721》开创了游戏类综艺节目的先河，在湖南本土创造出超高的收视率，随后的《完美假期》《绝对男人》《明星学院》《越策越开心》《花儿朵朵》等湖南经视的综艺节目以创新的姿态掀起一次次的娱乐狂潮。湖南经视在湖南卫视之前推出的《明星学院》《绝对男人》等选秀节目，掀起了本土性的选秀狂潮，也为《超级女声》的全面走红打下了经验基础。在通俗电视剧方面，自制电视剧《还珠格格》《一家老小向前冲》等，从娱乐化与本土性上打造了"经视出品"的金字品牌。其中湖南卫视《还珠格格》的热播使得经视出品的电视剧通过卫星电视系统而在全国产生广泛影响。第二，在电视台的改革制度上，湖南经视拉开了湖南广电第一轮改革的序幕，通过贷款办台自负盈亏的模式创办起来，并率先采用竞聘制、制片人制等用人机制，实现了改革与策略的创新。第三，在对从业者的培养与锻炼上，湖南经视是电视业界当之无愧的"黄埔军校"。如今的湖南广电中高层近半是"经视出身"，湖南经视最早通过应聘制和独立制片人制培养了一大批优秀的电视人才，比如龙丹妮、吕焕斌、欧阳常林等人早年都是湖南经视优秀的制片人，如今成为著名的媒体人、台长等。湖南经视曾经的工作者如今遍布整个媒体行业，是推动中国电视发展的中坚力量。

自开播以来，湖南经视凭借新闻深度报道、娱乐综艺的创新性，并推出极具湖湘风味的特色节目，让湖南经视从创立至今，一直都是湖南本土观众打开电视机的首选频道。

> 1995年，我以湖南师大毕业生的身份考进了刚刚组建的湖南经济电视台，那时候我们还蛮有创业时的那种冲动。当时在长沙华天大酒店对面有一座叫娱乐中心的楼，一楼是茶室，二楼是歌厅，欧阳台长就带着我们这些最活跃的文艺青年，在那个破旧的三楼房间，鼓捣着刚刚诞生的湖南经济电视台。我当时在记者组，经常为了跑新闻，没时间吃饭，稿子都在车上完成……但是当时却跑出了一批名记者。2002年，我在湖南广电也待了整整七年，我所在的《经济环线》事件让整个湖南广电遭遇了导向危机，湖南经视也陷入了前所未有的绝境。但这一年，经视、都市、生活三台合并，吕头成为舵手，又让经视算是起死回生吧……（F4）①

这段访谈内容来自一个老经视人，她在湖南经视工作近20年后，进入湖南广播电视台担任行政职务。她的经历也是湖南经视创办和改革的一个缩影。1993年，在全国性的推广市场化改革的背景之下，湖南广电拉开了第一轮改革的序幕，提出"大广播、大电视、大宣传、大产业"的改革目标。在该改革目标中，我们可以明显地看出其对广播电视业进行整体性整合的构建，以及对产业化发展的规划。1995年年底，全新创办的湖南经济电视台②以极具娱乐气质的节目内容，市场化的生产及管理机制，成为搅动相对平静的湖南电视业的"鲶鱼"，通过竞争的方式促进机构内部较为僵化的生产机制。湖南经视成为湖南广电改革的试验田，采取了当时电视业界少有的市场化运行机制，具体体现在两个层面：第一，在人事任命制度上，湖南经视面向全省

---

① 来自访谈记录，受访人编号为F4，访谈时间为2018年3月2日。
② 1994年，湖南省广播电视厅开始筹划创办以全新机制运行的湖南经济电视台，并于1995年12月底试播，1996年1月1日正式开播。

公开招聘台长，并给予其充分的经济和用人上的自主权；同时，全台所有的员工采用招聘制与淘汰制。第二，在分配制度上，在经费和预算中引入市场制度，薪酬通过绩效考核的方式分配，节目制作经费自主核算。这在当时全国大多数电视台都作为事业单位的行业状态下，实属大胆创新之举。湖南经济电视台在创办之初所进行的一系列制度与经营上都具有市场化倾向的实践，为湖南广电在未来的发展制定了较为长远的战略。

值得注意的是，湖南经视建台之后，就在综艺、选秀类节目方面首开国内先河，其娱乐节目的持续大胆创新，直接推动了包括湖南卫视在内的湖南众多频道的改革，促进了湖南电视娱乐王国的崛起。湖南经视享有"中国综艺节目策源地"的称号，在节目创新力度上胆子更大、步伐更新。[①] 在棚内游戏类综艺节目上，1995年至2000年"幸运"系列节目开创了中国综艺娱乐节目之先河，在湖南本土取得极高的收视率。节目通过歌舞表演、相声、游戏以及观众抽奖、电话参与等环节，在湖南本土刮起娱乐旋风。湖南卫视正是借鉴了"幸运"系列综艺节目，才生产出王牌综艺节目《快乐大本营》，从而奠定了其在省级卫视中的核心地位。2002年5月24日，综艺节目《越策越开心》在湖南经视播出，创造了脱口秀这种具有娱乐精神的节目类型。2005年8月，《越策越开心》登陆湖南卫视晚间档，让全国人民领略了具有鲜明特色的湘式幽默。

湖南经视不仅在棚内游戏类综艺节目上创造了收视奇迹，在选秀节目上同样取得了优秀的成绩。2003年，《绝对男人》打开了中国电视男性选秀的一扇全新大门，以其在节目模式上新鲜的创意引来无数关注。随后湖南经视成功举办《绝对男人》2004年、2005年两届选秀，在湖南本土掀起了娱乐热潮，全湖南的女性观众都在为于东、钟凯、陈泽宇、金应生等一众选手而疯狂。《绝对男人》的成功开创了地面频道选秀节目的先河，明星与粉丝文化已经在当时初现萌芽，也为其后的选秀类综艺节目在中国的发展打下了坚实的

---

① 谢杰、朱晶、陆军：《从湖南经视发展探索省级地面频道突围之道》，《当代电视》2014年第12期，第93页。

基础①。2004年湖南经视推出选秀节目《明星学院》，通过选秀表演与真人秀形式的结合，创造了又一轮全民参与的造星与追星活动。其总决选现场《明星学员巅峰对决》当天的节目收视份额超过40%，在湖南本省的平均收视率达10.1%②，短信参与达到100万条。在选秀节目上，《绝对男人》与《明星学院》为湖南卫视提供了在节目类型、内容生产、传播推广上可借鉴的成功经验，也促使2005年湖南卫视推出《超级女声》时，引发了全国性轰动效应。中国电视界的格局从此改变，湖南卫视也因此成为家喻户晓的省级卫视。由此可以看出，湖南经视在综艺节目的类型和内容上，无论是棚内游戏类综艺节目，还是选秀类节目，都得到了湖南本土观众和市场的验证。在整个湖南广电的发展格局中，湖南经视在机制改革和娱乐性节目生产上的创新，为其后湖南卫视的建立及发展提供了极具参考性的经验。

总体来看，湖南经视是湖南广电改革历程中的先锋，无论是在制度的革新上，还是在对娱乐性综艺节目的研发上，都颇具代表性意义。作为湖南本省的地面频道，湖南经视在内容生产、制度革新等方面的一系列创新实践为湖南卫视提供了经验，打下了经验性和实验性的实践基础。在内容生产上，湖南经视通过打造一系列游戏类及选秀类综艺节目，在湖南本土的范围内开始探索娱乐性节目的生产，为其后湖南卫视综艺节目的生产和传播奠定了基础。湖南经视通过对娱乐化道路的打造，拉开了整个湖南广电改革的序幕。在综艺节目的生产上，湖南经视开创了一种娱乐性节目的生产模式，通过把游戏、竞争等模式引入综艺节目的内容中，强调综艺节目娱乐大众的特性。正因为"幸运"系列节目及《绝对男人》等游戏类和选秀类综艺节目在湖南本土地区取得了成功，才有了其后《快乐大本营》及《超级女声》等所引发的"快乐现象"在全国的风靡。在生产制度上，湖南经视通过市场化的办台

---

① 湖南经视创办的选秀节目，对其后出现的全国范围内的同质化选秀类综艺节目起到了开创性的作用。例如2006年东方卫视推出的《加油！好男儿》节目，在内容和形式上都借鉴与模仿了《绝对男人》。

② 王兰柱主编：《中国电视收视年鉴·2005》，中国传媒大学出版社2005年版，第314页。

方式、用人制度，引入竞争制度，为湖南广电之后的改革引入了新的理念，做出了实践上的经验准备。

湖南经视在内容生产和制度改革上的实践为湖南广电后续的发展起到了承前启后、继往开来的转折作用。自湖南经视创办成功后，湖南卫视、湖南生活频道、娱乐频道、都市频道、体育频道等相继面世，推出了多档知名节目，在频道内部的改革上也不断推陈出新。正因为湖南经视"打头阵"的实践，整个湖南广电集团开始在内容生产、机制改革等方面不断进步；正因为湖南经视的助推，才有了湖南卫视在改革、上星等实践中形成的"湖南电视现象"。

湖南经视在娱乐性节目生产上的成功经验，为其积累了一定的文化资本；在市场化的改革策略实施的过程中所带来的经济效益及相关产业的发展，为其积累了一定的经济资本。在湖南经视文化生产的次级场域中，其文化资本和经济资本的积累为湖南广电后续在内容生产、政策改革等方面的实践打下了基础。同时，在湖南经视发展的过程中也引发了一系列的问题，例如产业粗放经营所导致的资源浪费，频道恶性竞争所导致的集团内部的内耗等，这些问题促使湖南广电对频道建设的改革更进一步。随着卫星电视技术的发展，湖南广电频道建设的重心逐渐转移到湖南卫视上来。

在湖南广电的娱乐文化生产场域中，湖南经视自1994年在综艺节目生产和办台策略及定位上的一系列改革，为其提供了具有奠定作用的经济资本与文化资本，并推动了该场域中另一个重要的频道——湖南卫视的发展。

二、发展期：湖南卫视——从"快乐中国"到"青春中国"

1997年1月1日，湖南电视台一套节目上星播出，呼号为湖南卫视。湖南卫视是"湖南电视的旗舰和母体，是新闻宣传的主阵地、创收创新的主平台、湖南广电的主品牌"，这是在湖南卫视上星初期湖南省广播电视局对其所做的定位。湖南卫视自1997年上星之后，因《快乐大本营》《玫瑰之约》等一系列知名的综艺节目，掀起了全国性的娱乐综艺热潮，这种地域性的娱乐性内容的媒介生产景观成为著名的"湖南电视现象"。作为国内电视版图中省级卫视的排头兵,湖南卫视在以下几个方面具有代表性意义:第一,在不同的阶段,湖南卫视制定了不同的战略和定位,并呈现出一个由娱乐性向文化性转变的趋势,频道层面的策略转变体现出更为宏观的政策对频道的规制以及频道市场性发展等因素共同作用形成的合力。第二,湖南卫视在以娱乐性为主要特征的综艺节目的生产和传播上具有引领性的地位,在其发展的20余年间,综艺节目始终是湖南卫视处于省级卫视第一梯队的关键因素,并为其打开了全国市场。湖南卫视所推出的现象级综艺节目,对于分析国内电视业娱乐性综艺也具有代表性意义。

自1997年以来,湖南卫视历经了一系列战略定位上的变化,主要分为如下几个阶段:在创办初期,湖南卫视以"周末战略""品牌战略"等政策,在节目内容生产上发力,具体体现在娱乐性综艺节目的生产和优质的新闻专题类节目。在此期间,《快乐大本营》《玫瑰之约》等游戏类及约会类综艺节目在全国范围内引起轰动,并引起了全民娱乐景观。同时值得注意的是,在此阶段,湖南卫视同样重视新闻类节目的生产,制作出一批具有深度思想性的新闻专题类或谈话类节目。例如,《乡村发现》在20世纪90年代末即开启了一种城乡视角,开始关注农村问题;《有话好说》是一档具有深度思想性的访谈类节目,在其播出期间所涉及的话题具有社会批判意识与先锋性,实现了电视节目的"跨省监督",进一步扩大了湖南卫视的影响力。但湖南卫视在新闻专题类节目上的发展由于政策规制的原因,在20世纪末走向了终结,这一点将在下一章中具体讨论。

也正因如此,进入21世纪以来,湖南卫视对频道的定位更加明确,即突出以娱乐为主要特征,以青年人为主要受众群体,以青春、时尚为主要定位。2003年,湖南卫视制定了"锁定娱乐、锁定年轻、锁定全国"的战略定位,并于2004年确立了"快乐中国"的频道核心理念。时任湖南电视台台长的欧阳常林重新诠释了快乐的内涵,他指出:

> 湖南卫视果断定位于娱乐,也就是为了更好地服务大众、影响大众。电视只有先叫座才能再叫好,这个叫座并不意味着我们只能

迎合低俗、拒绝高端、远离经典。反过来，这个叫好也并不意味着背离电视的大众化属性和娱乐功能。①

湖南卫视对"娱乐性"进行了重新定义，在这个定义中，电视的成功建立在市场化的前提之下，同时既不低俗也不过于曲高和寡，而是充分考虑观众对电视节目的需求，电视节目需要融合娱乐元素，借用娱乐形式与手段，生产符合市场与观众精神需求的内容。"快乐中国"这一定位正式划定了湖南卫视在此之后的品牌特色与发展方向，湖南卫视也因为该定位成功生产了大量的具有娱乐性的电视节目，并以此为契机逐渐形成了一种文化生产机制。围绕这一核心理念，在频道的微观策略上，湖南卫视也实行了一系列的调整，不断完善其"快乐"品牌。例如，湖南卫视分别推出了"栏目带"②和"季播策略"③，按照"快乐中国"的定位，在综艺节目、电视剧、晚会等方面突出娱乐元素，并不断进行创新，步入了频道和品牌发展的黄金时期。2012年，湖南卫视经历了收视下滑的困境，同时因直播超时问题被当时的国家新闻出版广电总局要求停止举办当年选秀节目。2013年，湖南卫视调整节目方案，制定了"重新盘整资源，发力节目创新"的政策，推出《我是歌手》《爸爸去哪儿》等现象级综艺节目，重新回到全国省级卫视的中心地位。随着芒果TV于2014年的上线，湖南卫视通过"一云多屏，双翼齐飞"的模式在内容和生产上向芒果TV提供了大量的优质资源，并逐渐形成互补模式。

在频道定位及策略的不断变动下，湖南卫视在内容生产上的实践也不断

---

① 2004年9月22日，湖南电视台创新座谈会在新闻中心大会议室举行。欧阳常林以《探索国内电视娱乐的新模式》为题讲话。载于《湖南广播电视年鉴》编辑委员会编：《湖南广播电视年鉴2005》，湖南教育出版社2005年版，第62页。

② 2005年与2006年，湖南卫视编排"快乐中国930""快乐中国730"栏目带，通过在固定时段播放固定类型的娱乐性节目，从而达到强化频道特色和品牌定位的目的。

③ 自2007年起，湖南卫视开始实行季播策略，如《名声大震》《超级社区》等综艺节目为第一批实行季播策略的栏目。季播策略激活了内部内容上不断创新的动力，并带动了电视业界其他省级卫视的竞争意识。发展至今，大多数知名综艺节目都已经实施了季播策略。

进行着探索。湖南卫视在20余年的发展历程中，通过娱乐性综艺节目的生产及传播，在中国乃至国际上都形成了较为深远的影响力，形成了一种独特的文化景观。其中，在湖南卫视推出的大量综艺节目中，有几档具有标志性的综艺节目对塑造湖南卫视的品牌，以及促进其后续向文化性的转型，具有代表性意义。如前文所说，1997年推出的《快乐大本营》通过游戏类综艺节目的形式，在国内的电视市场开创了轻松化综艺节目的先河，并帮助湖南卫视成功进入省级卫视的中心位置。2004年湖南卫视推出《超级女声》，首开大众娱乐真人秀活动的先河，以不对参赛者设置任何限制的形式将娱乐平民化发展到极致[①]，在全国范围内掀起新的娱乐风暴，是湖南卫视继《快乐大本营》之后推出的又一档具有标志性意义的娱乐综艺节目。2005年第二届《超级女声》引发了全民关注，进而成为当时以平民选秀的方式引发广泛的社会讨论的文化现象，总决赛在湖南市场的平均收视率为8.8%，平均市场占有率为26.4%[②]，冠军李宇春登上了《时代》周刊（亚洲版）的封面。随着2005年"超女"的成功，湖南卫视于2006年与2007年相继推出《超级女声》与《快乐男声》，在收视率和市场份额上均大获成功。选秀类综艺节目所掀起的娱乐热潮，使得湖南卫视借此稳坐省级卫视第一梯队的核心位置。2006年以来，湖南卫视在综艺节目的内容生产上，开始形成由游戏类选秀型综艺节目向真人秀综艺节目的转型。以2006年9月真人秀节目《变形计》的开播为标志，在真人秀节目的内容与表现形式上，突破了以往综艺节目以娱乐性为中心的定位，试图用纪录片式的拍摄手法回应当时社会中存在的城乡差距问题，在题材和形式上都有所突破。自2006年12月起，湖南卫视在综艺节目的生产上开始引入国外节目模式的概念，《名声大震》第一季是湖南卫视与英国BBC环球公司联合打造的一档大型全明星电视音乐节目。《名声大震》把明星引入竞争的模式当中，颠覆了此前推出的平民类选秀节目，观众不但能

---

① 柴志芳:《〈超级女声〉走红的传播学思考》,《新闻界》2005年第5期,第87页。
② 王兰柱主编:《中国电视收视年鉴·2005》,中国传媒大学出版社2005年版,第306页。

主宰每一场明星之间的竞赛,甚至可以决定明星的去留,其对湖南卫视的重要意义在于从节目模式的角度开创了引进海外节目模式的先河。其后,湖南卫视在节目模式的借鉴与创新上持续发力,陆续推出了《我是歌手》《爸爸去哪儿》《亲爱的·客栈》《向往的生活》等一系列以韩国综艺模式为蓝本的综艺节目,并进行了本土化改造,受到全国观众的欢迎,掀起了又一轮综艺节目的热潮。2018年以来,湖南卫视把模式创新放在更重要的战略位置,推出了《声临其境》等自主研发模式的综艺节目,并让节目模式走出了国门,实现了文化出海的目标,协同如《汉语桥》等一系列沟通中外文化的节目的播出,湖南卫视成为在海内外具有广泛影响和传播价值的强势媒体。

从以上对湖南卫视的战略改革历程及节目内容的概览可以看出,作为综合类卫视频道,湖南卫视在新闻宣传、电视剧、综艺节目、大型活动等方面综合发展。但从其具体实践中不难看出,湖南卫视正是凭借娱乐性综艺节目,经过不断地调整,在20余年的发展历程中确立了省级卫视的"霸主"地位。尽管湖南卫视官方从未宣称"娱乐立台",但其发展路线已经清晰地呈现出一条"娱乐道路"。有学者在2007年,也就是湖南卫视凭借"超女"引发全球性的关注后,分析湖南卫视的娱乐道路,认为湖南卫视最终走上娱乐化发展道路,"是由于其政治资本的规限以及由此转化成社会资本的实践破灭,与社会大众对其娱乐(抵抗)形象的标签化理解,合力推动了湖南卫视在商业化发展过程中正式将娱乐作为其发展方向"[①]。

从上文的分析中可以清晰地发现湖南卫视自1997年开始播出以来,在一定程度上承袭了湖南经视的经验,在节目内容生产上以娱乐化为代表性特征,在频道定位上以"快乐中国"为核心,综艺节目的生产围绕该核心,依次形成和完善了游戏型、选秀型、真人秀型等模式的综艺节目,并凭借综艺节目取得的成功,长期占据中国电视业版图中省级卫视第一梯队的核心位置,并创造出巨大的经济效益,作为内容生产中心的源头动力推动了湖南广电产业

---

① 吴畅畅、赵瑜:《湖南卫视:资本、市场与国家意识形态的转化》,《新闻大学》2007年第4期,第92页。

的发展。

作为湖南广电的支柱性频道，湖南卫视通过其自 1997 年上星以来在内容生产上，尤其是在具有娱乐性的综艺节目生产上的一系列实践，奠定了其在省级卫视第一梯队中的核心位置，引领了其他电视台在内容生产上的风潮，同时全国观众对其认可度的大大提升，为湖南广电的文化生产场域带来了大量的文化资本。由于湖南卫视在内容生产及机制改革上具有的创新性及先进性，进而形成的稳定的全国性市场，所引起的经济效益上的提升及产业升级，为湖南广电的文化生产场域带来了巨大的经济资本。

值得注意的是，2021 年 9 月 30 日，湖南卫视提出全新口号"青春中国，湖南卫视"，其官方在对该定位的说明中指出：

> 湖南卫视之所以能一直勇立潮头，在于无论环境如何变化，始终坚持与党同心、与人民同行、与时代同步。从"快乐"到"青春"的背后，是湖南卫视守正创新、担当作为的初心坚守，是对青年文化、价值取向的主动选择，是湖南卫视不懈追求与新时代同向同行、与年轻人共同前进的精神焕彩。未来，风华正茂的湖南卫视将继续砥砺创新，为青年开辟崭新舞台，与行业共创增长机遇，以青春之姿引领时代风尚。①

湖南卫视从"快乐中国"向"青春中国"的定位的转变，不仅是在电视台发展的战略层面由娱乐化向青年化的转型，更是代表了其发展的重点从偏重愉悦大众的娱乐文化向主流文化的靠拢。而主流文化的意义在当下具有颇多层面的意涵，并注重对青年文化、青春文化的塑造，这与 2004 年提出的"快乐中国"定位形成了转折。这种定位上的变化不仅是当下全新媒介环境中电视台在战略定位上的选择，体现了其在建设新型主流媒体的实践中对主流

---

① 2021 年 10 月 29 日，在长沙举行的"青春有漾"湖南卫视 2022 内容营销共享会上，湖南广播影视集团有限公司（湖南广播电视台）党委副书记、总经理、台长、总编辑龚政文向媒体解释了湖南卫视全新定位的意义。

宣传的重要定位，也回应了本书绪论部分提到的泛娱乐化问题。从"快乐"向"青春"的转变意味着湖南卫视对泛娱乐化问题的重视与修正，"快乐"与"青春"在此意义上成为代表湖南卫视在两个发展阶段的能指，其背后则指向了在湖南广电文化生产场域中文化资本、经济资本与其处于更高级别的权力场域中不断调整和变化的动态过程，受制于场域中的经济资本、政治资本、文化资本的因素。本书将在下一章对湖南卫视的道路选择进行进一步分析。

三、融合期：芒果TV——平台融合下的文化与娱乐新动能

如果说湖南卫视是湖南广电在电视时代的突出成就，那么芒果TV即为其在后电视时代所交出的答卷。"芒果TV在定位上对标的是优酷、爱奇艺、腾讯视频这样的平台，而像浙江卫视中国蓝TV并非我们所对标的平台。"[1]这段田野笔记来自笔者在湖南广播电视台担任实习生对芒果TV相关资料进行整理时，芒果TV的工作人员对其定位的总结。对湖南广电来说，芒果TV是其在推进媒介融合的过程中的重要实践。芒果TV在以下几个方面对本书的研究具有代表性意义：第一，在技术上，芒果TV是互联网平台时代传统电视媒体集团向平台进军的有力注脚，是互联网平台技术应用的重要场域；第二，在内容上，芒果TV依托湖南广电传统的内容优势，凭借"独播战略"和自制综艺节目跻身于由视频平台所组成的新的媒介格局的重要位置；第三，芒果TV是媒介融合政策推广下湖南广电所推进的实践，也是其第四轮改革的重要组成部分。芒果TV是媒介融合语境下湖南广电在建设新型主流媒体的过程中的重点，无论是在技术、内容生产上，还是在发展策略上，都反映出媒介融合在大型国有传媒集团实施过程中的特点。

2014年4月20日，芒果TV网络视频平台正式上线，迈出湖南广电在建设新型主流媒体过程中的重要一步。作为国有性质的湖南广电旗下的互联网视频平台，芒果TV的重要意义在于其凭借湖南广电内容资源上的强大优势，将湖南卫视旗下的内容引入互联网视频平台中，与其他商业性互联网视频平

---

[1] 摘自田野笔记，日期为2018年4月9日。

台在后电视时代进行竞争。芒果TV是湖南广电集团作为国有媒体在互联网新媒体时代向平台化发展的一步大棋。在以"爱优腾"为代表的长视频网络平台及以"抖音""快手"为代表的短视频平台对国营的传统电视台造成全方位威胁的境况下,芒果TV作为唯一一家党管的互联网视频平台,在当下整个长视频网络平台格局中,占有引领性的位置。这对于分析当下电视视频行业中的文化生产,具有典型意义。在技术层面,芒果TV是湖南广电打造的长视频网络平台。在互联网视频平台对传统电视台全方位占领的境况下,湖南广电通过芒果TV在互联网视频平台所形成的新的媒介格局中,占据了重要的位置;在内容层面,通过与湖南卫视等频道在节目资源上的互补,以及独播战略,芒果TV已然成为湖南广电在互联网时代重要的内容生产及平台建设的重要渠道。在当下互联网视频平台已经对传统电视台造成巨大冲击的语境下,湖南广电通过建立芒果TV这种以独播内容为核心的长视频网络平台,在网络新媒体平台的"围剿"下成功突围。芒果TV的重要意义在于在更高层级的场域中,帮助湖南广电增加了与其他媒体机构之间在经济资源和文化资源上争夺的空间。

具体而言,在内容生产上,芒果TV依托湖南广电多年来在内容生产,尤其是娱乐性节目生产上积累的资源与优势,在媒介融合的思路下,推出"芒果独播"战略,该战略为芒果TV跻身中国互联网视频平台的前列提供了巨大的内容支持和技术保证。2014年4月25日,"芒果独播"计划正式推出,独播是指芒果TV以加强新媒体为重点,并探索全方位的电视传媒数字化转型。这样湖南卫视的原创节目将不再向外销售,所有拥有版权的内容仅限于芒果TV,湖南广电将不再与任何新媒体进行任何形式的合作,不再在互联网上进行分销,一切内容均由芒果TV独家播放[①],并明确了"融合发展,以我为主,打造芒果生态圈"的发展理念。芒果TV将整合湖南广电与芒果传媒优势资源,形成广播电视与互联网视听服务的融合。芒果TV是湖南广电在

---

① 粮宁:《"芒果TV"的实践对媒体融合发展的启示》,《视听》2017年第12期,第3页。

媒介融合的战略语境下，针对其传统优势媒体与新媒体的有效融合。

芒果TV独播战略是以独有的内容为核心，依靠湖南广电多重内容生产媒体所组成的立体传播体系。独播战略的前提是湖南广电生产稀缺的、优质的视频内容的能力，而湖南卫视通过多年内容生产的积累，成为省级卫视中综艺节目生产的重镇之地。2014年4月，湖南卫视推出的真人秀节目《花儿与少年》率先在芒果TV开始独播，节目播出几期后在互联网视频平台上点击率迅速飙升，并在社交媒体上引发广泛讨论，由此芒果TV的"独播效应"开始显现。自2015年起，芒果TV全面启动独播战略，继续在网络视频平台独播《快乐大本营》《天天向上》《爸爸去哪儿》《我是歌手》《花儿与少年》《真正男子汉》等湖南卫视的王牌综艺节目。与此同时，在全面独播湖南广电优质版权内容的同时，芒果TV依托于湖南广电的创意优势、制作团队等核心资源开始自制综艺节目。目前，由芒果TV自制生产的"明星大侦探"系列，《再见爱人》《乘风破浪的姐姐》《披荆斩棘的哥哥》《密室大逃脱》等综艺节目深受年轻观众的喜爱，在内容和市场占有上已经开始与湖南卫视不分伯仲，形成了"一云多屏，两翼齐飞"的格局。正因为湖南广电实施的芒果TV的独播战略，湖南卫视的头部精品被直接输送到芒果TV，这种内容资源共享的方式不论是在当时传统电视行业，还是在新兴互联网视频行业，都属于极为难得的实践。对于传统电视业来说，向视频网站售卖版权，是国内很多电视台的重要收入来源之一。正是湖南广电用壮士断腕般的决心把优质内容独家向其互联网视频平台的输出，才成就了芒果TV以短短八年的时间跻身国内互联网视频平台前列的事实。通过湖南卫视在综艺节目生产上所具备的文化资源并向芒果TV的输出，芒果TV逐渐具备了在娱乐性综艺内容生产上的实力。在2018年全国综艺节目排行榜单的前十名中，芒果TV出品的综艺占据了五席；2019年，芒果TV借助芒果超媒旗下子公司资源，以"独播+自制"的模式生产了40余档综艺节目与网剧[1]。

---

[1] 么咏仪、吴心悦：《芒果TV的创新之路——专访芒果TV团队》，《新闻与写作》2019年第1期，第79页。

在技术上，芒果 TV 作为互联网视频平台，通过与湖南卫视在内容资源上的共享，形成了"一云多屏，多屏合一"的全媒体形态，形成了由视频网站、互联网电视、移动客户端等多种形式的屏幕所构成的新的传播体系及媒介生态。作为互联网视频平台，芒果 TV 将最先进的互联网技术及电视直播技术相融合。例如，通过全新的解码技术，建立 H265 专区，打造超高清视觉效果；探索利用大数据，打造"华晨宇 Live Show"等直播演唱会；在第十届中国金鹰电视艺术节互联盛典活动中，在电视荧屏中首次使用"弹幕"互动技术，把互联网的观看体验与电视的观看体验相融合。此外，芒果 TV 充分运用获取的互联网电视牌照，把软件与硬件相结合，通过与软硬件企业合作，推出多款互联网电视一体机与自主机顶盒品牌，从而建立起互联网媒体垂直体系。

在发展策略上，湖南广电对芒果 TV 的重点发展建立在传统媒体影响力式微、新媒体不断占领传统媒体市场的行业危机的背景之下，BAT 等大型互联网巨头已经具有平台属性，在内容资源、观众市场上纷纷向传统媒体发起挑战。在如此境况下，电视台等传统媒体开始以与互联网媒体融合的方式发展。从一定程度上说，这也是传统媒体的一种"自救"。芒果 TV 的成长得益于习近平总书记提出的融合发展战略，自 2013 年起国家关于媒体融合发展的战略及理论逐步形成[1]，芒果 TV 是湖南广电进行媒体融合、建成新型主流媒体的有力手段。

> 作为国有新兴媒体，芒果 TV 既不能像其他同行一样不停地通过稀释股权来融资，也不会走"利用资本扩充体量"的老路，成为盲目追逐商业利益的一员，而是依托于上市平台来充分整合产业、

---

[1] 2013 年 8 月 19 日，习近平总书记在全国宣传思想工作会议上强调要加快传统媒体和新兴媒体融合发展。2014 年 8 月 18 日，中央全面深化改革领导小组第四次会议审议通过了《关于推动传统媒体和新兴媒体融合发展的指导意见》，其中指出，着力打造一批形态多样、手段先进、具有竞争力的新型主流媒体，建成几家拥有强大实力和传播力、公信力、影响力的新型媒体集团，形成立体多样、融合发展的现代传播体系。

人才、机制等多方面的资源和优势。通过市场手段，利用资本开拓占领互联网阵地，实现对新媒体文化建设的主流引领，为媒体融合的快速发展插上资本的翅膀。芒果TV的新实践，是打破行业规则，社会效益和经济效益双效合一发展的"新模式"，是以我为主、融合发展的"新方法"，也是巩固国有主流媒体话语权、实现国有资产保值增值的"新路子"。①

在此基础上，芒果TV的发展具有了双重意义：一方面，作为传统媒体在由新媒体构成的全新媒介环境中进行突围的重要媒介平台，芒果TV实现了传统媒体与新媒体的融合；另一方面，芒果TV的国有媒体性质，确定了其新型主流媒体的特殊定位，虽然身处互联网新媒体构成的媒介环境中，但不能唯资本、唯商业利益为目标，而应在利用互联网平台及资本的基础上，成为国家在文化上实现主流引领的重要阵地。

总体而言，自2014年起，湖南广电通过内容上"独播"、技术上"融合"，以及在发展战略上建设新型主流媒体的思路，以八年的时间建成了一个具有主流媒体定位的互联网视频平台，并在由多种平台构成的新媒体环境中，跻身视频平台的第一梯队。至2021年年底，芒果TV有效会员数达5040万，较前一年同比增长40%。②这对于湖南广电整体的定位与发展而言，都具有重要意义。

> 首先是要有自己的新媒体平台，才能谈到融合发展，而不是说去融合别人，到别人的平台上去做一个小的公众号。当时我们就决定打造自己的新媒体平台，我们在"融合发展"四个字后面，加上了四个字："以我为主"。确定这个思路以后，我们就来打造自己的App、打造自己的视频平台。2014年、2015年的飞速发展，也是借

---

① 来源于2017年12月时任芒果TV总经理的蔡怀军在湖南广电内参《芒果内参》中发表的文章《用独特的国有身份 走一条不同于BAT的发展新路子》。

② 数据来自湖南广电旗下上市公司芒果超媒2021年发展报告。

助这个互联网用户不断增加所带来的红利，我们的日活用户和内容飞速发展。2016年引入战略投资者进行混改，然后谋求上市，于2017年启动上市。到2018年，证监会批准快乐购重大资产重组，更名为芒果超媒，芒果TV借助这个平台实现了上市，去年上市以后发展更快了。芒果TV 2017年开始盈利，2018年盈利七个多亿，今年预计有九个多亿。经营体量现在非常大了，用户体量也非常大，所以我们尝到了融合发展的甜头。按照中央的要求，我们把融合发展的机遇抓住了。新媒体目前还在高速增长，它的天花板还没有显现，这是我们的心得。①

从时任湖南广播电视台党委书记、台长吕焕斌的文章中，可以总结出芒果TV作为新媒体平台自2014年以来在发展过程中的关键特点：依托湖南卫视在内容生产和观众资源上的优势，湖南广电所打造的新媒体平台并非依附于其他平台，而是通过自身的内容优势支持其在媒介融合上的发展；在融合趋势上，并非与其他具有平台优势的互联网视频平台进行融合，而是依托湖南广电在内容生产上的资源优势，打造以其自身为中心的平台。这一点在当下互联网长视频平台所组成的媒介环境中具有突出的优势，通过围绕自身内容资源而构建具有自主性的平台，也是芒果TV作为互联网长视频平台的后起之秀，能在短时间内跻身国内互联网长视频平台重要位置的关键所在。芒果TV对湖南广电集团最为突出的意义在于，在媒介融合的战略决策需求和由新媒体构成的全新的以数字化及平台化为突出特点的媒介环境中，其以互联网视频平台的方式整合了湖南广电内容资源的优势，并结合互联网技术的优势，形成了在媒介融合的语境中湖南广电的整体性布局，协同湖南卫视，共同构建起芒果TV—湖南卫视的双平台内容生产及传播体系。

从上文对湖南广电旗下具有代表性的电视台湖南经视、湖南卫视以及互

---

① 吕焕斌：《中国文化走出去，要立足于"卖出去"而不是"送出去"》，《中国日报网》2019年3月13日第4版。

联网视频平台芒果 TV 的分析，可以发现其代表了湖南广电在媒体市场化以来发展的三个阶段，湖南经视代表着频道对市场化的初次尝试，湖南卫视代表着在内容生产及频道品牌定位上的发展，芒果 TV 则代表着平台化时代媒介的融合，可以粗略地概括为初创期、发展期与融合期。在这个发展变化的过程当中，可以发现三个时期的代表性媒体间存在着一定的传承关系及支撑关系。在内容生产上，湖南经视通过对娱乐性综艺节目的尝试并在湖南本土取得了良好的传播效果的实践经验，为湖南卫视在综艺节目的生产上提供了人才、内容、推广方面的资源与支持；与之类似，在芒果 TV 初创时期，也借由独播战略取得了湖南卫视在综艺内容上的优势资源，从而推动了芒果 TV 自制综艺节目的进步。通过在内容上的推动与互补，湖南广电形成了在娱乐性内容生产上的强大优势，为其积累了文化资本，同时也带来了经济效益。湖南经视以市场化的改革方式突破了原有的拨款制事业性质，湖南卫视通过其品牌效应在电视时代获取了可观的经济收益，芒果 TV 在媒介融合时代依托芒果超媒在资本升级上又迈上了新的台阶，为湖南广电积累了经济资本。电视频道及视频平台作为内容的直接生产者，在不断的发展过程中，积累了一定的文化资本与经济资本，并共同构建起娱乐文化生产场域。

通过对湖南广电在不同发展时期三个具有代表性意义的频道及平台的分析可以看出，在从湖南经视到湖南卫视再到芒果 TV 的转变的背后，包含着三个层面的资本的积累过程：第一，技术上的不断进步，从地面频道到卫星频道再到互联网平台的转变，是电视技术及互联网技术的不断发展，也是技术资本的积累；第二，内容生产上的不断丰富，尤其是以综艺节目为代表的娱乐性节目从湖南经视到芒果 TV 的不断发展，为湖南广电的文化生产场域积累了源源不断的文化资本；第三，湖南经视、湖南卫视和芒果 TV 作为传统电视频道及新媒体平台，在不断发展的过程中都获得了相当可观的全国性市场，通过广告收益、平台收益等形式完成了经济资本的积累。作为湖南广电文化生产场域中的重要媒体，三者不断发展的过程中为其提供了重要的经济资本、文化资本及技术资本，同时也支撑了该场域与其他媒体集团在更高一层级的场域中的争夺过程。

小　结

　　20 世纪 90 年代末期，湖南卫视通过其在综艺节目上取得的成功刮起了全民的"娱乐旋风"，并形成了一种综艺节目的范式，在卫星电视于全国推行的语境下，改变了原有的电视业格局，央视独大的格局被以综艺节目见长的省级卫视打破，省级卫视开始凭借其在娱乐性节目上的成功，逐渐提升其在中国电视业层级格局中的地位。在此格局的建构过程中，湖南卫视对娱乐性综艺的生产和传播起到了开拓性的作用。本章通过追溯电视娱乐话语在社会文化中的变迁，以及中国综艺节目的基本发展历程，从历史性的角度说明了娱乐性综艺节目之所以可以成为破局者，是由于 20 世纪 90 年代以来日常生活的通俗化和经济的发展，为娱乐性的大众文化提供了生长的空间。更进一步讲，当越来越多的电视台开始发展综艺娱乐节目，以及随着经济和技术的不断发展，传统电视业面临来自互联网新媒体在内容、市场、传播途径上对其构成的重重压力，在此境况下，湖南广电通过何种途径继续维持其在电视业格局中的位置，是本章继续深入的问题。

　　进而通过对湖南经视、湖南卫视和芒果 TV 三个在湖南广电发展进程中的不同时期具有代表性的电视台及互联网长视频平台的分析，讨论了其在娱乐性综艺节目内容生产、频道改革、技术发展之间的连续性与相关性，在湖南广电不断变革的实践中，呈现出了大量的综艺文本。在节目文本的背后，是规制下对战略路径的尝试、技术的不断变革、从业者的劳动实践、产业和平台的壮大等多方面因素合力的共同作用，并形成了娱乐文化生产场域。其中，政治上的政策规制为电视娱乐的发展开辟出一定的政治资本，20 世纪 90 年代以来经济的发展和进步为娱乐的生长提供了一定的经济资本，在政治资本和经济资本不断争夺的过程当中，以电视为媒介载体的娱乐场域浮出水面，并与更高一层级的权力场之间处于此消彼长、相互建构的场域当中。

　　在接下来的行文中，将以湖南广电娱乐文化生产场域中的各要素作为线索，逐一展开在湖南广电所处的娱乐文化生产场域中，来自政策规制的政治资本、产业发展的经济资本、综艺节目的发展所代表的文化资本，如何彼此影响，共同构成一个文化生产场域，进而共同构建起一种文化生产机制，以及彼此之间张力与关系的探讨。

第二章　政策规制——"看得见的手"

"文艺的本质就是宣传",美国作家辛克莱因曾经说过这样的话。……无论你赞成或反对,文艺总不外是宣传。这些理由我们古代的哲人也早被道破了。古人说过:"言之不文,行而不远。"我们如把它翻译成现代语言,便是"宣传不用文艺的方式,便不能够深入而普及"。①

媒介政策作为媒介制度的文本表征,是社会经济文化发展语境当中的产物,因此可以通过对媒介政策的考察,来讨论社会文化等因素如何在文化生产场域中与制度性因素之间相互作用。本书在绪论中已经阐明,中国的传媒业处于"行政—市场"的双轨制结构中,因此把对传媒政策的研究纳入分析大众文化生产的问题中就显得尤为重要。媒体一方面受制于宏观性国家政策的规制,另一方面也通过不断制定改革策略促进自身的发展。这些改革策略又会作用于内容生产的层面,媒体在不断地"接受规制"与"自我规制"的过程中,积累推动自身发展的政治资本与文化资本,进而转化为社会资本。本章的结构安排主要从三个层面展开:首先从政策规制的角度分析中国传媒业中政策的定位、作用及层次;其次在中国传媒改革的语境下分析自20世纪80年代以来重要的政策转型及其对电视业尤其是娱乐电视的影响;最后以湖南广电近30年来的四次政策战略层面和频道改革层面的实践为例,来分析政策规制与具体的电视台转型之间的相互交错与协商的复杂关系。

---

① 郭沫若:《文艺与宣传》,《大公报》1937年3月27日。

第一节　从"喉舌"到"主流媒体"：媒介改革政策的功能与发展

一、主流宣传及媒介治理：大众媒体的基本职能

文森特·莫斯可认为需将社会结构看成处于不断的建构过程而非再生产过程①，政策的调整会极大地影响社会结构的再造以及权力的重新分配，政策的制定、落地和推广对传媒界的变革产生了决定性的影响。在文化研究的理论脉络中，托尼·本尼特将"政策研究"引入文化研究的范畴，在继承性地批判了雷蒙·威廉斯对文化的定义后，本尼特提出，"把文化看作一系列通过历史特定的制度形成的治理关系，目标是转变人的思想和行为，这部分是通过审美智性文化的形式、技术和规则的社会体系实现的，文化就会更加让人信服地加以构想"，同时，也把它看作社会治理的一部分。②在此之前进行文化分析时，文化研究的方法更多地借鉴阿尔都塞及葛兰西的理论分析大众文化表征和文化领导权之间的角力，较为忽视对政策文本的解读与分析。本尼特注重政策研究，借助文化治理的角度，为分析大众传媒，尤其是中国的传媒业，打开了一种新的视角。

一般认为，中国的传播管理层次基本上可以分为政治、经济、受众、自我控制四个层次。中国大众传播控制中最重要的一种控制力量是执政党及其政府，"他们代表人民行使新闻媒介所有者的权利，并掌握新闻媒介的基本运行权力"③。陆晔在论述我国广播电视事业宏观管理体制时，将我国的管理体

---

① [加]文森特·莫斯可：《传播政治经济学》，胡春阳、黄红宇、姚建华译，上海译文出版社2013年版，第56页。
② [英]托尼·本尼特：《文化、治理与社会——托尼·本尼特自选集》，王杰等译，东方出版中心2016年版，第210页。
③ 段京肃：《新闻媒介运行中的三种控制因素》，《新闻与写作》2007年第5期，第34页。

系分割为党委政治领导、政府依法管理、行业规范协调、单位自我约束四种。其中党委政治领导"主要是党委宣传部门对广播电视事业政治思想方面的领导，通过党的政策文件实施对广播电视媒介的领导，实现思想宣传及舆论导向作用"。在政府管理中，是国家新闻出版广播电视总局、国务院新闻办公室和文化部、地方各级政府广播电视行政部门四大权力机构实际上的管理。① 因此，接受中国共产党的领导、传达和落实党的宣传政策，是作为"党管媒体"的各层次媒体机构的基本功能。

作为中国共产党领导的宣传机构，"宣传"是大众媒体承担的基本职能之一，注重宣传工作是中国共产党长期以来的工作传统。在1921年中国共产党成立之时，中共中央执行委员会只设了三个委员：负责书记工作的陈独秀、负责宣传工作的李达和负责组织工作的张国焘。在中国共产党成立之初，宣传就是其工作重心的一部分。毛泽东重视宣传思想，在他看来，人的一切传播活动都带有目的性，所以都是宣传活动。在延安时期，毛泽东提出了"一元化"的方式。具体地说，就是宣传工作要加强党的领导，树立"党性原则"，同时要遵循群众路线。毛泽东非常重视基层的宣传活动和群众活动，早在1929年他对红军宣传的指示中，就提出了利用传单、布告、宣传栏、壁报、革命歌谣、画报、俱乐部、口头宣传、红军记录、群众大会、对俘虏的待遇及宣传、邮寄宣传片等多种方式和媒介进行宣传。在延安时期，他还提到了春联、歌曲、秧歌等宣传方式。② 在毛泽东的宣传思想中，他在延安文艺座谈会上的讲话具有重要地位。延安文艺座谈会提出了文艺为人民大众服务的宗旨，同时对于知识分子出身的文艺工作者来说，宣传工作不仅是表达方式的改造，也是对其自身的改造。③ 也就是说，文艺用大众接受的方式，进行

---

① 陆晔、赵民主编：《当代广播电视概论》，复旦大学出版社2010年版，第311—312页。

② 中共中央文献研究室编：《毛泽东文集》（第三卷），人民出版社1993年版，第113页。

③ 毛泽东：《在延安文艺座谈会上的讲话》，人民出版社1975年版，第7—13页。

宣传和动员。在延安时期，文艺成为政治宣传的重要工具，将革命意识与人民大众的需求较为统一地结合起来。在中国共产党发展的一百年征程中，文艺作为党和国家对人民群众产生影响的重要途径，始终发挥着宣传主流意志、传达人民声音的作用。党的十八大以来，文艺工作的路线依然遵从人民的文艺观。在2014年召开的文艺工作座谈会上，习近平总书记提出了新时期文艺的"人民观"，强调"文艺事业是党和人民的重要事业，文艺战线是党和人民的重要战线。要把满足人民精神文化需求作为文艺和文艺工作的出发点和落脚点，把人民作为文艺表现的主体，把人民作为文艺审美的鉴赏家和评判者，把为人民服务作为文艺工作者的天职"。① 从延安时期的文艺座谈会到新时期的文艺座谈会，都把文艺工作对主流意志的宣传和对人民性的反映作为重要内容。通过对共产党宣传话语的追溯可以看出，文艺作品作为党的宣传工作的重要载体，需要宣传党的方针政策及主流意志，同时也要满足人民群众的精神及文化需求。大众媒体具有喉舌性质和党性原则，是具有中国特色的媒体，具有文艺事业的特征。直到今天，即便宣传的文化表征呈现出更加鲜活、多元化、年轻化的特征，但以电视台为代表的传媒机构所承担的宣传功能却以更加有效的方式与大众文化进行着融合，以适应媒介技术的不断进步以及人民群众对精神文化生活质量需求的不断提高。

　　同时值得注意的是，"宣传"的方式随着媒介环境的改变，以及社会文化语境的转变，也呈现出新的变化。自2013年以来，宣传话语出现了较为明显的转折。刘海龙在考察宣传话语的变迁时用了三个隐喻来指代媒介融合语境下媒体形式以及功能的变化。第一是"亮剑"的隐喻。这意味着通过明确和强硬的方式，向互联网空间中出现的不利于国家安定和谐的因素"亮剑"。第二是"运动战、游击战"的隐喻。习近平总书记在2013年全国宣传思想工作会议上的讲话中首次提出，网上斗争是一种新的舆论斗争形态，互联网是舆

---

① 2014年10月15日，在北京召开的文艺工作座谈会上，习近平总书记发表重要讲话，具体参见：http://culture.people.com.cn/n/2014/1015/c22219—25842812.html。

论战的主要阵地，必须讲究战略战术。在这样一种游击战思路的指导下，宣传部门放下身段，以普通人的身份在社交媒体上开设自媒体，运用网络的另类表达方式宣传信息。第三是"阵地"的隐喻，通过建设一批新型主流媒体来实现传达主流意志的阵地。刘海龙用软件的迭代来比喻宣传观念的变迁，那么国家控制所有渠道进行整体宣传的一体化宣传观念可称为宣传观念1.0，在一体化宣传观念基础上转型而成的科学的宣传观念可称为宣传观念2.0，宣传观念3.0追求的是政权的稳定性，因此与传统的意识形态宣传相比，更注重行为效果。① 在当下，3.0阶段的宣传无疑取得了良好的宣传效果，粉丝民族主义的出现，主流宣传的多渠道化、年轻化与大众文化的有效"接合"，都反映出中国共产党宣传工作在全球性媒介融合的语境下取得的成就。

作为传达党和国家声音的机构，以电视为代表的大众媒介也具有媒介治理的功能，即将媒介作为政治体系的一个有机组成部分，对于贯彻方针政策与体系意志的过程与作用。"在这样的现实条件之下，媒介逻辑必然通过被吸纳并整合进体制而发挥作用，甚至媒介逻辑往往就是政治逻辑的有机组成部分。"② 从媒介治理的层面上看，大众媒体尤其是具有国营事业性质的主流媒体集团，被纳入国家治理的逻辑中。作为党的宣传政策与人民群众之间联结的媒介，以电视台、电台、报社等为代表的大众媒体，始终充当着宣传的发声筒角色。同时，在社会不断发展进步的过程中，改革的浪潮也在不断地突进，大众媒体始终处在不断改革之中。因此，接下来本书将把视角放在传媒改革的语境中，通过宏观性的媒介改革政策的进程，及其对大众媒体的影响与相互作用，进而分析规制和政策与大众文化生产之间的动力和关系。

---

① 刘海龙：《宣传：观念、话语及其正当化》（第二版），中国大百科全书出版社2020年版，第363—366页。

② 闫文捷、潘忠党、吴红雨：《媒介化治理——电视问政个案的比较分析》，《新闻与传播研究》2020年第11期，第53页。

二、宏观性媒介改革视域下的电视业改革进程

与世界上其他国家和地区的电视业不同，中国的电视业从诞生的那一天起，就被赋予了宣传工具的功能属性。尽管作为党的宣传工具，其命名在不同时期发生着变化，但宣传仍为其第一要义。电视业同样在国家转型中扮演着特别的角色，它见证了国家从计划经济向市场经济转型的过程中所经历的前所未有的变化。自市场化以来，电视业从一个单纯的政治宣传机构逐渐转变为一个政治性与商业性结合的大众媒体，一方面，电视业作为大众传媒的发展是基于国家政治、技术与社会转型这个大背景的；另一方面，中国电视业政治与市场的双重属性也深刻地影响着中国社会转型的过程本身。电视业的政治属性一方面体现在对党和国家的方针政策与主流价值观进行宣传，另一方面体现在作为媒体本身的发展也深受政策规制的影响。

中国的媒体改革是嵌入在20世纪90年代的社会性改革浪潮中的。王晓明在分析20世纪90年代社会文化状况时指出，20世纪90年代"改革"的目标是要创造一个以效率为基本准则的新的经济秩序，因此其特征为重视经济上的竞争力以及社会秩序的稳定和物质生活的改善。① 同样，就媒体改革来说，对经济效益的追求意味着在媒介场中投入更多的经济资本。雷蒙·威廉斯将传播体制分为独裁体制、家长式体制、商业体制和民主体制四种类型。借用威廉斯的概念分析中国的媒介改革，20世纪90年代以来的媒介改革开始探索对媒体体制的转变，并逐步融合进商业性的元素。雷启立指出，从社会规管体制中必要组成的垄断式传媒体制到作为产业的混合着商业成分的家长制传媒体制，近年来商业资本以及国家资本在媒体建设上持续加码，传播体制开始向商业体制过渡的过程，是一个历史过程，它糅合在所谓全球化背景下的现代企业制度的语境中。② 无论是从广州南方报业集团、上海世纪出版集团的

---

① 王晓明：《九十年代与"新意识形态"》，《天涯》2000年第6期，第10页。
② 雷启立：《传媒的幻象：当代生活与媒体文化分析》，上海书店出版社2008年版，第4页。

组建开始的省市报刊和出版社的资产合并，还是上海电视台与上海东方电视台、上海有线电视台在国家体制下从广播电视电影局的事业单位形态向上海东方传媒集团有限公司（SMG）的转化，都代表了传媒的形态与功能已经发生了深刻的变化。赵月枝对20世纪90年代中国报业的考察讨论了政府在追求报业商业化与整合市场化媒体样式和视角中所扮演的关键角色，其目的不是要消解国家与市场二元对立的分析框架，而是要强调中国报业转型的多面性，以及党和国家在报业商业化中所扮演的日益活跃和主动的角色。报业商业化是中国社会政治经济转型的重要部分。[①]

对于以电视台与报社为代表的传媒机构来说，一方面，随着市场经济的发展，中国的媒体行业进入了蓬勃发展的阶段；另一方面，国家通过一系列媒介改革政策的实施，例如，减少直接财政补贴，提供税收优惠、自主经营等一系列针对媒体的经济政策，把其推向市场化的进程。随着我国的传媒业开始进入集团化改革的阶段，报业及广播电视业的集团化改革在20世纪90年代末相继展开，电视业的改革与报业类似，都市报的崛起与娱乐电视节目的壮大也有很多相似之处。由此形成了大型的媒介集团，当然这其中也包括于2000年开始集团化改革的湖南广电集团，这些集团都属于中国特色社会主义的组成部分。它们在经济上具有自主权，并以产业升级的方式进行商业化发展，但其性质并非完全独立的商业性公司，而是附属于党的宣传部门，具有宣传及媒介治理的属性。虽然市场原则正重构着中国的传媒集团，但它们并非在中国政治文化和现存的制度结构之外，其过程也受到这种政治文化与制度结构的制约。

具体到电视业的改革中，中国电视业的改革自改革开放以来经历了四次比较大的改革，即20世纪80年代的"四级办电视"政策打通了市县及地面频道的自主性，为行业注入了市场化的基因；20世纪90年代的"制播分离"制度调动了制作市场的积极性；21世纪初的"集团化改造"使得资本进入电

---

① 赵月枝：《传播与社会：政治经济与文化分析》，中国传媒大学出版社2011年版，第168—179页。

视业，传统电视台得以向大型传媒集团转型；近年来的"媒介融合"政策消解了电视台和视频平台的边界，技术的升级打破了电视台的垄断地位。中国电视业可视为中国从计划经济向市场经济转折过程中的一个独特部分，它从20世纪70年代末以来经历了前所未有的变化，即从一个单纯的政治宣传机构演变为政治性与商业性结合的大众传媒。

概括而言，从政策规制的角度来看，中国的媒介改革与国家在经济上的改革之间存在着密切联系。自1983年电视的地位提升为主流媒体后，"提高经济效益"成为广电业改革的基本方针之一。1992年中共中央、国务院发布的《关于加快发展第三产业的决定》中，将广播电视业纳入第三产业的行列，电视业逐步进入产业化发展阶段。1998年举行的第九届全国人大第一次会议[1]取消了部分事业单位政府财政拨款，要求其在三年内全部实行自收自支，其中也包括具有事业单位性质的电视台，这就意味着广电业必须投入市场，从而获取更大的经济效益。2014年针对文化事业的改革进一步加码，通过改变国家对文化事业拨款的方式，将"文化事业"逐渐转变为"文化项目"[2]。2014年8月，确立通过打造一批具有影响力的新型主流媒体集团，进一步完善我国在媒介融合语境下的现代传播体系[3]。2015年1月，国家允许在文化事

---

[1] 1998年3月5日至19日，第九届全国人大第一次会议在北京举行。具体的会议议程可参见中华人民共和国中央人民政府网：http://www.gov.cn/test/2006—02/24/content_209898.htm。

[2] 2014年2月，在北京举行的中央全面深化改革领导小组第二次会议上审议通过的《深化文化体制改革实施方案》中指出，针对文化事业单位的投入方式和拨款制度的改革，实行不同的经费核拨方式，逐步实现由拨款改为借、贷、投，对"文化事业"的投入转化为对"文化项目"的投入。

[3] 2014年8月18日，中央全面深化改革领导小组第四次会议通过了《关于推动传统媒体和新兴媒体融合发展的指导意见》，意见中指出要着力打造一批形态多样、手段先进、具有竞争力的新型主流媒体，建成几家拥有强大实力和传播力、公信力、影响力的新型媒体集团，形成立体多样、融合发展的现代传播体系。

业与文化产业中引入市场性机制①，这也就意味着更多的社会性资本可以进入文化事业和文化产业当中。从这些政策的演进过程中，无疑可以看出电视业作为我国文化事业的重要组成部分，在社会经济不断发展的过程中，逐渐开始担负起振兴文化产业建设的重任。在这个过程中，电视业也在不断地进行着市场化和产业化的开拓，政策上适当放开了对电视业在经济上的管制，使其市场化程度不断加深。也正是在这个过程当中，媒体才能在更大的空间内进行产业上的升级与实践。

在电视业不断发展与探索的过程中，来自政策上的规制对其发展起着决定性作用。概括来说，中国电视业几次重大的转折几乎都与国家政策的转变相关，20 世纪 80 年代的"四级办电视"政策改变了电视业的基本格局，为城市电视台发展的基础；20 世纪 90 年代末和 21 世纪初的"集团化改革"政策促使传统电视台向现代媒介集团转化，使电视业大踏步地走上了产业化的道路；近年来提出的"媒介融合"和"新型主流媒体"政策，为当下复杂的媒介环境中电视业的发展指明了前进的方向。

作为中国媒介改革浪潮中的先行者，以及媒介改革政策的重要作用对象，湖南广电凭借其自 20 世纪 90 年代初开始的一系列以产业化、市场化为特点的标志性改革，开始了在媒介改革政策下的一系列实践。接下来，本书将把湖南广电具体的改革策略及实践嵌入宏观上国家对广电行业的政策规制当中，探讨在政策规制之下，媒介的改革及路径选择与宏观上的政策规制之间的关系与张力。

---

① 2015 年 1 月，中共中央办公厅、国务院办公厅印发《关于加快构建现代公共文化服务体系的意见》，提出要引入市场机制，进而推动文化事业和文化产业协调发展，要求理顺政府和公益性文化事业单位之间的关系，探索管办分离的有效形式。

第二节 "戴着镣铐跳舞"：湖南广电的改革策略及实践

亚当·斯密称市场为看不见的手，而在中国的电视场域中，政策、法规以及相关指令则是具体工作中的指挥棒。自电视成为主流强势媒体以来，其作为党的宣传的阿尔都塞意义上的意识形态国家机器（AIE），以及大众文化的生成场域，政策规制始终处于一种"看得见"的状态下对其进行管控与监督。上文已经对传媒政策的重大转折、媒介改革的内容，以及政策层面对娱乐的规制进行了梳理与分析。如果说政策上的规制是"自上而下"的，那么对媒介机构自身在政策规制中所采取的具体应对策略，和相应产生的传媒机构自身的战略定位、改革，以及更加具体的政策的分析，就显得尤为重要。

> "上面的"文件下来，我们必须要落实，但有些时候，也得采取一定策略性的运用方法。毕竟还要考虑广告方和观众，有的时候真的是想破了脑袋才能想出从上到下都好用的方案。（M18）①

从这段对制片人的访谈可以看出，在媒介机构层面，尤其是具体到节目制作与实施的微观层面，政策规制呈现出一定的柔软性与可变动性。一方面，作为具有事业单位属性的电视台，需要遵从下达的政策的要求与部署；另一方面，媒介也会采取更加适合自身发展的形式，来对政策的落实进行不断的调整。福柯通过考察监狱的诞生和运行机制来论证权力的运作机制，并辨析了规训的概念，"规训是一种权力类型，一种行使权力的轨道。它包括一系列手段、技术、程序、应用层次、目标。它是一种权力'物理学'，或权力'解剖学'，一种技术学"。伴随着经济的发展、技术的进步，旧的权力形式会被一种更为精巧的新的权力形式所取代。在福柯看来，知识与权力在相互促进的动态过程中，形成了一个良性的循环。在此意义上，纪律呈现出一种双重

---

① 内容来自对制片人的访谈，访谈编号M18，访谈时间2018年7月5日。

进程:"一方面,通过对权力关系的加工,实现一种认识'解冻';另一方面,通过对新型知识的形成与积累,使权力效应扩大。"① 从福柯的规训理论的角度来看,中国电视业的规训话语也不仅仅是来自国家或官方的单向度的、自上而下的,媒介机构本身也始终进行自我规制,逐渐形成一套自我审查的机制,并在官方、市场和媒体形成的权力场中,形成自身发展的具体的战略政策与方案措施。这种自我规制体现在几个方面:第一,在整个媒介集团的层面上,通过不断地改革升级提升自身的竞争力,例如产业化的改革方案和管理上的创新为其换取更多的经济资本;第二,在频道和节目的微观层面上,频道通过对更加符合观众、市场品位的定位,在节目的生产中通过对内容生产自身的审查,以及在节目内容中采用更加符合主旋律色彩的内容呈现及视觉处理技巧等形式,使得其既符合观众与市场的需求,又能更好地完成宣传党和国家的声音的任务,最终实现权力与知识之间的良性循环。本书接下来将从以上三个层次,即国家的媒介政策、湖南广电集团的改革政策以及频道及节目层面上所采取的具体的策略与措施,分析湖南广电在政策规制的影响下,如何在不断变动的过程中,实现权力与知识之间的良性循环,分析"看得见的手"与"看不见的手"之间的动态关系。

一、中国电视业改革政策影响下的湖南广电

在全国性媒介改革的语境下,湖南电视台作为一个地处中国内陆,经济不如沿海地区发达的省级电视台,是如何在改革的浪潮中独占鳌头的?

> 1960年10月1日建立并试播的长沙电视台,是湖南电视台的前身。创办不到两年,根据中央关于调整国民经济的方针,于1962年6月2日停播。1969年5月,开始筹建湖南电视台。曾利用了原长沙电视台留存的部分机器、设备,在省水利厅办公楼的五楼上

---

① [法]米歇尔·福柯:《规训与惩罚》,刘北成、杨远婴译,生活·读书·新知三联书店1999年版,第242—251页。

搭起油毛毡棚作为中心机房，借用该厅的礼堂作为演播厅，在跳马山上安装临时天线，于1970年9月15日进行了开路试验，效果尚佳。9月29日举行正式开播典礼，10月1日转播首都群众国庆集会、游行实况。1972年5月，历经八年的跳马山骨干发射台建成；此时，坐落在长沙市烈士公园的电视中心台也建成；6月29日，湖南电视台迁往新址，30日作为"向党的生日献礼"播出。1974年9月，在北京电视台的帮助下，将一部7.5千瓦黑白电视发射机改为彩色发射机，并将一部10千瓦调频发射机改装成黑白、彩色兼容的发射机，开始转播北京电视台的彩色电视节目。1976年6月，从上海购置了一套价值170余万元的彩色电视转播车，为自办彩色电视节目创造了条件。1980年12月29日，开办了第二套彩色电视节目。1985年4月，新闻拍片采用M3摄像机，淘汰了单管摄像机；7月，更新了一部进口彩色电视转播车；10月，改进了制作中心机房设施，实行1机控制6机的全功能组合，提高了节目制作能力。

这是一段来自湖南广播电视台汇编材料中对20世纪七八十年代湖南电视发展的概括。从中可以看出，20世纪80年代前，湖南电视台在生产资料的获取和生产能力上，都处于较弱的位置。那个年代的老湖南电视人曾称彼时的湖南电视台为"油毛毡下的电视台"和"跳马山上的电视台"。那么作为一个地处中国内陆且经济不发达的省级电视台，在20世纪90年代之前，湖南电视业在文化资本、经济资本都相对匮乏的状态下，是如何从一个"油毛毡下的电视台"成为中国电视行业中不可绕开的重要传媒集团的？原因与其近30年来在国家推进媒介改革的语境下，湖南广电不断调整定位与发展方向的媒体改革有着密切关系。

自1993年开始至今，湖南广电经历了四轮改革，各轮改革的重要标志可以归结为地面频道湖南经视的崛起、湖南卫视的成功、集团化改革以及媒体融合下对平台的占领。上一章通过对湖南经视、湖南卫视、芒果TV三个湖南广电旗下具有代表性意义的媒体的分析，指出了其在内容生产、频道改革以及技术升级上的实践和相互关系；同时，这三家媒体也作为湖南广电四轮改革中重要的发生场域而具有代表性意义。湖南经视的改革印证了湖南广电内容生产的创新以及频道改革的市场化倾向；湖南卫视作为中国中央电视台、省级卫视及地面频道所构成的三级广电体系的中间一环，以节目的生产为中心的改革，处理市场与国家之间的关系，通过节目表征的形式深刻映射了大众流行文化与主流意志的流变；同时，在后电视时代平台化媒体对传统广电冲击的背景下，面对当下视频网站及短视频构成的压倒性挑战，传统媒体要如何做才能应对全新媒介环境的冲击？湖南广电旗下的"芒果TV"这个党管媒体平台与优酷、爱奇艺、腾讯视频等商业性视频平台在内容、受众、市场及影响力上相比，都极具竞争力。因此，湖南广电的改革策略对分析当下新媒介环境对传统媒体的冲击具有代表性意义。

从1993年湖南广电开始实施第一轮以产业化视角进行的体制改革开始，到2018年以建成新型主流媒体集团为目标的第四轮改革，湖南广电从一个"农药化肥"电视台转变成市值千亿的拥有传统电视台与新媒体平台的广电集团。在这四轮改革中，机构、机制、技术上的不断发展得以体现。本书的着眼点并不在于分析四轮改革为企业带来的经济效益及制度上的创新，而更加注重四轮改革后所蕴藏的作为机构的媒体是如何通过一系列改革来获取在整个传媒行业转型语境下的合法性及文化政治意涵的。在湖南广电所做出的官方解释中，四轮改革的重心可概括为产业改革、制播分离、集团化改革、媒介融合。本书不是完全按照其官方的改革划分分析路径，而是通过对不同改革阶段所采取的政策及实践，讨论其与国家媒介政策之间的互动关系。

政策的规制对媒体发展及转变起着重要的作用。在张晓玲的研究中，把1978年之后的中国媒体分为三个阶段：市场化阶段、混合制阶段和资本化阶段。[①] 在市场化阶段，自1978年改革开放开始，国家经济方面的改革渗透到地方层面，在财政政策上给予支持，在电视业体现得最明显的就是"四级办

---

① Xiaoling Zhang, *The Transformation of Political Communication in China: From Propaganda to Hegemony*, World Scientific Publishing, 2011, p.38.

电视"①政策。通过让市、县一级创办电视台的措施，一方面可以丰富20世纪80年代中国电视观众的荧屏，另一方面可以让城市电视台通过市场化的方式促进其自身的发展，同时也能保证党和国家的声音可以通过城市电视网络下达至人民群众。"四级办电视"是在改革话语的背景下，对20世纪80年代中国电视业来说最重要的政策。"四级办电视"对中国电视业的影响是巨大而深远的，这一影响直到今天依然有力地塑造着中国电视业的形态。也正是在这个时期，"中国的媒体，尤其是电视，应该在中国的政治和文化中占据一个中心位置的舞台，但政治上的流动性和意识形态的改革应该带来经济上的繁荣和政治上的民主改革"②。"四级办电视"为整个后续电视业奠定了基本的格局。一方面，代表着市场力量的地方电视台开始走向舞台中央，另一方面，"四级办电视"所带来的过剩的资源为后续省级电视台的崛起起到了铺垫作用，为其后30年的电视业发展格局打下了基础。正因为"四级办电视"的基础，20世纪90年代末期湖南卫视的崛起才具有了相应的资源。

第二个阶段为混合制阶段。这一阶段在坚持"正面宣传为主"③的大前提下，邓小平南方谈话中反复强调的"抓住时机，加快发展"的重点为党的

---

① 1983年3月31日至4月10日，新成立的广播电视部在北京召开了第十一次全国广播电视工作会议，吴冷西部长在题为《立志改革，发挥优势，努力开创广播电视新局面》的报告中提出"四级办广播，四级办电视，四级混合覆盖"的政策，即除中央和省一级办广播台和电视台之外，凡是具备条件的省辖市、县也可以根据当地的需要和可能性开办广播台和电视台，除转播中央和省的广播电视节目外，可以播出自办的节目，并覆盖到各市、县。该政策经会议充分讨论后，由中共中央在1983年37号文件中正式获批，题为《关于广播电视工作的汇报提纲》。此后，这一文件成为广播电视行业管理的纲领性文件。

② Zhao, Yuezhi and Guo, Zhenzhi, 'Television in China: History, Political Economy, and Ideology', in Janet Wasco, (Ed.), *A Companion to Television*. Blackwell, 2005: 521–539.

③ 1989年11月25日，李瑞环在新闻工作研讨班上概括了当时新闻宣传的主要方向："无论从新闻工作的一般意义上讲，还是从当前各方面的实际情况来讲，或是从稳定压倒一切这个大局来讲，关键的问题是新闻报道必须坚持以正面宣传为主的方针。"《人民日报》在1990年1月1日的社论中指出："要实现九十年代的奋斗目标，最重要的是保持国家的稳定，社会的稳定。……稳定压倒一切。"从这些材料中可以看出，坚持"正面宣传"和"稳定压倒一切"成为刚刚步入20世纪90年代宣传的"主旋律"。

十四大提供了指导方向,对我国在20世纪90年代的经济发展速度进行了调整,做出了"抓住机遇,加快发展,集中精力把经济建设搞上去"的战略决策。从1992年以来,国家开始重视对第三产业①的发展,在同年举行的中国共产党第十四次全国代表大会上,进一步完善了对于第三产业的发展规划②,对第三产业的重视,为电视业的发展提供了有力的支持。把电视业纳入第三产业的范畴,是国家在经济发展的同时,对于人民群众精神生活需求的重视与满足,通过以"产业化"为改革核心,推动包括广播影视在内的第三产业的集团化转型。对于电视业来说,该政策的实施意味着其从具有事业属性的文化宣传部门,转向规模更为壮大、服务功能更为复杂的且开始具有商业属性的文化产业。虽然电视台作为新闻宣传部门的国有属性并不会因第三产业的发展而发生转变,但是该项政策在广告经营和节目的制作与销售上带来了更大的自主性空间,为传统电视台向传媒集团的转化奠定了基础。

21世纪以来,文化体制改革成为媒介改革的重要指导思想,在话语上"文化产业"逐渐代替"文化事业",文化产业成为国家在文化事业方面重要

---

① 1992年6月16日中共中央、国务院发布《关于加快发展第三产业的决定》,指出:对第三产业的划分为除农业(第一产业)、工业和建筑业(第二产业)以外的其他行业,主要包括流通部门、为生产和生活服务的部门、为提高科学文化水平和居民素质服务的部门。为了配合人民在文化娱乐、广播影视、图书出版、体育健康、旅游等精神生活方面的更多、更高的要求,只有加快发展第三产业,才能适应人民群众日益增长的物质和文化生活的需要,促进社会主义物质文明和精神文明建设。明确了加快发展第三产业的主要政策和措施,包括:积极推进集团化经营,打破部门、地区、行业和所有制界限,组建全国性和区域性第三产业企业集团。以产业为方向,建立充满活力的第三产业自我发展机制。大多数第三产业机构应办成经济实体或实行企业化经营,做到自主经营、自负盈亏。现有的大部分福利型、公益型和事业型第三产业单位要逐步向经营型转变,实行企业化管理。赋予第三产业企业用工自主权,实行企业化经营,不需要财政拨付经费的事业单位,用人放开,自定编制;财政拨付部分经费的事业单位,适当放宽编制。

② 1992年10月12日至18日在北京举行中共十四大,江泽民在大会上所作报告中指出:"根据我国经济的现实情况和发展趋向,应当着力提高第一产业即农业的质量,稳步增加产量;继续发展第二产业,积极调整工业结构;大力促进第三产业的兴起。"参见江泽民:《江泽民文选》(第一卷),人民出版社2006年版,第231页。

的建设对象。自 2003 年开始，中国的文化产业建设进入重要发展阶段①，随后又陆续颁发了关于文化体制改革、文化产业建设的一系列政策文件。其中值得注意的是，文化产业逐渐成为国民经济的支柱性产业，并允许社会资本与外国资本进入该产业中。② 2013 年以来，"文化强国"③的理念被提出，这也意味着作为文化产业之一的传媒业也进入现代公共文化服务体系与市场体系中。针对广播电视业的发展，在媒介融合政策的影响下，通过产业融合的方式建设新型的主流媒体集团是新时代对广电媒体的新的发展规划。

通过梳理 20 世纪 90 年代以来国家在宏观政策上对文化事业的规定及改革方案，无论是关于第三产业的决定、文化体制改革，还是文化强国的战略，都在强调一个重点：由事业到产业的变革，其中凸显出一个重要的变化，即文化的功能不仅仅是主流宣传，更是开始进入市场化和商业化的范畴，传媒

---

① 2003 年 7 月，中办发 [2003]21 号文件《中共中央宣传部、文化部、国家广电总局、新闻出版总署关于文化体制改革试点工作的意见》中提出了文化体制改革试点工作的总体要求和主要任务。

② 2005 年 12 月 23 日中共中央、国务院发布的《关于深化文化体制改革的若干意见》中提出了系统、全面的文化体制改革原则性指导意见；2006 年 9 月颁布的《国家"十一五"时期文化发展规划纲要》中提出要健全文化产业政策；2009 年 7 月 22 日国务院审议通过的《文化产业振兴规划》标志着文化产业已经上升为国家的战略性产业，其中强调了要积极吸收社会资本和外资进入政策允许的文化产业领域；2011 年 10 月 18 日中共第十七届中央委员会第六次全体会议通过的《中共中央关于深化文化体制改革 推动社会主义文化大发展大繁荣若干重大问题的决定》再一次提出"推动文化产业成为国民经济支柱性产业"，并强调推动文化产业实现跨越式发展；2012 年 11 月 8 日中国共产党第十八次全国代表大会报告中再次强调文化产业要成为国民经济支柱性产业。

③ 2013 年 11 月 12 日中国共产党第十八届中央委员会第三次全体会议通过的会议公报首次提出"文化强国"的概念，指出：紧紧围绕建设社会主义核心价值体系、社会主义文化强国深化文化体制改革，加快完善文化管理体制和文化生产经营机制，建立健全现代公共文化服务体系、现代文化市场体系。2014 年 3 月 14 日，国务院发布的《国务院关于推进文化创意和设计服务与相关产业融合发展的若干意见》中指出，切实提高我国文化创意和设计服务整体质量水平和核心竞争力，大力推进与相关产业融合发展，更好地为经济结构调整、产业转型升级服务，为扩大国内需求、满足人民群众日益增长的物质文化需要服务。

业作为文化产业的代表,开始具有公共服务与商业性的双重属性。广电行业的集团化改革也正是在文化产业逐渐兴盛的背景下进行的。阿里吉认为与那些接受新自由主义方案的国家相比,"中国企业改革的关键并非私有化,而是让国有企业引入竞争机制,相互之间、与外国公司之间,特别是与有大量新建的私有、半私有和集体所有制之间展开竞争"①。大卫·哈维在分析中国经济发展的结构时指出:"改革通过引入市场的力量,在内部支撑起中国经济,其理念是通过刺激国有企业之间的竞争,进而促进创新和发展。"②正如阿里吉与哈维所言,中国传媒电视业中各传媒集团和各电视台、频道之间的竞争拉动了整个传媒业的发展。那么,在宏观政策上对文化产业发展的着重强调下,具体到媒体机构的层面,是如何在此规制下完成其产业化发展的?媒介自身改革策略及发展路径的制定又是如何反映宏观性的媒介政策的?媒介机构的改革策略对其与其他媒介机构之间的竞争,起到了怎样的作用?接下来将以湖南广电的四轮改革为例,分析其在集团及电视台层面的改革实践是如何在全国性的媒介改革政策下实施的,以及这些路径策略和改革措施是如何对其内容生产与产业平台的建设产生进一步的作用及影响的。

二、20世纪90年代以来湖南广电的四轮改革实践

在国家大力推动第三产业发展的背景下,湖南广电开启了第一轮改革。1993年,时任湖南省广播电视厅厅长的魏文彬启动了湖南广电第一轮改革。由于没有优质的内容吸引广告投资,湖南电视台当时经常播放饲料化肥的广告,因此被湖南电视观众戏称为"饲料化肥电视台",当然这也符合湖南作为农业大省"鱼米之乡"的定位。由于"四级办电视"政策对城市电视台崛起的影响,当时的省级电视台处于较为孤立与尴尬的地位,一方面在影响

---

① [意]乔万尼·阿里吉:《亚当·斯密在北京——21世纪的谱系》,路爱国、黄平、许安结译,社会科学文献出版社2009年版。

② [美]大卫·哈维:《新自由主义简史》,王钦译,上海译文出版社2016年版,第124页。

力和宣传程度上不及中央电视台，另一方面在内容的丰富性与市场化的程度上不及长沙电视台。因此，在内容与市场都处于弱势地位的状况下，湖南广电开始了第一轮的改革探索。1993年3月3日，魏文彬同志任湖南省广播电视厅厅长、党组书记兼湖南电视台台长。1993年5月5日至7日召开全省地市（州）广播电视局长会议时，魏文彬刚刚开始到厅里主持工作，他在会议上指出：

> 在我们系统，我觉得在发展过程中遇到了两个深层次的问题。一是在宣传管理和台站建设上，厅局对台站、厅对厅、局对局，处于一种分散状态，联系不紧密。宣传上各自为政，一级管不了一级，有些局连台站也失控；台站建设不从财政承受能力出发，盲目上马。这种分散的、游离的状态，失去了系统的整体优势。二是第三产业的发展处于初级阶段，公司与公司脱节、公司与厅局之间处于游离状态，难以形成整体优势。我们要很好地研究解决这两个问题，要实现两个转变：一是由分散性向整体性转变，创办大广播、大电视、大宣传；二是由计划向产业转型转变，创办大公司、大剧团、大产业。搞电视要有大量的资金，没有这个前提，操作保证是搞不成的。而省财政有困难，不能按需要拨款，怎么办？办法就是发挥自身优势，增强自我发展能力。因此，我们要办大公司、大集团、大产业，形成稳定的大量的收入，以满足自我发展的需要，除了扩大再生产还需要几千万元的剩余，那时就有能力大发展了。我们现在还基本处在初创阶段，小生产，低水平。由计划型向产业型转变，这个转变不是指宣传，而是讲经营，讲第三产业。意思是不要只盯着财政给的那些钱，同时也不要只盯着广告收入，从整个发展来看，还要培植新的经济增长点，投资新的产业。新的经济增长点如果和广告持平了，广播电视产业就进入了良性循环，我们的日子就好过了。大家不要只看到目前小日子好过，还要看到，广播电视一定要有现代化的手段。"扁担精神"要提倡，但不是要用一根扁担挑摄像机下

工厂、农村采访,我们要孜孜以求现代化,什么时候能坐上自己的飞机采访就好了。①

由以上魏文彬对当时湖南电视台的分析,可以看出在20世纪90年代初期,其处于管理分散、产业脱节的松散状态。针对这种松散的组织及产业结构,要想让湖南电视台摆脱"饲料化肥电视台"的困境,需要对其进行整体性的规划,并注重经济及产业上的发展。自1993年起,湖南省广播电视厅党组形成一个基本共识,即面对广播电视整体格局大变化的严峻挑战和激烈竞争,湖南省广播电视事业必须有新的突破与发展。魏文彬为此提出了"一二三四一工程"的改革目标,具体即以宣传为中心,实现宣传由松散型向紧密型转变,经营由计划型向产业型转变,完成湖南广播电视节目送上卫星、建好省广播电视中心、建设好新的广播电视传输覆盖网,进而完成"大广播、大电视、大宣传、大产业"的总目标,并建成一支国营的广播电视宣传队伍。②从这轮改革中魏文彬制定的目标来看,他在20世纪90年代已经颇具市场化和产业化的头脑,资本和产业意识已经开始形成。第一轮改革中对产业和资本的强调为之后的几次改革奠定了基调。

概括来说,湖南广电的第一次改革主要从三个方面入手:首先,在技术上完成卫星电视的铺设与运行;其次,在管理机制上,引入制片人制度;最后,从频道建设的角度,建成一个具有市场化属性的电视频道。从1994年起,湖南电视台开始筹办卫星电视系统,并于1997年湖南卫视正式上星播出,进而形成了轰动全国的"湖南电视现象"。在内容生产的改革上,开始推行制片人制度,并成功地创办了湖南经济电视台,这一系列市场化、产业化的实践,完成了湖南电视台于20世纪90年代初期设定的改革目标。

20世纪90年代末兴起的大型综合广电集团无疑是21世纪初电视产业发

---

① 《认真学习贯彻党的十三届六中全会精神 努力开创广播影视工作新局面》,魏文彬在全省地市(州)广播电视局长会议上的讲话,1993年5月5日至7日。

② 《中国广播电视年鉴》编辑委员会编:《中国广播电视年鉴1997》,北京广播学院出版社1997年版,第97页。

展的主要方向，进入新千年的同时，电视产业也进入产业资本化阶段。2000年11月，国家广电总局下发了《关于广播电影电视集团化发展试行工作的原则意见》，其中从整体上规定了广播电视集团的事业单位性质。2001年8月，中宣部、国家广电总局、新闻出版总署联合印发了《关于深化新闻出版广播影视业改革的若干意见》，宣布允许文化机构实行集团化改革，并明确提出"广播电视集团可兼营其他相关产业，包括音像、报纸、电影等产业，逐步发展为多媒体、多渠道、多品种、多层次、多功能的综合性传媒集团"。这就意味着，媒体的自主性也得到了提升，由行政附属性转变为能够在市场中发挥能动性的主体，并可以通过媒介集团的方式经营多种形式的媒介，实现产业化的提升。"文化产业"成为21世纪初媒介改革政策的关键词。2001年《中华人民共和国国民经济和社会发展第十个五年计划纲要》中对文化产业这个官方话语加以界定，2002年党的十六大把"文化事业"改为"文化产业"，这个新概念意味着一个深刻的转变：文化与经济的结合得到了官方话语的确认，同时它也将媒体改革从政治改革转向经济改革，从而使广电集团这一大众传媒机构具备了公共服务与商业性的双重性质。其后，国家将传媒机构的事业或企业性质划分得更加明确，对不同性质的媒介实行不同的改革政策，其中广播电视集团符合需要转企改制的要求，并鼓励其进行跨区域及跨行业集团重组。①

但是在此期间，媒介广播电视的集团化也存在一系列的问题，由于国家明确支持，广电行业出现了一股来势汹汹的兼并式经营浪潮，到2004年为止，中国已经出现了十多家大型广电集团。这些广电集团成立后面临的另一个严峻的问题是"政事、政企不分"导致的身份不明。由于电视台作为集团的中心业务部门，不能改变它的机构性质，因此集团只能被定义为事业单位，它"在产权问题上没有讨价还价的余地，必须坚定不移地保障社会主义新闻

---

① 2005年12月23日中共中央、国务院下发的《关于深化文化体制改革的若干意见》提出，在改制过程中依据其性质不同进行分类改革，明确不同的改革要求。除党报党刊以及公益、时政类报刊保留事业体制外，其他报刊转企改制。同时规定"事业单位和行政机关不得混岗"，支持和鼓励大型报业集团、广播电视集团实行跨地区、跨行业重组。

事业的发展和喉舌功能的发挥"①。但同时,作为事业单位的电视台,其营业收入却被集团内部其他企业部门所稀释,承受着巨大的经营压力,广电集团因此陷入某种介于事业单位与企业之间的暧昧身份状态。这种政企不分的状态长期持续下去,不仅会抑制电视行业发展的动力,对于其作为国家宣传部门的属性及定位来说,也并不适合长期存在。因此,2004年广电集团开始实行事企分开②的原则。

湖南广电的第二轮改革正是在媒介集团化改革的政策背景下开启的。自2002年起,湖南广电开始进行在综艺节目、电视剧、广告等方面的整合,进行集团化改革的尝试,并基本建立了集团化架构,拉开了湖南广电第二轮改革的序幕。

> 我们的事业从八年前的第一轮改革到今天,已经打下了很好的基础,我们在三个方面取得了"超十倍"的发展:电视节目的生产能力1993年是800小时,现状是8000多小时,经营创收1993年不到6000万元,2001年是6亿多元,固定资产1993年是4亿元,现状全集团的资产是44亿元。③

这是魏文彬在湖南省广播电视局、湖南广播影视集团2001年度总结表彰会上向电视湘军展示的成绩单。在光鲜数据的背后,湖南广电当时也存在一些危机与隐患:在制片人制度、放权的同时,也面临着各频道过度竞争、严

---

① 赵丹:《事业性广电集团"叫停"的背后》,《传媒观察》2005年第4期,第22页。

② 在2004年12月召开的全国广播影视工作会议上,国家广电总局副局长赵实明确宣布:"鉴于由作为喉舌性质的电台、电视台组成的事业性质的广电集团,容易与社会上一般理解的产业集团的概念相混淆,经中央领导同意,我们已不再批准组建事业性质的广电集团……已经成立的事业性质的广电集团内部一定要尽快剥离经营性资产。"参见中国广播电视年鉴编辑委员会编:《中国广播电视年鉴2005》,中国广播电视年鉴社2005年版,第13页。

③ 魏文彬:《深化第二轮改革 加快跨越式发展》,2001年2月22日,湖南省广播电视局全局2000年总结表彰暨2001年工作会议在长沙国际影视会展中心召开,时任局党组书记、局长的魏文彬发表讲话。

重内耗的困境。这一轮被魏文彬称为"壮士断腕"的整合，在这次改革中，湖南经视被重新组建，新成立的湖南经视整合了原湖南电视台经济、都市、生活三个频道。

> 我们第一轮改革，主要是靠机制，靠机制来激活我们这台老机器高速发展起来。第一轮改革靠机制把我们的基础打下来了，我们的品牌起来了，影响扩大了，效益也上来了，可现在这么个大摊子，我们拖着这么庞大的一个机体，怎么往前走？第二轮改革的问题主要是体制。机制解决的对象是人，解决的是人的积极性问题；而第二轮改革要解决的体制问题，重点是自愿。我们要重新认识、整合、挖掘资源，要打"资源"战略。人才资源没有得到很好的开发，流失了，路子走歪了，人员臃肿，人事关系盘根错节，大家又回到十年前电视台的老路子上去了，不在开发上动脑筋了。同志们，要改革呀。这轮改革还要下决心，搞制播分离，制播分离就是改变生产模式，我们的生产模式一定要从计划型、行政型的形态中剥离出来。电视台过去那种先去财务部做个计划，然后找总编室给块时间，最后他就经营这个栏目的路子行不通了。要组建生产平台，按股份管！搞股份制还是个电视台，只不过生产方式变了。……总结下来是这么四点：一消肿；二降耗；三创新；四改革。

这段材料来自2002年4月28日湖南电视台领导班子会议上魏文彬的讲话，点明了第二轮改革的重点在于体制改革，一方面是对原有人事制度的重组，并重视内容生产层面的改革，通过放开制播分离制度，在内容生产上的繁荣收获成效。到2003年，湖南广电的频道收入翻番达到6亿元，2004年达到9亿元。这就意味着，湖南广电以集团化改革为重点，打破既有的生产制度及体制，在生产制度的层面引入更多社会层面的资源，在体制上打破了原有的政企不分的管理状态，实行产业上的融合与重组，构建起新的集团化主体。湖南广电的第二轮改革虽然制定了集团化的改革方案，也组建了新的湖南广播电视集团，但在实施层面，其改革基本上还是围绕在频道改革的范围之内，并未实现从频道到产业的集团化转型，这在杨晓凌对其论述中称为"半集团化"[①]。

因此，湖南广电的第三轮改革意味着对集团化改革的进一步深化，真正打破事业单位与企业之间的界限，从市场化的思路上进行改革。2010年，湖南广电开启了第三轮改革。这次改革早在2006年已经开始酝酿，并经过了多次探索尝试，最终确定了将事业部分剥离成立广播电视台，将产业部分整合成市场主体芒果传媒的结构的基本改革方案。与前两次机制改革不同，第三轮改革主要为经济与市场体制上的改革，实行湖南省广播电视局与湖南广播电视台分开管理、行政管理与电视台运行分开的措施。这一轮改革的目标是"从体制内走出去，从国内走出去，建立新的市场主体"。这意味着湖南广电的第三轮改革将重点改变行政性的管理制度对电视台进行市场化及产业化升级过程中的牵制，通过建设一个新的市场主体，实现湖南广电集团化的目标。2010年年初，湖南省广播电视局和湖南广播电视台分别组建，吕焕斌被任命为湖南省广播电视局党组书记，欧阳常林被任命为湖南广播电视台党委书记，实现了"局台分离、管办分开"的新的管理格局。通过注销湖南广播影视集团，成立新的湖南广播电视台[②]，并通过将产业资产划转至芒果传媒，使其对接资本市场的方式，实现了广播电视台平台与产业经营性资产的剥离。2014年，通过对资产的整合与重组，湖南广电实行了全新的管理运行模式[③]。2015年，湖南广播影视集团有限公司正式挂牌成立。湖南广电第三轮体制改革构

[①] 杨晓凌：《电视媒体创新的路径与系统——兼析湖南电视现象》，中国人民大学博士学位论文，2010年。

[②] 2010年1月25日，湖南省人民政府发布湘政函〔2010〕34号文件《关于组建湖南广播电视台的通知》，称湖南省人民政府决定，撤销湖南广播影视集团、湖南人民广播电台、湖南电视台、湖南经济电视台，组建湖南广播电视台。

[③] 2014年湖南省委出台了《深化省管国有文化资产管理体制改革方案》，该方案通过整合湖南广播电视台相关可剥离经营性资产组建新的湖南广播影视集团有限公司；湖南广播电视台和湖南广播影视集团有限公司采取"一个党委、两个机构、一体化运行"的管理模式；湖南广播电视台为事业单位，履行党台的新闻宣传和舆论引导职能；湖南广播影视集团有限公司为企业单位，主要做好产业经营。

建的"事业—企业"双重性质的机构整合运作,为其产业扩张和资本扩张奠定了基础。

欧阳常林如此总结湖南广电的三轮改革①:"湖南广电的第一轮改革,创造了经视品牌,引发了竞争活力,推出了电广传媒。第二轮改革,打造了'快乐中国'的湖南卫视品牌,奠定了做大做强湖南广电产业的规模、基础、人才、品牌四大优势。那么,湖南广电的第三轮改革,将在成立总台后实质性地推进。这轮改革的目标,就是要把新的市场主体——芒果传媒的品牌做起来。这个品牌是有行业影响力的。"正如欧阳常林所言,湖南广电通过第三轮改革实现了集团化,开始实行事业与企业共同发展的新的管理体制。通过此次改革,湖南广电也实现了产业及资本上的升级,在其文化生产场域中积累了大量的经济资本。

进入建设中国特色社会主义的新时期以来,习近平总书记尤为重视媒介融合,指出在主流媒体中发展媒介融合的重要手段为建设新型的主流媒体,并自2013年以来,提出了一系列关于新时代媒体融合的重要论断②。湖南广播电视台第四轮改革方案的制定,正是在这样一系列媒介融合的政策指引下进行的。根据国家针对媒介融合与主流媒体建设在政策上的要求与部署,湖南广电也在不断探索在新的媒介政策变化下,其自身具备的优势以及改革的方向与动力。

2015年3月17日至20日,湖南广播电视台"建设新型主流媒体学习研讨班"在浏阳731基地举办。这次学习研讨在湖南广电内部被称为"731会

---

① 2010年2月25日至26日,湖南广播电视台召开了改革与发展研讨会,欧阳常林以《快改真改大改 业旺财旺台旺》为题发表总结讲话。载于中国广播电视年鉴编辑委员会编:《中国广播电视年鉴2010》,中国广播电视年鉴社2010年版,第123页。

② 2013年8月19日,习近平在全国宣传思想工作会议上首次公开提到了关于媒体融合的想法和概念,指出要适应社会信息化持续推进的新情况,加快传统媒体和新兴媒体融合发展,充分运用新技术新应用创新媒体传播方式,占领信息传播制高点;在2013年中共十八届三中全会上,"推动传统媒体与新兴媒体融合发展"被写入《中共中央关于全面深化改革若干重大问题的决定》;2014年8月18日,习近平主持召开了中央全面深化改革领导小组第四次会议,通过了《关于推动传统媒体和新兴媒体融合发展的指导意见》。

议",对拉开第四轮改革的序幕具有深刻的意义,全台109名中层以上干部和骨干参与了为期四天的学习班讨论。吕焕斌在学习研讨班的总结中指出:

> 全面拥抱互联网已成为我台未来发展的必由之路。在我们这里,改革的重要性已经到了什么程度?应该说,我们已经驶入闸口了,没有回头路。这次改革的核心任务是市场主体立起来,建立符合现代企业的内部管理制度,这是我们一个重要的命题,没有其他的选择。今天,湖南广播电视台要完成两个转变,第一个是由传统媒体到新型主流媒体的转变,第二个是由事业单位主体向市场主体的转变。①

会议最终形成了《湖南广播电视台建设新型主流媒体若干意见》,在湖南广电内部被称为"23条"。从此,湖南广电改革驶入高速路,全面开启拥抱互联网的征程。"23条"中明确了对湖南广播电视台"一云多屏、双翼齐飞"的新定义②。在具体的操作中,做舆论的引导者意味着重视内容生产的强大资源动力,通过对优质内容的开发,生产具有影响力的内容产品;坚持以湖南卫视为龙头,融合电台、地面媒体以及芒果TV,打造"芒果出品"的内容领军品牌,形成丰富的IP资源优势;平台上推进台内制播分离,芒果TV完善基础架构,统一账户体系,打造多屏分发和测量云平台,力争三年内跻身国内视听行业的第一阵营;做渠道建设者,完善渠道建设,以互联网电视、网络视(音)频、移动视(音)频为发展重点,建设以芒果TV为平台的互联网传播体系;坚持走"以我为主"的制播分离道路,提升市场化、产业化、规模化水平,争取到2020年,湖南广播电视台以最具创新活力和全球影响力

---

① 2015年3月17日至20日,湖南广播电视台举办"建设新型主流媒体学习研讨班",吕焕斌以"向改革要活力 向创新要实力"为主题在学习研讨班上做总结讲话。

② 所谓的"一云多屏、双翼齐飞"是指,湖南广电旗下所有媒体及内容公司组成巨大的"内容云"团队,做强IP优势,实现多屏分发,形成湖南卫视、芒果TV双平台带动、全媒体发展的新格局,做到在舆论引导者、IP创造者、平台竞争者、渠道建设者与价值实现者上的"五位一体"。

的优势，建成新型主流媒体集团，迈入市值过千亿的新阶段。《湖南广播电视台建设新型主流媒体若干意见》的制定和实施为湖南广电的第四轮改革打下了制度及产业发展规划的基础。

2018年7月27日，重新组建湖南广播影视集团党委，对湖南广播影视集团和潇湘电影集团、湖南广电网络控股集团实行统一领导；以湖南广播影视集团为主体，整合潇湘电影集团和湖南广电网络控股集团。这次整合重组拉开了湖南广电第四轮改革的序幕。2018年上半年，笔者在湖南广电进行田野调查期间，恰逢湖南广电启动第四轮改革，并处于改革前期的"大调研"阶段。第四轮改革所处的背景是面对互联网技术的不断升级带来的对传统广电行业的侵占，传统媒体必须与互联网进行深度融合才能在此情况下继续发展。为此，湖南广电旗下的芒果TV成为其进入平台化竞争的有力手段。2014年4月，湖南广播电视台推出"芒果独播"战略，凭借强大的内容优势，芒果TV开始崛起，与湖南卫视形成了广电行业融合发展的"双子星座"。2017年开始，芒果TV从"独播"全面转向"独特"战略，依托湖南卫视的内容资源优势，通过转向打造特色人才队伍、培养自制特色内容等方式，在与商业性视频媒体的竞争中依然具有优势。湖南广电的第四轮改革重点在于融媒体平台的打造和新型主流媒体的建设，以媒介融合为方向，实现建成新型主流媒体集团的目标。

总体来看，湖南广电第四轮改革是围绕媒介融合展开的，其主要形式是以建设互联网平台为目标，通过湖南广电在内容生产上具备的文化资源，构建其向互联网转型的优势。正如这一轮改革规划中所设定的"一云多屏、双翼齐飞"的目标，即以湖南广电具有创新性、丰富性的内容资源为"云资源"，以湖南卫视和芒果TV两个媒体平台为支撑，完成从传统媒体向全媒体形态的传媒集团的转型。正如笔者在田野调查期间所参与的内容会议中，多数会议都在围绕媒介融合展开，通过与会媒体工作者对媒介融合的讨论，也深化了媒介融合在媒体实践层面的意义。媒介融合在湖南广电的具体实践中，并不仅仅意味着技术与内容上的升级与共享，更是作为一种对媒体集团整体性的定位，使其以更加完整的形态进入由互联网平台构建起来的全新的媒介环境中。如今，湖南广播电视台建成新型主流媒体集团的目标已基本实现，芒果 TV 已经成为具有强大的内容生产能力和分发能力的视频媒体平台，与"爱优腾"一并处于当下中国视频平台行业的领军地位。

综上所述，20 世纪 90 年代初湖南广电通过提出"大广播、大电视、大宣传、大产业"的目标，着眼于全局的市场性产业思路，创办了湖南经视，在湖南本省取得了巨大的成功，同时也通过与湖南卫视的互补和竞争，推动了其后湖南卫视的发展，使得湖南广电在全国拥有了广泛的影响力。21 世纪伊始，湖南广电整合内部资源，消除内耗，成立了湖南广播电视集团。2010 年，湖南广电的第三轮改革以"局台分设、管办分家"的方式进一步厘清了行政和电视台之间的关系，创立了新的市场主体。2018 年，湖南广电的第四轮改革以创建新型主流媒体集团为目标，着力打造以湖南卫视、芒果 TV 为主体的"芒果 IP"，在平台建设、品牌价值以及产业发展上，形成了独特的"芒果系"媒体集团。从 20 世纪 90 年代初期对产业化传媒集团的初步设想，到 21 世纪初期对集团化的初步尝试，再到近年来创建新型主流媒体集团的尝试，湖南广电所进行的四轮改革实践，一方面反映出其对国家在经济文化建设过程中所制定的不断变化的媒介改革政策的响应与付出的实践，而另一方面则是作为媒介机构的湖南广电依据媒介改革的宏观性政策，结合其自身的处境与特点，所进行的产业、制度及生产等方面的调整与升级。在此意义上，媒体所进行的改革是在国家政策"看得见的手"的影响之下，所采取的推进自身发展的能动性举措。

汪晖在对江苏通裕集团公司改制的研究中指出，在对中国国企改革的分析中，不能仅以"新自由主义"为预设进行，而应该充分考虑到经济的运行总是镶嵌在政治、文化和其他社会条件之中，将"经济发展全部归结为市场机制，实际上掩盖了经济发展的历史基础和调节机制的重要作用"。[1] 正如波兰尼在《巨变：当代政治与经济的起源》中所指出的，经济本身具有独立性

---

[1] 汪晖：《去政治化的政治：短 20 世纪的终结与 90 年代》，生活·读书·新知三联书店 2008 年版，第 313—314 页。

与自主性，它嵌含在政治与社会关系当中，一个脱嵌且完全自律的市场经济是不存在的，真正的市场需要政府在市场调节上扮演积极的角色，而此角色有赖于政策决定，这些都不能简化为某种技术或行政功能。①通过上文的分析可以看出，无论是第一轮改革中所提及的"大产业"规划，第二轮改革中成立广电集团及上市公司，第三轮改革中分离出新的市场主体，还是第四轮改革中向平台化的转型，都是在中国媒介改革的整体性背景下进行的。从表面来看，湖南广电四轮改革的主要目的是从市场性的角度寻求更好的发展。从媒体所具有的商业属性来看，对更大的市场以及对经济效益的追求，确实符合媒介改革经济属性上的需求。然而，正如波兰尼与汪晖所言，经济上的发展并不能脱嵌于历史、政治、文化及社会所构建的语境，因此对湖南广电四轮改革的分析也不能仅停留在其所带来的经济效益上，而应该把其置于改革所处的社会及媒介语境当中，分析改革是由哪些因素共同影响而形成的，以及四轮改革对其文化生产场域起到哪些作用。

如果把政策规制分为三个层级的话，来自国家层面的政策为宏观性质的第一层级。电视台等媒介在接受来自第一层级的政策后，会根据其要求并结合自身的具体情况，推出一系列的战略和改革上的政策。媒体自身的政策和方案可以视为中观层面政策规制的第二层级。第二层级的规制主要作用于节目制作和频道建设，频道和节目的改革或调整方案是政策规制的微观层面，影响和决定着具体的频道路径规划的实践以及具体栏目的改革。在下一节，笔者将把视角放在频道和节目这一微观层面，考察频道对娱乐的路径选择和内容生产上的变化是如何与具体政策之间产生关系的，这种微观层面上的政策对于频道发展和内容生产有怎样的规制作用，频道和节目内容的生产又是以何种方式与政策规制之间形成互动关系的。

---

① ［英］卡尔·波兰尼：《巨变：当代政治与经济的起源》，黄树民译，社会科学文献出版社2013年版，第25—29页。

第三节 "娱乐立台"：政策规制下的路径选择

在上一章的分析中已经指出，随着1997年湖南卫视的娱乐模式走红全国，各省级卫视纷纷刮起了娱乐旋风。进入21世纪以来，电视节目的娱乐功能的影响力进一步扩大。在21世纪之初，市场经济的发展一方面带来了经济及物质生活水平的飞跃，但另一方面也加剧了如贫富差距、城乡差距等社会矛盾的显现。这种普遍性的社会矛盾引发了人民群众对具有娱乐与放松功能的节目的心理需求，国家层面也通过繁荣文化产业的手段[①]对其进行有效的疏解，在这样的社会文化及人民群众的普遍性感觉结构中，带有娱乐色彩的电视节目，成为调节社会矛盾、缓和普遍性大众焦虑心态的有效工具。

本节将从政策的微观层面，即频道及节目的层面，考察政策规制是如何作用于具体节目的，以及对运营的频道将产生怎样的影响。前文中提到，湖南经视、湖南卫视等湖南广电旗下的电视频道，正是凭借其对娱乐性内容的生产而获取了一定的文化资源。然而需要注意的是，湖南电视对"娱乐道路"的选择及定位，并非一蹴而就，在其对频道定位和节目发展的措施与实践中，并没有一直按照娱乐化的道路前进，而是经历了一系列探索与试错的实践过程，才确立了其娱乐化的战略定位和具体的政策。同时，频道及节目的微观层面的定位与政策对内容生产也起到了积极的推动作用。

一、对娱乐化道路的曲折性选择

湖南卫视1997年的《快乐大本营》和1998年的《玫瑰之约》掀起了全国性的娱乐热潮，湖南卫视因其"娱乐性"的特征被全国观众所熟知，也改

---

① 2006年10月11日中共十六届六中全会上通过的《中共中央关于构建社会主义和谐社会若干重大问题的决定》中，将"加快发展文化事业和文化产业，满足人民群众的文化需求"作为社会主义和谐社会建设中的事业建设的基本要求。

变了当时央视一家独大的电视业格局。但是，湖南卫视的发展战略设想中，并非只想发展娱乐化这一条道路。1999年年末至21世纪伊始，湖南卫视推出了《新青年》《乡村发现》等具有一定思想性的谈话类节目和民生类节目。一份当时的节目编排表反映出这一变化：

> 2000年3月1日起，湖南卫视的晚间节目编排进行了全面调整：除《快乐大本营》《玫瑰之约》的播出时间不变之外，周一至周五每日21:20推出一档50分钟的强档节目，其中周三为《有话好说》，周四为《聚艺堂》，周五为《新青年》。新闻节目也进行了全面改版：实现全天候时段五档新闻类节目以及早中晚三档财经新闻的节目架构。

从这份2000年湖南卫视的节目编排表中，我们可以看出湖南卫视对新闻综合频道的定位的决心。然而，新闻节目及严肃类的谈话节目所面临的审查机制更为严格，如果处理不当，便会引发整个电视台的震动。例如，2001年，湖南卫视播出了一档访谈节目《有话好说》，该期节目邀请了在当今中国酷儿社群中广为人知的三位嘉宾：社会学家、性学家李银河，酷儿作家、电影制作人崔子恩，艺术家石头，这个节目标志着酷儿群体第一次在中国的电视上"出柜"[①]，此后该节目遭遇停播。2002年，湖南经济电视台的《经济环线》节目，在讨论"中国农民企业家峰会"时播出了一个"敏感"的经济论述，而遭停播。在《快乐大本营》等娱乐节目如火如荼的同时，试图走"新闻立台"或专业调查路线的节目都无法取得很好的传播效果，甚至会直接"下课"，这些在当下看来都很有先锋性的尝试在21世纪伊始无法继续前行。从这些实践中可以看出，"湖南道路"对娱乐并非一种天然性的选择，而是在不断地试错与探索过程中，找到的一种在政治资本、经济资本、文化资本中较为平衡的位置。

---

① Hongwei Bao. *Queer China-Lesbian and Gay Literature and Visual Culture under Post socialism.* Routledge Press.2020, p.8.

经历了 2001 年在发展上的困境，湖南卫视于 2002 年开始全面改版，并于 2004 年确立了"快乐中国"的品牌定位。2005 年第二届《超级女声》在商业上取得的成功为湖南卫视带来了巨大的经济资本，掀起了全国性的娱乐热潮，由于其选拔是通过"投票"的方式进行的，在社会上和学界引发了关于民主、平权的讨论。

"超女"带来的全民的疯狂态度，在当时虽然没有受到政策上的禁止，但广电的上层已经开始被反复提醒政治方向的问题。所以节目中的呈现需要向主旋律的方向靠拢……当年的"超女"一结束，广电内部就开了一个关门会议，我们内部称之为"秋天的思考"。主题就是泼冷水，思考"超女"的热度之后，我们应该怎么办？问题在哪里？……（F3）[①]

由"超女"引发讨论，我希望下一场体制改革的倾盆大雨。"超女"带来了什么？带来了很多很多：广告、冠名、短信、品牌、声誉。我觉得这些都不太重要，重要的是给我们带来了改革和发展的机遇……我们湖南广电，从 300 万到 3000 万用了十年（1983—1992），从 3000 万到 3 个亿用了十年（1993—2002），从 3 个亿到 10 个亿只用了三年（2003—2005），今年的 10 个亿，翻一番要几年？这是一个大问题。"超女"之后，我们要抓紧做的事情是改革，体制改革、集团化改革。

这段讲话是魏文彬在"秋天的思考"会议后相继举行的"《超级女声》研讨会"[②] 上的讲话，这次会议是内部会议"秋天的思考"的扩大会议，也正是

[①] 本段材料来自对当时湖南经视一档著名选秀节目的一位制作人的访谈，访谈编号为 F3，访谈时间为 2018 年 2 月 20 日。

[②] 2005 年 10 月 27 日至 28 日，湖南省广播电视局（集团）举行《超级女声》研讨会。局（集团）领导、各二级宣传单位、机关有关处室、湖南广播电视台领导班子成员、有关中心负责人、制片人共 140 人参加了会议。会议资料来自湖南广播电视台某部门档案内会议记录。

"超女"带来的热潮，使得湖南广电自此加大力度进行体制改革。"超女"所带来的市场上的极大成功，给了湖南广电一个启示，即符合观众口味的，并具有创新性的娱乐性的内容，势必会在观众中及市场上引起巨大反响。但其最终目的并非取得市场上的成功，正如魏文彬所说，"超女"的成功为湖南广电带来了改革的机遇，如何通过集团化改革的方式完成产业的升级，进而推进整体的娱乐文化的生产及运行，是湖南广电进一步改革的目标。落实到具体的频道改革上，2007年，湖南卫视进行了对高端频道定位的升级[1]。其中"高端崛起"具有双重内涵："一是面向高端受众的内容和节目，二是涵盖大众文化节目的高端渗透和高端影响。"[2]"高端"意味着在节目的风格和调性上，更加注重主动迎合城市中产阶级的文化趣味与现实焦虑，在传播途径上开始注重国内及国际上的影响力。湖南卫视从2004年的"快乐中国"定位向2007年的"高端崛起"定位的调整，在其背后是频道定位从通俗、轻松的纯娱乐化向具有专业性、文化性的发展路径的转变。这一转变的原因一方面是其对受众市场群体定位的变化，另一方面是"超女"所引发的娱乐狂潮为其带来的在纯娱乐性节目生产上更多政策性的限制[3]。这就意味着，对于当时的湖南卫视来说，继续举办大型全民参与型娱乐选秀节目，已经显得不合时宜，因此其向更具专业性、城市性、文化性的频道定位的转向，也就具备了现实意义上的合理性。

2011年，湖南卫视重启《快乐女声》节目。与2005年的《超级女声》不同，2011年的《快乐女声》已经逐渐淡化明星效应，转换为定位更加时尚、

---

[1] 提出打造"娱乐、信息与体育"的高端频道定位，在其规划中完成从娱乐崛起到高端崛起，实现娱乐和高端两翼齐飞。

[2] 欧阳常林：《从娱乐崛起到高端崛起》，载于央广网2007年5月20日，具体可参见：http://ent.sina.com.cn/v/m/2007-05-17/19121558021.html。

[3] 2006年3月13日，国家广播电影电视总局发布《广电总局关于进一步加强广播电视播出机构参与、主办或播出全国性或跨省（区、市）赛事等活动管理的通知》，对"选秀"型综艺节目的举办进行了一系列的规定：该类活动不宜多，分赛区活动不得在省级卫视播出，未成年人不得参加比赛，不得设置奖金奖品，以及对节目主持人的着装、发型、语言等进行了一系列的规定。

专业性强的音乐节目。但由于其在首次上星直播中播出时间超过了预计时长，被广电总局勒令整改。随着当年9月初《快乐女声》总决赛的结束，广电总局即下发通知禁止湖南卫视次年举办有群众参与的选拔类电视节目，并于当年发布了更为严格的对省级卫视举办娱乐性综艺节目的限制①。基于此，湖南卫视在节目编排上开始采取新的方式，避免与其他省级卫视在同类型节目上编排的同质化，保持与其他省级卫视在节目生产上的差异。2012年7月，湖南卫视推行全新方案，改变了传统的综艺节目播出时段，在非周末时段的次黄金时间，播出自制的娱乐综艺节目，节目的风格更加贴近城市中产阶级趣味。无论是在此期间推出的新版《变形计》，还是2013年的现象级娱乐综艺《爸爸去哪儿》②，都俨然抛开了曾经纯粹的娱乐化与社会关怀，转向以城市中产阶级观众，尤其是女性观众为自己的目标受众群体。

湖南卫视2013年在真人秀节目上的成功，引发了全国范围内省级卫视争相进入真人秀节目的制作中。随着国内明星真人秀综艺节目在全国市场的崛起，也引发了一定的问题，诸如内容的同质化、题材的雷同、对"流量明星"及海外模式的过度依赖等，进而引发了在本书绪论中提及的作为症候的泛娱乐化现象。具体到广播电视业的规制中，指出要对真人秀节目进行引导和调控，抵制过度娱乐化和低俗化。③2013年广电总局发布关于综艺节目海外版

---

① 2011年10月，广电总局下发《关于进一步加强电视上星综合频道节目管理的意见》，规定对节目形态雷同、过多过滥的婚恋交友类、才艺竞秀类、情感故事类、游戏竞技类、综艺娱乐类、访谈脱口秀、真人秀等类型节目实行播出总量控制。每天19:30至22:00，全国电视上星综合频道播出上述类型节目总数要控制在9档以内，每个电视上星综合频道每周播出上述类型节目总数不得超过2档，节目时长不得超过90分钟。

② 关于节目类型及节目内容的讨论，将在第三章与第五章具体展开。

③ 2015年7月22日，广电总局发布《关于加强真人秀节目管理的通知》，强调在综艺节目中要主动融入社会主义核心价值观，发挥好真人秀节目的价值引领作用；贴近现实生活，挖掘展示思想文化内涵和社会意义；根植中华优秀传统文化，坚持健康的格调品味。

权问题的限制令①，强调综艺节目中应该主动融入社会主义核心价值观，这份"加强限娱令"影响了湖南卫视对原创类节目类型的研发。由此我们在之后的综艺节目中，可以发现"素人"这个概念被加到许多真人秀节目中，即现实生活中的普通人被邀请参与节目的录制，同时之后的真人秀节目中融入了更多的传统文化及主旋律内容。比如《爸爸去哪儿》第三季中片头插入讲解中国传统文化的小片，《天天向上》中对各行各业普通劳动者的展现等。2016年2月，广电总局发布《关于进一步加强电视上星综合频道节目管理的通知》，禁止娱乐访谈、娱乐报道等节目宣传炒作明星子女，防止包装造"星"、一夜成名等不良现象产生。"限童令"的发布直接影响了"星二代"参加综艺节目，《爸爸去哪儿》第六季受其影响未能正常开播，后续更名为《一起出发吧》在芒果 TV 国际版播出，彻底退出了中国的市场。

从前文的分析中可以看出，湖南卫视自 21 世纪以来在节目内容生产、编排以及频道定位上的不断变化的实践反映出政策规制对其产生的作用。从湖南卫视 21 世纪初展开的对严肃性及深度性新闻类节目尝试的失败、2004 年"快乐中国"的品牌定位、2007 年频道的"高端转向"，一直到 2012 年湖南卫视对综艺节目内容和编排的全新改版，在这一系列的频道及节目的变动过程中，是诸如"限娱令""限真令""限童令"等针对节目内容及导向的具体的政策性规制对频道发展及内容生产的规制与影响。但同时需要注意的是，在这个过程中频道及节目自身也在不断进行着"自我规训"的实践，即通过不断进行内容生产和频道路径的升级，来完善频道自身的发展。在这个程度上，政策性的规制其实也促进了节目生产的创新，节目与频道在政策的指引下不断地调整自身发展，逐渐形成了一个更具创造力与本土特性的内容生产及自身发展的机制。

---

① 2013 年 10 月 12 日，广电总局发布《关于做好 2014 年电视上星综合频道节目编排和备案工作的通知》，规定每个上星综合频道每年播出的新引进境外版权模式节目不得超过一个，预计播出的娱乐综艺节目需要提前两个月申报备案。

二、从"娱乐化"向"融合性"道路的转向

进入21世纪的第二个十年,随着娱乐节目长期地占据电视荧屏,以及视频平台的蓬勃发展所带来的对传统电视的冲击,泛娱乐化一度成为电视及平台内容的症结所在。尤其是发展至今日,娱乐的不正之风已经愈加强烈,因此自2021年下半年以来,在官方话语层面兴起了对泛娱乐化、"饭圈"化的批判。2021年8月30日《光明日报》刊载文章《美丑不分、娱乐至死是文艺审美生态的毒株》①,其中指出:"一段时间来,以文艺从业者为主要构成的娱乐行业在审美观问题上出现一些偏差和乱象……文艺作品要向着人类最先进的方面注目,向着人类精神世界的最深处探寻……新时代需要健康的审美观,追求真善美应是文艺的永恒价值。我们要努力建设风清气正的审美生态,为繁荣发展社会主义文艺做出贡献。"2021年9月9日,国家广电总局网络视听节目管理司召开进一步加强网络视听文艺节目及人员管理工作座谈会②,在会议中全面总结了当下媒介融合过快发展引发的文艺节目中所暴露出的问题,并对新媒体视听行业的工作者及作品提出了具体要求。在具体的措施实施中,列举了一系列针对泛娱乐化现象、"饭圈"乱象等问题的整改措施。对此,参

---

① 董学文:《美丑不分、娱乐至死是文艺审美生态的毒株》,《光明日报》2021年8月30日第2版。

② 在会议中,具体谈及网络文艺节目在快速发展过程中,暴露出追星炒星、泛娱乐化、片面追逐商业利益等突出问题。网络视听文艺工作者要提高政治站位,从加强网络意识形态阵地管理的高度,从为民族复兴凝聚磅礴伟力的高度,从净化行业生态、引领社会风气的高度,从向人民奉献文艺精品的高度,认识进一步加强网络视听文艺节目及人员管理工作的重要性与紧迫性。在具体实施的政策上,切实加大监管力度。要继续深化网络综艺节目专项整治工作成效,不得播出偶像养成类节目、明星子女参加的综艺娱乐及真人秀节目,选秀类节目不得设置场外投票、打榜、助力等环节和通道,坚决抵制"唯流量"、泛娱乐化等不良倾向,坚决抵制违法失德艺人利用网络平台发声出镜。要继续落实片酬管理核查制度,坚决打击"天价片酬""阴阳合同";压紧压实平台责任,网络视听节目服务机构要坚持把社会效益放在首位,自觉担负媒体责任和社会责任;要坚决抵制调侃丑闻、炒作热点、制造对立等错误做法,抵制"唯流量""唯颜值"的畸形文化,共同建设良好网络生态。

加会议的芒果TV工作人员作出回应：(我们)"将守正创新，主动担当，以新时代精品力作，积极回应'塑造什么样的未来人'的文化命题，努力让正能量拥有大流量。"2021年10月29日，中宣部与国家广电总局就卫视节目中存在的过度娱乐化问题，对处于省级卫视核心位置的四个广播电视台（上海、江苏、浙江、湖南广播电视台）进行了约谈，要求针对其发展过程中存在的泛娱乐化现象及引起的"饭圈"问题进行严肃整改。当下广泛存在于主流媒体及视频平台中的泛娱乐化问题已经较为严重，正如在本书绪论中所阐述的，泛娱乐化已经成为一种症候，需要来自国家的规制力量以及媒体自身对泛娱乐化问题进行修正。

在当下国家对泛娱乐化问题严肃处理的规制下，湖南卫视和芒果TV在节目编排、平台设计以及节目内容上，开始强调主旋律色彩，这也从实践的角度证明了新型主流媒体平台的"主流性"。2020年以来，"芒果系"旗下的各媒体——"新闻中心、湖南卫视、芒果TV、广播、湖南经视、都市频道等主动扛起宣传职责，两年来，主旋律宣传投入多达31亿元"[①]。同时在湖南卫视和芒果TV的节目编排和页面设计上，湖南广电实施了名为"头条工程"的战略，在湖南卫视新闻栏目和芒果TV、风芒等首页首屏开设常态化专栏，如《学"讲话"·六堂课》《沿着总书记指引的方向》《百年奋斗十大经验》等，进行习近平新时代中国特色社会主义思想宣传。"头条工程"战略通过把具有短视频时代节目特色的内容置入视频平台中的做法，把中国特色社会主义思想的宣传融入当下具有受众影响力的平台当中，意味着湖南广电已经开始运用一种全新的策略进行内容的生产及发行。这种全新的以融合主流价值观为特点的策略，体现出在频道及平台策略上一种由娱乐化向融合性的转向。这里的融合性是指通过对节目内容和表现形式的改造，使其在符合观众观影习

---

① 2022年1月27日，湖南广播影视集团有限公司（湖南广播电视台）2021—2022年度总结表彰暨工作会议上，集团公司（台）党委书记、董事长张华立在以《守正创新建设主流新媒体集团 书写高质量发展芒果新答卷》为题的主题工作报告中，对湖南广电主流宣传做出的评价。

惯及品味的同时，融入更多符合主旋律价值观以及中国本土文化特色的内容。其主要表现为两种形式：一是在平台内开辟专栏类的板块放置具有主旋律的节目内容；二是在传统综艺节目中融入更多具有主旋律、正能量，符合国家发展需求的内容。

自2021年起，湖南卫视和芒果TV在综艺节目的生产上较之前也发生了变化，体现出一种对新型娱乐化道路的探索。在综艺节目类型上依然主打演唱类综艺及生活方式类慢综艺，但在演唱类节目内容上更加强调专业性，而非竞技性。比如《时光音乐会》《谁是宝藏歌手》等体现了制作和内容上对极致的追求，给观众以愉悦感与放松感，却并不以竞技形式、明星化形式等泛娱乐化的方式进行呈现，同样也取得了相当好的收视成绩。在综艺节目上，一方面更加注重对人的情感状态的关注与讨论，比如芒果TV推出的《朋友请听好》和《再见爱人》，都以对人的日常生活情感的深刻把握与塑造，引发了观众的共鸣与讨论；另一方面，在综艺节目的内容中，融入正能量、主旋律的主题，以一种娱乐综艺的方式呈现出主旋律的内核，如扶贫主题的综艺节目《云上的小店》，通过在扶贫地开设便利商店的形式融入了娱乐性的内容，却又切实地向观众展现了农村现实的日常生活，对国家的扶贫政策也起到了恰到好处的宣传作用。综艺节目在选题、内容编排等方面贴近人民群众的日常生活和主流价值观，摒弃采用泛娱乐化的方式，以一种轻松的方式呈现出综艺节目应有的放松和疏解观众身心的效果。湖南广电在当下对新型的娱乐道路的实践呈现出新时期的新变化，与之前的娱乐化道路相比出现了转折，这体现了在媒介融合时代"建成新型主流媒体"政策指引下湖南广电所做出的实践和调整。

本节从政策对具体节目的规制入手，讨论了政策规制如何决定节目的命运以及影响节目的生产。从更进一步的层面上，政策规制同样制约了频道的发展路径及战略定位。通过湖南卫视针对政策规制所采取的一系列改革与策略上的调整，指出其"娱乐化"路径的选择及向主流文化性的转变，处于一个与政策规制，即更上一级的权力场之间不断变动与博弈的关系之中。与此同时，节目内容及频道发展也在不断受制于政策规制，并逐渐生发出更具创新性和本土特色的内容生产及频道发展的机制，在这个政策与媒介相互作用的关系中，促进了文化生产机制更有效地运转。

在当下泛娱乐化成为症候性问题的语境下，通过上文的分析可以看出，在政策的层面上，国家通过出台一系列整顿娱乐不正之风的政策的确对省级卫视和视频平台在节目内容的编排及创作上产生了规制性的作用。但除政策层面的规制之外，更值得进一步讨论的问题则应该是泛娱乐化问题的根本动因及逻辑。由互联网平台占据主导地位的新的媒介环境，促使对"流量"的追求成为其经济效益增长的有效手段，因此新媒体平台的运作逻辑反过来影响了所有的文化生产机制。另外，影视平台化的逻辑同样影响着如湖南卫视等高度市场化的省级卫视。如上文所指出的，对于处于第一梯队的省级卫视而言，娱乐性节目已经成为其获取全国观众市场和经济效益的首要保证，在面对国家政策对泛娱乐化问题的规制时，如何从根本上扭转这一唯流量、唯资本、唯娱乐的泛娱乐化局面，对于以湖南广电为代表的主流媒体平台来说，是一个关键的问题。唯有在内容生产上打破原本的市场化逻辑，生产更多"不唯流量""不唯资本"的具有中国特色审美和文化意涵的内容，才可以打破泛娱乐化的怪圈。当然这种新的内容生产的方式、审美、基调并不意味着反对娱乐化，而是通过一定具有娱乐性的表现方式来表达具有正面意义的内容。也就是说，内容生产的方式与逻辑对文化生产机制如何更好地运行具有重要意义。因此，本书在下一章中将把视角放到内容生产上，从影响内容生产的动因及制度方面对文化生产机制进行分析。

小　结

大众媒体的发展和政策规制始终处于一种相互作用的动态关系之中，在中国的语境中，主流媒体的定位之一就是传达党和国家的声音，同时由于其自身作为宣传机构的性质，势必会受到来自更高层次权力场域在政策上的规制。但通过对媒体发展与政策之间关系的考察可以发现，一方面，媒体受制于政策规制，其可以直接影响媒体的战略定位和改革方向，在微观上比较具体的媒介政策又可以影响栏目的定位、节目的内容等；另一方面，媒体自身也在通过不断地探索改革的路径以及内容生产上的创新，赢取政策上的倾斜和支持，从而扩大其影响力。本章从政策规制的角度考察了媒体发展与政策之间的动态关系，发现政策规制不仅影响媒体的改革与路径选择，同时也影响节目的内容生产。

在此意义上，政策可以分为三个层面：第一个层面为宏观层面，具体表现为代表国家对媒介发展的一系列定位及策略；第二个层面为中观层面，这个层面的政策主要表现为受制于国家对媒介发展的规制，媒介集团所采取的对其发展做出规划与改革的一系列政策；第三个层面为微观层面，受制于媒介集团的改革政策的规制，作为内容生产机构的频道及节目会根据来自以上两个层次的规制影响其频道的定位和内容的生产。从20世纪90年代初期湖南广电的第一轮改革开始，到近年来以集团性媒介融合为代表的第四轮改革，在30余年里湖南广电所进行的四轮改革，是作为中观层面的媒体对宏观层面的国家关于媒介与文化政策的反应，同时也是媒介自身发展遵循的策略促使其在全国范围内的媒介改革中竞争的战略性途径。在微观层面上，频道对综艺节目内容的生产和传播及频道的发展定位，也受制于宏观层面和中观层面上的政策规制。

本章以湖南广电的集团改革策略、频道与节目定位在30余年间的变革为主要分析对象，通过对其改革政策及实践的分析，说明了媒体机构和节目在宏观规制的发展过程中的曲折性和复杂性。从中国的媒介改革的视角来看，湖南广电的改革实践代表性地印证了文化和媒介改革政策的变革过程。从本章的分析中可以看出，媒介的发展和变革受制于政策的规制，政策规制作为"看得见的手"作用于媒体集团的政策性改革及频道内容的表征。同时，媒体集团、频道及内容的改革与定位对宏观的媒介政策有着正向的影响，不断推进宏观媒介政策的进步和改良。在更高一级的权力场域中，湖南广电的发展受制于政策这个"看得见的手"。但与此同时，正是由于国家在媒介政策上对媒体发展的规制，也推动了其在内容生产、产业变革上的改变与发展，该过程处于不断变化与角力的状态之中。由此也可以看出，在湖南广电发挥作用的文化生产场域中，政策的规制代表了一定的政治资本，在其推动作用下，媒体机构在内容生产与产业发展上都有所变动，促使其文化资本与经济资本的累积。同时，三者的作用方向并不是单向性的，内容生产与产业发展的不断变动反过来也会促使国家在制定媒介政策上的调整。在中国的具体语境中，也必须注意社会主义文化体制下政策的中国特色社会主义文化属性。

第三章 内容生产——技术变迁下的综艺制作与流通

在 21 世纪伊始，电视业经历了巨大的变化，新媒体的发展预言着传统电视业进入末路。但这样的媒介融合却为电视生产带来了希望：每一种新技术转向都与整个生产过程密不可分，对电视的批判性研究亟须一种摒弃掉只关注"当下的发展"的方法路径，反而应该去关注在新技术与实践之间的相互联系。在这样的境况下，对电视业的生产研究就变得异常重要。[1]

在本书前面的两章中，首先从总体上分析了构成娱乐文化生产场域的基本要素，并以湖南广电旗下具有代表性的媒体作为分析对象，说明在其不断发展的进程中，文化生产场域中各要素之间相互作用的关系。在中国的语境下，构成文化生产场域的要素中，政策规制具有决定性的力量，直接作用于内容生产的层面。在上一章对政策规制进行分析的基础上，本章把分析视角置于内容生产上。对"生产"的研究（production studies）是近年来社会科学中的文化转向以及人类学中的民族志转向所产生的新的研究视角，旨在推动研究者以新的视角对文化生产进行分析。在《生产研究：媒介产业的文化研究》[2]中，作者通过对媒体中各层级生产因素的考察，来分析人们如何通过各种形式的组织网络，形成对共享的经验、语言与文化的共同体的理解，并

---

[1] Amanda D. Lotz: *Industry-Level Studies and the Contributions of Gitlin's Inside Prime Time*, in Vicki Mayer Edited *Production Studies: Cultural studies of Media Industries*, Routledge Prtess. 2008, p.25.

[2] Vicki Mayer & Miranda J. Banks & John T. Caldwell. *Production Studies: Cultural Studies of Media Industries,* Routledge.2008, pp.2-9.

通过追溯媒介生产研究的历史、对制作人的考察、对生产空间的考察，以及将生产作为一种具体经验的分析组成了生产研究的分析框架。本章将以内容生产为中心，结合中国电视业的发展变迁过程中湖南广电的具体语境，分析影响其内容生产的因素，从技术发展、节目模式及生产制度的变革的角度探讨这些因素如何影响和作用于内容生产，以及如何在文化生产场域中发挥作用。

第一节　作为变革动因的技术：从有线电视到视频平台

电视业技术不断发展的过程，是一个技术发展作为诱因引发内容不断变化、媒介不断融合的过程。在分析技术所带来的行业变迁与媒介变革之前，首先需要明确：技术是中立的吗？技术与文化建构之间具有一定的关系吗？对此，达拉斯·斯迈思在20世纪70年代给出了他的答案。斯迈思认为，先前的西方马克思主义者大多从意识形态的角度研究媒介内容，而鲜少从经济和政治的角度探讨媒介技术的重要性，造成了研究的"盲点"。[①]他强调技术的非中立性，率先对技术发展路线和资本主义生产方式的关系进行了考察。从技术政治的角度来看，技术从来都不是独立存在的。从技术研发到应用是一个政治过程，也就是社会力量参与到实现自己意图的斗争中。技术既非现代社会问题的"替罪羊"，亦非"万灵药"，其根本原因在于具体的社会制度与意识形态。斯迈思以代表中国社会主义技术路线和大众消费的"自行车"作比喻，说明社会主义要创造一条另类的技术文化路线。[②]雷蒙·威廉斯把电

---

① Dallas W. Smythe, "Communications: Blindspot of Western Marxism", *Canadian Journal of Political and Social Theory*, Vol.1, 1979, pp.1-3.

② ［加］达拉斯·斯迈思：《自行车之后是什么？——技术的政治与意识形态属性》，王洪喆译，《开放时代》2014年第4期，第95—96页。

视看作一种特殊的文化技术,他反对技术决定论以及把技术当作和其他媒介要素一样的环境论。他把电视放置在一种技术的社会史的脉络中,通过考察无线电、电报、摄影、电影的发明史来说明电视技术的发明。他指出:"传播系统的突出性特征在于:绝对不是传播系统的历史创造了一个新的社会状态,而是工业生产的决定性的、更早的转型,及其新的社会形式,已从资本积累和劳动技术改良的长期历史中产生出来,它们创造了新的需要以及新的可能性,而传播系统,直至电视,都是它们内在的结果。"[①] 技术作为一种非中立的存在,具有政治性和生产性,并与文化的生产之间相互建构。本节将从技术的角度解释不同技术的发展对内容生产所起到的推动作用。

中国电视业的发展经历了以技术变革为驱动力的重要转变,从有线电视到卫星电视,再到数字电视和互联网平台化的视频平台的变革。其中,有线电视的普及开创了电视商业化的先河;卫星电视的推广带来了商业上的繁荣,为电视台带来了巨大的经济资本,但同时也导致了内容的同质化和去地方化等问题;数字电视的推广和互联网平台模糊了传统电视台和视频流媒体的边界,形成了一种全新的媒介环境。接下来,本节将重点探讨这样一个问题:技术上的发展是如何作为行业变革和电视台发展的驱动性因素的?以湖南有线电视台、湖南卫视、芒果TV为例,分析作为宏观性技术的有线电视技术、卫星技术、互联网技术是如何驱动和重构各级媒体的,以及技术在整个文化生产机制中所处的位置。

一、从有线电视到卫星电视:电视技术发展下全国性市场的建立

有线电视技术是广播电视系统中较早发展起来的一种通信技术,其以电缆、光纤等有线电缆作为信号接收和传输载体。这种传输方式避免了无线传输过程中信号衰减、图像失真等问题。自20世纪60年代中期以来,有线电视技术在无线广播电视系统中起着辅助作用,改善了偏远地区或复杂地形地

---

① [英]R.威廉斯:《电视:技术与文化形式(一)——技术与社会》,陈越译,《世界电影》2000年第2期,第21页。

区电视信号传输和节目播出效果。从20世纪80年代开始,有线电视技术突破单纯技术手段的"身份设定",开始涉足内容生产领域,逐渐成为与传统电视系统相平行、相互依存的独立系统。①而有线电视台的创办权,在当时是完全的公有制。时任广播电视部部长的艾知生指出,有线电视台兴办的主要目的是扩大覆盖范围,其创办权只能由国家广播电视部门掌握,同时也不能引进投资。②

与此同时,物质上日渐富裕的观众开始对精神文化生活有所需求,因此观众对节目内容和质量的需求与国家对有线电视的严格管理之间形成了一种供需不平衡,这种供需不平衡反而促进了地方电视台在节目生产质量上的提升。在政策的鼓励下,"四级办电视"框架下的行政区域性有线电视台从1991年开始在中国大量出现,逐渐富裕起来的城市观众非常乐意为更多的频道和更好的播出质量付费。1994年,广播电影电视部下发《有线电视管理规定》,正式宣布取消原有的各"有线电视站",同时不再批准设立有线电视站,全国有线电视系统在此基础上完成了标准化整合。

湖南有线电视台正是在这样的国家政策的鼓励、人民群众对更高质量电视节目的需求中筹备起来的。1995年1月10日至11日,湖南全省有线广播电视工作会议在长沙召开。该会议是在广播电影电视部提出的发展有线广播电视新思路和新格局的情况下召开的。魏文彬在会上指出:

> 最初我们办有线电视,主要还是从扩大电视覆盖范围,提高收视质量出发的。所以,对有线广播电视的认识比较粗浅,认为有线是无线的延伸和补充,在当时那样一种客观条件下,有线广播电视特别是有线电视还没发展到现在的这种规模,其功能和作用还没有完全显露出来。经过这几年的筹办和建设,它在各方面的作用和功能才显露出来。实践证明,它并不仅仅是延伸,而是广播电视的一

---

① 常江:《中国电视史:1958—2008》,北京大学出版社2018年版,第371页。
② 《艾知生部长谈广播电视》,《中国广播电视学刊》1993年第6期,第4—9页。

个重要组成部分。另外，更重要的是要认识到它的紧迫性。这关系打破整个广播电视在市场经济的条件下，生存和发展的大问题，一个占领阵地的问题，一个我们的有线广播电视能不能在激烈的竞争中站稳脚跟的问题。台长曾凡安进一步强化了省广播电视厅在之前确立的"大宣传、大电视"观念：所谓大宣传、大电视的思路，就是要冲破地域封闭的状态，树立"大时空""大信息"观，扩大新闻来源，增加信息量，提供更多的新闻，这些新闻不仅仅局限在本地区，视野可以放得更宽些，让本地区观众更多了解外面的世界，使新闻节目由封闭走向开放。一个台质量高不高，我认为要做到三推，即：要推出名牌栏目、要推出名制片人、要推出名主持人。我们要把明星机制引进到有线电视宣传上来。各个台一定要在"三推"上下功夫。我看，质量和水平往往体现在尖子上。一个台有了一两个有影响的栏目，一两个有影响的主持人，这个台质量就上去了。要重视对栏目的策划，重视对栏目、对主持人的包装。特别是各栏目的定位一定要找到观众的感觉，要贴近时代、贴近群众、贴近生活，办得有特色。①

从以上材料可以看出，在湖南有线电视台创办初期，有线电视被认为是无线电视的延伸，但在具体的筹办与建设过程中，有线电视建设被认为是湖南电视从市场性的角度占领市场的重要手段，有线电视的地位有所提升。在湖南办有线电视台的阶段，已经开始注重市场和占领阵地的问题，在具体措施上开始注重对栏目质量的提升，对知名制片人和主持人的培养，并引入了对明星机制的关注。从现在的视野来看，这些办台观念和制度并不稀奇，但在20世纪90年代中期，却是抓住市场的创新之举，也为后来湖南卫视的基本定位和策略奠定了基调。但在具体推进中，湖南有线电视台并未溅起水花。

---

① 湖南省新闻出版局：《湖南广播电视年鉴1996》，世纪图书出版公司1996年版，第37—40页。

据 1995 年 1 月广播电影电视部社会管理司对全国有线电视台的统计，全国共有 924 座有线电视台，其中北京市 9 座、上海市 7 座、天津市 8 座、山西省 60 座、河北省 17 座、内蒙古自治区 10 座、辽宁省 68 座、黑龙江省 68 座、吉林省 41 座、广东省 61 座、湖北省 55 座……而湖南省只有 1 座，即湖南有线电视台。当有线电视台遍地开花之时，湖南的有线电视台并不发达，虽然在节目内容和办台方针上已经有了超前的意识，为后续湖南广电的发展打下了基础，但在当时的影响力却极为有限。湖南在电视业上的转机，来自卫星电视技术的驱动。随着卫星电视技术在全国的发展，湖南搭上了这班快车，很快就奠定了其在全国电视业格局中的位置。

从 1994 年 1 月 1 日起，各省级电视台明确获准开设一套卫星节目，面向全国播出。此前，新疆、西藏、云南、贵州、四川等地区已开始使用卫星来传输节目信号，用以解决地理位置偏远以及地形复杂等因素造成的问题。新疆台是中国第一个"上星"播出的省级电视台，而山东卫视和浙江卫视成为中国东部地区最早"上星"的两个卫视频道。从 1985 年开始，使用卫星传输信号的中央电视台不再是唯一一个拥有全国覆盖力的综合性播出机构，中国电视业进入一个"群雄纷争的年代"[①]。由于接入有线电视网的用户能够收到更多的电视频道，因此有线电视网的铺设实质上为卫星电视的发展打下了物质性基础。1997 年和 1998 年两年成为省台"上星"的高峰。随着中国最后一个省级卫视——海南卫视于 1999 年 10 月开播，中国的省级电视台全部实现了"上星"传送。

1985 年以来，除中央电视台和偏远地区在 1992 年之前完成了卫星电视的落地外，各省级卫视的建成和落地时间都相对较晚，其中湖南卫视在 1997 年完成了卫星电视的落地，属于比较晚的一批。但是，其在内容制作和频道定位上的先进性，使其在这轮全国性的卫星电视落地中实现了"弯道超车"。那么卫星电视技术为何会给湖南电视带来结构性的转变？通过回溯湖南卫视

---

① 刘朝、张婵：《电视"上星"纷争荧屏"老大"——中国电视业现状透视》，《决策与信息》1999 年第 4 期，第 20—21 页。

"上星"初期的筹备资料,我们可以有效厘清卫星电视技术在内容生产和文化生产过程中的作用。

从有线电视到卫星电视的转化,不仅仅是技术上的升级,也是内容输出及其背后所代表的知识权力的位置转移。早在1993年,电视"上星"的问题已经成为湖南电视工作的一个重点,魏文彬在两次会议讲话中都强调了电视"上星"的意义以及需要面对的问题。

> 关于省台电视节目上卫星的问题,这是解决省台节目覆盖全省的根本措施,也是宣传湖南,让湖南走向世界,让世界了解湖南的一个重要途径。项目已经得到省政府的批准,报到部里去了。现在要考虑的问题是:第一,建设经费的问题,政府用于建设卫星电视的拨款是300万元,和投资建设加上租星费的综合相差甚远,需要解决经费的问题;第二,卫星电视进行全省覆盖之后,要调整原有的传输系统及传输方式;第三,我们目前的制作能力不能满足卫星电视二十四小时播出的需求,需要考虑是否要兴建一个商业性电视台来填补内容上的空缺。节目上星之后必须保证质量……①
>
> 节目上了卫星,还有一个落地的问题。按照我们现有的制作能力和水平,即使节目上卫星,也很难落地。我们现在的电视节目是打时间差,其他的台播了,我们再播,如果节目都上了卫星,就很难打时间差,所以节目源的问题非常重要。还有一个节目质量的问题,如果卫星上几十套节目中,只有我们湖南的节目最差,我们大家脸上无光。所以,我们要建设广播电视中心。广播电视中心是一个生产车间,解决生产能力的问题。电视除了要播出大量的新闻、信息以外,还需要播出大量的文艺节目、电视剧。我们不建中心,不大力提高自己的节目制作能力怎么行?所以,我们要建设中心,

---

① 1993年5月5日至7日召开的湖南全省地(州)市广播电视局长会议上,魏文彬的讲话。

而且要建一个拍摄基地。天上一个卫星，地上一个"中心"，这是摆在我们面前的两件大事。①

从上述材料可以看出，对于"上星"问题，湖南电视台当时处于较为矛盾的状态之中。这具体体现在：一方面，把节目送上卫星能使其走出湖南本土，并走向全国性的市场；另一方面，湖南电视台面临着很多现实的压力，例如经费上存在巨大的缺口、原有的传输系统的对接出现问题、制作能力不够等。但在这些矛盾面前，湖南电视台做出了产业化改革的决定，通过产业的发展带动经济效益的提升，用以弥补卫星电视在经费和制作能力上存在的缺口。从这一点上看，"上星"作为一个契机，推进了湖南广电第一轮改革的实施。同时，由于面向全国市场的卫星电视对节目内容与节目时长都提出了更高的要求，而此时湖南电视台的内容生产能力并不能达到这一要求，因此开始形成建设广播电视中心的规划。在此意义上，卫星电视这种电视技术的形式，对推动内容生产起到了重要的作用。

湖南电视台在正式"上星"前，做出了充分的准备，魏文彬指出：

节目上星所引起的宣传格局的变化和宣传的国际化趋势，对我们的广播电视宣传提出了深化改革的要求。要站在"大广播、大电视、大宣传、大产业"的高度，从节目上星入手，搞好各项改革，理顺宣传管理体制，建立良性运行机制；实行制片人制，逐步打破节目生产的行政管理制；实行编辑记者聘任制，促进人才的合理流动，优胜劣汰；建立良性的激励机制，充分调配职工队伍的积极性，人尽其才，才尽其用。湖南电视台围绕节目，已进行了节目改革和配套改革，要继续努力搞好宣传改革和节目上星第一天的晚会节目，打响第一炮，给观众留下好印象。节目上星以后，要注意把好宣传

---

① 1993年12月1日至2日召开的湖南省广播电视财务管理会议上，魏文彬的发言。

口径，处理好内宣与外宣的关系，树立湖南在国内外的良好形象。①

当时的湖南广电为湖南卫视的"上星"播出，做出了制度上、内容上的充分准备。在生产制度上，湖南卫视采取制片人制、聘用制等人才激励制度，这些制度当时在湖南经视已经取得了经验性验证。在节目内容和频道编排上，新创办的湖南卫视被视为湖南电视在全国获取关注度的形象工程，被提升至重要地位。在节目策划上，湖南电视台、湖南有线电视台和湖南经济电视台的优秀节目都需要向新的湖南卫视倾斜，以帮助其打造名牌频道。

> 要把湖南卫视节目作为湖南广播电视的形象工程、门面工程来抓。卫星节目1997年要送到全国部分省市，送到首都北京。中南六省区已达成互相覆盖的协议。广电部已经明确规定，所有上星节目都要送进中南海。可以预料，湖南卫视将在全国不断扩大影响。卫星节目需要精品专题、精品专栏，抓卫星节目就是抓对外宣传，就是为本地区创造良好的外部环境。各级广播电视部门在抓宣传质量的问题上，一定要头脑清醒，精力集中，人力财力物力要予以倾斜，在抓宣传质量上，要注意以下几点：一是要强化全体从业人员的质量意识、精品意识；二是要抓好两套上星节目的整体策划，湖南卫视以湖南电视台的第一套节目为主，兼容湖南有线广播电视台、湖南经济电视台和各地市的优秀节目、栏目；三是要创办名牌节目、名牌栏目、名牌频道，各台要在往年相继推出的有影响力的节目和栏目的基础上继续努力，使之成为观众喜欢的名牌。如湖南电视台的《3·15广角》和《乡村发现》；湖南有线广播电视台的《流动记者站》和《有线新闻网》；湖南经济电视台的《幸运97》和《经视商业街》。②

---

① 1995年2月13日至14日，湖南省广播电视厅召开了改革工作会议，时任厅党组书记、厅长魏文彬做了题为《乘势前进再造辉煌》的改革动员报告。

② 1996年12月28日，湖南省广播电视厅在长沙蓉园宾馆举行的"湖南广播电视节目上星新闻发布会"上，时任厅党组副书记、副厅长曾凡安的讲话。

自 1993 年起，湖南电视台开始筹备其"上星"的准备工作。解决了技术、经费、制度、节目上的一系列问题，为"上星"做好准备后，湖南卫视于 1997 年 1 月 1 日正式开播。当时湖南电视台为"上星"所做的筹备工作，已经开始展现出其在内容生产和制度上的创新性及远见，在节目内容上开始注重质量，重视品牌化栏目的打造；在制度上开始引入全新的竞聘制度与制片人制度。这也恰恰说明，作为技术的卫星电视推动了电视台在内容生产和制度上的发展和创新。如在本书第二章所述，开播后的湖南卫视乘着"娱乐"的东风，在全国范围内迅速走红，并引起了其他省级卫视的纷纷模仿。湖南卫视的走红，为技术进步在节目制作、媒体发展以及全国电视行业格局的转变中做出了一个深刻的注脚。

从技术的延续性来看，卫星电视技术继承了有线电视技术在网络覆盖上的基础。至 20 世纪 90 年代末，以有线电视网实现落地入户的卫星电视在中国已经拥有三四亿固定观众，且这些观众基本集中于城市，"作为消费的主体，他们不仅仅是广告的目标观众，更是娱乐的参与群体"[①]。从此，卫星电视作为一项技术，开始在政治、经济、文化等方面发挥重要作用。卫星电视不仅扩大了我国电视节目的覆盖面，也因此改变了国内电视业原有的竞争格局。"全国的电视业因为这种竞争的格局展开新的生机，从中央电视台到各省级卫视，都开始打破传统的电视经营方式与观念，力求在节目方面进行创新，成为当时整个电视业蓬勃发展的深层动力"[②]。在日益商业化的媒体环境中，到 1999 年为止，几乎所有省（区、市）都已通过卫星电缆将其主要电视频道发送给了全国观众。在城市有线家庭中，可以同时观看近 30 个省级卫星频道和整个本地频道的事实，完全改变了中国的电视格局并挑战了央视在全国电视市场的垄断地位。[③] 省级卫星电视台的落地，打破了以往由中央向地方划分的

---

① 苏子龙：《出路在于创新：电视上星之后的行业分析》，《电视研究》1999 年第 8 期，第 8 页。

② 应中迪：《试论卫星电视》，《新闻大学》1997 年冬季号，第 62—66 页。

③ Yuezhi Zhao. *Communication in China: political economy, power, and conflict*, Lanham, MD: Rowman and Littlefield.2008, p.96.

格局，全国电视收视市场呈现出多元竞争主体的格局，电视产业规模进一步扩大。省级电视台与中央电视台之间、各省级电视台之间的竞争关系随着卫视频道的播出而发生了变化：以往只有国家级电视台可以覆盖全国观众，省级电视台一般只能覆盖该地区的观众，而自从1998年开始，几乎所有省级电视台获取了卫星转播权后，能够覆盖全国观众的电视台就不再只有中央电视台了；同时，省级卫视频道因为可以覆盖全国观众，其在节目内容及风格上自然要向全国观众的品位靠拢，这当然也会损失一部分本地观众。

具体而言，卫星电视技术产生了以下几方面的影响：第一，省级卫视"上星"意味着面对全国观众，也意味着拥有了全国性的市场，各省级卫视在全国市场这个"大蛋糕"的诱惑下，进行内容和资源方面的竞争，按照市场规律配置资源的真正意义上的电视节目市场也由此开始形成。以湖南卫视为代表的制作力量较强的电视台，通过加大自制节目的力度以确保其节目内容的独占性和排他性而在竞争中占据龙头位置。同时，全国性的市场为湖南卫视带来了巨大的经济效益及产业化的发展思路。1997年，湖南电视台一套节目成功"上星"，湖南有线广播电视台全省联网，全年共完成广告创收1.348亿元，其中湖南电视台完成1.02亿元，比上年增长41.6%；湖南有线广播电视台完成2030万元，比上年增长3%。从有线电视到卫星电视的转向，给湖南电视带来的不仅仅是经济上的效益，更是技术选择上一种新的文化重心的转移，其背后是一种葛兰西意义上的文化领导权的获取。第二，卫星电视在全国范围的普及带来了娱乐性节目的兴盛。中国电视开始呈现出显著的娱乐化倾向是从1997年全国大多数省级电视台完成"上星"开始的。面对全国的观众市场，囿于来自新闻宣传制度和实际生产条件的限制，通过新闻类节目无法在短时间内占领全国市场，因此各省级卫视之间的竞争实质上成为娱乐节目的竞争，其中电视剧和综艺节目是竞争最为白热化的两个领域。如前文所述，湖南卫视凭借《快乐大本营》成名之后，国内很多省级卫视都开始模仿游戏性的综艺模式，因此带来了同质化的问题，导致电视的地方性特色减弱。

从湖南有线电视台到湖南卫视的转变，背后是有线电视技术向卫星电视技术的升级。从前文所述湖南广电对湖南卫视"上星"所进行的一系列实践中可以看出，湖南卫视的创办为整个湖南广电的文化生产场域带来了三个层面的推动作用：第一，从"上了星之后我们没有足够的节目源，大家会脸上无光"这个朴素的诉求出发，卫星电视技术提升了湖南广电内容生产的能力，促进了其节目的生产，并建立起广播电视中心这一内容生产机构；第二，卫星电视技术推动了机制变革，正是为了通过卫星电视在全国市场中获得成功，湖南卫视开始启用新的制度，如制片人制度、竞聘制度等，这促进了其生产组织方式的革新；第三，为了保证卫星电视的节目质量，湖南广电开始在湖南卫视推出名牌栏目战略，实施湖南卫视在内容生产上的精品化策略。技术的升级改变了湖南卫视在整个中国电视场域中的位置，使其从一个较边缘化的地方性电视台转而成为足以撼动整个行业走向的第一梯队省级卫视。

孙皖宁在分析中国电视时指出，电视的"上星"使得电视研究呈现出一个地理转向的问题，通过对空间或地理上的转向，提供一种新的理论方法。孙皖宁认为，虽然从国家的层面分析电视是一个重要的问题域，但是当我们把研究视角从国家的层面向下延伸，就会发现社会空间性的分层以及不均衡的跨区域联系。[1]按照这个思路，以湖南卫视为例，省级媒体一方面通过本土性内容的生产和消费（如《快乐大本营》借用长沙本土的歌厅文化与"策"文化）参与到地方文化的生产和传播中，另一方面促成一种跨地区的身份归属感，使得各地方的文化形成了广泛但不平衡的跨地域联系。另外，湖南卫视"上星"的成功，也证明了省级电视台通过卫星电视技术，完成了其在社会空间性的分层，即通过卫星电视这种技术变革所带来的内容及生产制度的转变，在全国的电视业版图中完成了向上流动的目标，这也进一步解释了湖南卫视通过卫星电视技术获取全国性影响力的内在原因。

---

[1] Wanning Sun and Jenny Chio. *Mapping Media in China*, Routledge Press.2012, pp.13-16.

二、从电视网站到视频平台：媒介融合下内容生产方式的革新

卫星电视技术成为电视业娱乐化与商业化的有力推手后，引起了行业的变局。在湖南卫视稳稳占据省级卫视第一梯队数年之后，尤其是 2010 年以后，互联网技术带来的全行业新媒体转型，对传统电视业进行了内容、受众、传播方式上的全方位占领。虽然至今为止，卫星电视依然在电视荧屏中占有一席之地，尤其是针对中老年人和非发达地区观众，但互联网视频业的普及、互联网平台的扩张，已经对传统的电视业造成了内容、资源、市场、传播渠道等全方位的侵占与褫夺。当我们把视角放置在中国互联网发展的历史过程中时，就可以发现互联网视频业对传统电视业造成深刻影响的内在动因。

唐旻从政策及历史的角度将中国互联网发展的政策及建设信息高速公路的历史分成了四个阶段：第一个阶段为 1987 年至 1993 年的筹备阶段，第二个阶段为 1994 年至 1995 年互联网作为基础设施建设的阶段，第三个阶段为 1996 年至 2010 年互联网工业化的阶段，第四个阶段为 2011 年至今互联网已经成为支柱性行业的阶段。总体来说，在政策上国家逐渐制定了符合互联网特征的一系列政策，并把其纳入国家性的政治经济中来。[①] 夏冰青从受众及文化的角度回顾中国的互联网历史，指出中国的互联网从 1994 年首次完成全功能接入国际互联网以来的近 30 年的历史基本分为三个阶段：1994 年至 2000 年为四大门户网站鼎力与搜索引擎发力阶段；2001 年至 2009 年为搜索引擎主导与社交网站爆发阶段；2010 年至 2020 年为互联网与自媒体爆发阶段。[②] 其中，与媒体产业化、平台化相关的互联网事件贯穿于中国互联网发展史的始终：2004 年，腾讯、携程、51job、盛大等相继上市。2005 年，豆瓣网和土豆网成立，百度上市。2006 年，优酷网成立；2010 年，优酷网在纽约证券交

---

① Min Tang. TENCENT: *The Political Economy of China's Surging Internet Gian*, Routledge Press. 2020, p.19.

② 夏冰青：《依码为梦：中国互联网从业者生产实践调查》，上海社会科学院出版社 2021 年版，第 14 页。

易所上市。2015年,网络文学小说纷纷被改编为影视作品,并赢得了火爆的收视率;"互联网+"行动计划推动了产业融合,腾讯与阿里主导了滴滴与快的的合并,以及美团和大众点评的合并;百度主导了携程、艺龙以及去哪儿的合并;阿里全资收购优酷、土豆,腾讯文学与盛大文学合并成立"阅文集团"。2016年,罗辑思维投资Papi酱将网红经济推向高潮;字节跳动推出抖音,短视频也成了新的投资风口。2017年,科技部宣布百度、阿里巴巴、腾讯、科大讯飞成为首批国家新一代人工智能开放创新平台,BAT的产业版图扩张到人工智能领域。2018年,哔哩哔哩、爱奇艺、拼多多分别在纳斯达克证券交易所上市……从以上中国互联网发展的简要历程中不难看出,互联网平台的开疆拓土,大面积侵占传统电视(以卫星电视、数字电视为代表),使得资本、优质的内容生产者和生产机构、观众都大幅度地向互联网视频平台流动。

阿曼达·洛茨指出:"数字化是后电视网时代的主要特征,其促进了视听内容更加广泛的传播,数字电视内容的新传播方式与基于无线电信号和电缆的传统传输方式截然不同,这种新的传播方式对电视节目的制作、发行和使用均产生了巨大的影响。"[①] 如在本书前两章对芒果TV进行分析所证明的,芒果TV俨然成为湖南广电在后电视时代的代表。作为与湖南卫视"两翼齐飞"的芒果TV,突破了传统电视台在内容生产、发行上的传统模式,通过网络视频平台的形式生产及传播内容资源,介入到观众的日常生活中,改变了受众的收看与消费模式。

作为凭借传统电视台湖南卫视成为强势媒体集团的湖南广电,也势必会受到来自互联网平台的冲击。2004年1月8日,湖南广播影视集团旗下第一家网络媒体金鹰网成立,金鹰网以娱乐资讯为特色,对湖南广电所管辖的湖南人民广播电台、潇湘电影制片厂、湖南电视台、湖南经济电视台的资讯产品进行内容设计、营销和推广。在成立之初,金鹰网主要还是围绕湖南电视

[①] 常江、石谷岩:《阿曼达·洛茨:未来的电视是一种非线性文化——数字时代的电视与电视研究》,《新闻界》2019年第7期,第6—9页。

提供资讯。2004年10月，金鹰宽屏剧场登场，弥补了传统电视一次性播出时无法保存和重复观看的缺陷，金鹰网通过视频采集、非线性编辑系统、转码、编辑新闻文字稿、上传等多个步骤实现了电视节目上网，取得了良好的社会效益和经济效益。

作为可以承担一部分视频点播功能的互联网媒体，金鹰网早于芒果TV十年推出，为芒果TV的出现打下了技术和经验的基础。如在本书第二章中提到，芒果TV作为湖南广电第四轮改革的核心，通过湖南广电在内容资源上的优势，加之大力推进媒介融合，投入巨大成本创办互联网视频平台，成为湖南广电在互联网变局中所采取的应对传统电视台式微的有力手段。根据笔者的参与式观察，在地理位置上，芒果TV大楼与湖南广播电视大楼垂直分布，是一个独栋的高层建筑。与湖南广电其他部门都处于湖南广电大楼中不同，芒果TV独占一楼，装修现代洋气，"芒果TV"几个大字招牌泛着后现代式的光，俨然一个时尚的科技型公司的外观，使得每个经过的人都被其深深吸引。楼体外侧挂着巨幅海报，宣传芒果TV正在热播的综艺节目……如果说一个公司的建筑和装修是其表象，那么芒果TV已经展现出它在技术上的先进性及其在湖南广电集团中的重要地位。

芒果TV与传统的广播电视台不同，其自身定位为做优质IP的创造者和引领者。针对平台年轻化、女性多、高学历的用户特色，注重整个平台的"青春气质"，在内容上大胆启用符合青年、女性趣味的创新性综艺节目。在生产模式上，一方面大力推动工作室制度，培育自制内容，形成厂牌，打造爆款；另一方面借助网台融合优势，整合湖南广播电视台优质内容，打造芒果内容聚集区。在技术上，建立技术产品创新容错机制，以技术和产品的不断创新推动平台发展。在基础技术上充分把握5G、区块链、H265、AI等新兴技术趋势，不断降低成本，不断提升芒果TV用户的体验。

从芒果TV对自身的定位中，我们可以清晰地看出其对互联网的依赖，"平台""互联网"是其发展的基本支点。作为长视频互联网平台，芒果TV尤其注意对新兴技术的掌控。这点在对芒果TV某技术部门的工程师的访谈中，也得到了确认：

> 我的主要工作是做 PC 端和移动端的模块设计和优化，主要是根据需求优化端口的模块，经常需要改代码……但公司也会提供专业化的平台，比如搭建了 H5 模块化制作平台，实现了原生模块专题式样的丰富化，等等。我觉得在这里工作和在其他互联网大厂工作最大的不同，应该是这里比较娱乐化的氛围吧，经常可以见到明星……其他的话，就我本人的工作内容，并不觉得芒果 TV 和 BAT 有很大的区别。(M10)①

从这段访谈中可以看出，芒果 TV 已然成为一个互联网平台。在当下互联网平台与传统媒体共同构筑的媒介环境中，湖南广电不仅在技术上没有落后，反而通过内容上的优势反哺了互联网平台，打造出一家成功的党管媒体旗下的互联网视频平台。与"爱优腾"等纯商业性质的互联网平台不同，芒果 TV 作为湖南广电旗下的公司，具有党管媒体的性质，还承担了主流媒体传达党和国家主流意志的功能。如何把这个异于其他商业平台的优势体现出来，是芒果 TV 在发展战略上新的突破口。在湖南电视的个案中，从有线电视、卫星电视、数字电视到互联网电视的整个技术流变中，可以得出这样一种判断，即技术的变化成为一种有力的动因。湖南卫视的"上星"打破了其在此之前的边缘化状态，通过卫视的成功树立起以娱乐性为特点的品牌，进而在互联网"围剿"电视业的现实中，用芒果 TV 这个视频平台完成了传统电视台在平台化时代的突围。同时技术的变革深刻地影响了内容生产和频道定位的走向，正是因为技术变革带来的"上星"和网络平台，吸引了全国性、世界性的观众，那么在内容和定位上势必会向被更广泛受众接受的方向发展。

从传统电视台向互联网平台的转变带来了对电视定位的变化，具体表现在两个层面。第一，视频网站与电视在运行方式上具有较多的相似性，但二者在内容的分发机制上却并不相同。前者依靠对不同用户进行定位，从而进行内容的分发，同时也会从生产的角度影响视频网站节目内容的生产及其自

---

① 来自访谈内容，访谈编号为 M10，访谈时间为 2018 年 4 月 17 日。

身改革的实践,而后者依靠传统的物理性电视网络进行内容的分发。第二,互联网视频平台改变了电视介入日常生活的方式,由于互联网视频平台基本的运转逻辑是建立在内容库资源的基础之上的,而非传统电视中观众的观看实践受制于节目安排的时间表,新技术的引入改变了人们的观看形式,并对电视的生产形成反向作用。在此意义上,湖南广电通过传统电视台(如湖南卫视、湖南经视)及互联网视频平台芒果TV的打造,形成了包含电视台与视频平台的整体性结构。在这个整体性结构中,已经不存在传统电视台对视频平台的反向作用,反而通过"独播""独特"等机制加强了电视台与视频平台在内容资源上的互补优势,二者之间产生了正向的增强作用。

延森分析了三类物质媒介[①],分别是作为人际交流媒介的人的身体、经典的大众媒介和数字化的信息传播技术,并把其分为三个维度:第一维度是人的身体和工具;第二维度是技术,延森将传统媒介中的报纸、广播、电视、电影都纳入第二维度的范畴,这些媒介由于具备"一对多"的传播特点,受众的参与度并不对其传播产生影响,通过实现对特定文本的复制、储存和呈现,拓展了信息的扩散潜能;第三维度是以计算机技术的应用为代表的数字媒介,延森称之为元技术。第三维度的媒介的典型例子是网络化的个人计算机,也包括手机和其他便捷设备。在元技术的影响下,受众与媒介之间建立起多元化的交流模式。从湖南有线电视台、湖南卫视代表的第二维度的媒介,再到芒果TV代表的第三维度的媒介,在实现技术变革的背景下,湖南广电实现了从传统媒体向新媒体的升级。这代表着元技术的数字媒介为芒果TV这个平台带来了更多的观众与媒体的互动交流,更加多元化的交流模式则意味着平台本身的经济属性也被开掘出来。刘易斯·芒福德在《技术与文明》中提出了技术体系的概念,技术体系的不断进化削减了人们花在技艺学习和掌握上的时间。芒福德在书中还用不同形态的表达来形容机器,复数形态指的不是机器本身而是机器体系,单数形态则是形容具体的机器。芒福德指出,

---

[①] [丹]克劳斯·布鲁恩·延森:《媒介融合:网络传播、大众传播和人际传播的三重维度》,刘君译,复旦大学出版社2012年版,第65—74页。

其用"机器"指代具体的独立存在的机器,而用"机器体系"指代整个技术综合体或技术体系。其包含作为整体的技术所包含的知识与技能,也包含具体的工具及各种设施。①综艺节目的制作,无疑是一种机器体系,它包含了一系列的知识与技术。在从有线电视到互联网视频平台发展的背后,是技术体系的变革。这种技术体系的变革不是独立存在的,而是通过具体的节目和传播过程呈现出来的。

从湖南有线电视台、湖南卫视,到芒果 TV 的发展,其背后是技术作为一种动因所驱动的媒介形式的演进。正如在本节开篇中提及的,如斯迈思所言,技术并不是中立的,而是与社会文化及生产关系之间具有紧密的联系。威廉斯认为,"发明创造通过科技、技术革新和社会发展进程的共同作用和制度化演变成为我们所说的科学技术"。但这个过程与社会、经济、文化之间的关系重大,是在与社会各个利益主体之间的矛盾和冲突中逐步形成的。在这个转型的进程中,技术的发展仅仅起到了很小的作用,可以说微乎其微。威廉斯一再强调,"任何一个新技术的发展都是一个选择的结果,因此我们的目标依然是要努力研究科技变革中的历史和文化因素,以此来替代传统历史地理观所认为的'科技发展是一个自发而独立的过程'的错误认识"②。因此,从有线电视到卫星电视再到互联网视频平台的转化,不能把这个过程简单地视为技术的发展所带来的天然结果,而应注意到有线电视技术、卫星电视技术及互联网技术带来了节目内容的变化、受众市场的变化,以及节目生产方式的变化。具体而言,受众市场全国化所带来的内容趋同化与同一性,体现在节目娱乐化水平的提升上。同时,由电视"大屏"向移动终端"小屏"的变化带来了节目类型及内容上的更加分众化,也促进了节目生产的丰富性与多元性。

本节从技术发展的角度,考察了电视业发展至今几种关键性的技术转折,

---

① [美]刘易斯·芒福德:《技术与文明》,陈允明、王克仁、李华山译,中国建筑工业出版社 2009 年版,第 13 页。

② [英]戴维·莫利:《传媒、现代性和科技——"新"的地理学》,郭大为、常怡如、徐春昕译,中国传媒大学出版社 2010 年版,第 242—243 页。

即由有线电视向卫星电视进而向互联网平台化电视的转化。这种纵向的技术上的进步及转化,并非中立与独立的,其背后是由技术变革所驱动的以及这些转折所带来的节目内容和趋势上的变化。同时,技术的演变趋势中蕴含着媒介融合的逻辑,媒介融合体现出物质性和生产性。以技术变迁为线索,从有线电视、卫星电视、数字电视再到互联网流媒体平台的发展,具体到湖南广电的例子中,即为湖南电视台从湖南有线电视台、湖南卫视到芒果TV背后技术变革引领的行业变迁。这种变迁背后是内容生产方式的变革,而内容生产方式的变革是在技术发展的促进下完成的。这种变革的作用在更加具体的节目内容生产中,很大程度体现在节目模式上,节目模式作为内容生产的"骨架",对于内容生产具有重要的奠定性意义。在下一节中,我们将从节目模式的角度论述湖南广电在内容生产中如何从全球性的模式链条中不断实践,进而确认了符合中国文化语境的节目模式。

第二节 节目模式的流动及生产:从模式借鉴到文化出海

一、从全球到地方:节目模式的意涵及全球流动

节目模式(TV Format)在当下全球性的电视(视频)行业中,是一个极为重要的概念,正如不断变化的节目内容当中不变的"公式"。在内容制作和流通上,节目模式是电视台和制作公司产生经济效益的重要来源。与节目类型(genre)不同,节目模式不仅包含了节目类型当中所确定的节目需要的符号,更重要的是提出了"标准化"的概念,同时为每个节目都注册了可以进行知识的全球性交易的版权[1]。节目模式代表了在电视或视频节目生产制作

---

[1] 张潇潇、冯应谦:《全球模式与地方性知识:电视生产社群的民族志阐释》,《国际新闻界》2016年第7期,第139页。

的过程当中所遵循的一套标准化的生产流程及规范，是一种在具体的节目生产中被反复使用的具有可复制性的框架。电视节目模式一般源于创意，其核心在于通过对节目规则及流程的设计，并以具有独特性的方式将其表征出来，"因此规则构成节目的核心特征，经过节目制作、推广、模式发行，最终形成标准化、可复制的节目模式"。①对节目模式的探索是在电视娱乐业成为全球性的文化产业的语境下产生的结果，把节目内容的生产方式转变为一种标准化的制作流程，作为一种知识产权性的商品在全球娱乐工业中流通，是在全球性、追求经济性的话语中发展起来的，其在对传媒文化、电视产业的研究中是一个逐渐引起关注的议题。

阿尔伯特·莫兰（Albert Moran）在《世界电视模式》（*Television Formats in the World*）中分析电视节目模式（形式）在全世界的总体发展情况，他指出，简单地说，全球化这个概念主要是用来描述经济、文化和政治作为独立的系统已经形成或正在形成。全球化的支持者坚信一个基础经济正决定着一种转变：这种转变是一种结构性的变化，不是演变，而是与国际经济过去的制度的深刻决裂，一种全球化的转型文化和一个没有边界的世界正在形成。在谈到"国家电视系统"时，亚洲和太平洋地区的电视需要面对的一个核心问题，即国家对电视的管控，一方面是电视的发展必须兼顾到全球化与区域化，而另一方面电视媒体又必须考虑国家对其电视的管控与规制。如此，国家电视系统不可避免地产生了文化影响。在解释什么是模式时，作者指出，虽然全球电视工业都骄傲地把电视模式作为一个单独事物，但事实上它本身是一个复杂体，这种复杂性通常体现在一系列重叠但分开的形式上。②迈克尔·基恩（Michael Keane）对节目模式与在地化的具体节目有一个比喻：把节目模式和在地化的节目的关系比喻成"派和酥皮"的关系，节目模式就是

---

① 蔡骐、唐亦可：《电视节目模式：在全球化与本土化之间》，《中国电视》2017年第3期，第45页。

② Albert Moran and Michael Keane. *Television Across Asia*. Routledge Curzon.2004, pp.2-3.

酥皮，而各种各样的在地化节目就是派。节目模式作为一种途径，来自国外的内容通过节目模式跨越国界通过电视商业网络的形式融入其他国家电视内容当中。为了避免内容上的限制和生产机制的制约，从某种意义上说，节目模式成为一个特洛伊木马，为"和平的演化"提供了一种途径。节目模式的流动涉及一个关键概念，即版权问题，"事实上，版权是大的省级和城市电视台在高频率物质上需要处理的重要问题"。娱乐节目模式如今像病毒一样传播在整个中国电视行业中，其原因主要是，这些节目相对来说制作成本都比较低，并且已经在其他国家的电视市场中验证了其具有可复制性。[1]

节目模式作为一种商品，被优质节目的开发商开发成包含"节目模式宝典"、"飞行制作人"、节目的核心装置、必备道具等一系列组成部分，通常这些组成部分需要一起被打包购买，以达到完整复制原版节目的效果。在具体应用上，购买方也可以通过发行商的授权，制作更符合本土文化品位的改编版本。作为全球文化产业链条中的重要环节，在西方国家，节目模式的生产及销售已拥有数十年的历史。根据张建珍和彭侃的研究[2]，全球电视节目模式的发展大致可以分为四个阶段。20世纪40年代晚期至70年代中期为第一阶段，这一阶段的电视节目模式主要从美国流向欧洲、澳大利亚以及拉美部分国家。20世纪70年代晚期至80年代晚期为第二阶段，在这一阶段，一些早期的节目模式公司逐步成立并发展起来，成为推动节目模式贸易发展的重要力量。这一时期电视节目模式主要从美国输出到欧洲，且以游戏节目为主。20世纪90年代为第三阶段，随着传播技术及媒介制度的发展变化，电视业对节目内容的需求量大增，全球性电视节目运营商相继成立，输出节目模式的核心从美国转移到欧洲。从2000年至今为第四阶段，即进入国际电视节目模式的繁荣期。具体表现在参与国际交易的节目模式数量及产量上的增多、成

---

[1] Michael Keane. "As a Hundred Television Formats Bloom, a Thousand Television Stations Contend", *Journal of Contemporary China*, Vol.11, 2002, pp.7–16.

[2] 张建珍、彭侃：《电视节目模式国际贸易发展简史》，《新闻春秋》2013年第2期，第65—70页。

功模式的影响范围和流动速度的增快、参与节目模式开发和发行的公司的剧增，这些使得国际电视节目模式的类型更加多元化。

在全球节目模式流通的成功案例中，有几种以经典的综艺节目为蓝本的"元模式"，大量的综艺节目都是以这几种"元模式"进行引进或翻版，从而在全世界范围内成为"畅销模式"。例如，以荷兰综艺节目《老大哥》为原型的社会实验类真人秀节目，以美国综艺节目《谁想成为百万富翁》为原型的闯关答题类型的真人秀节目，以英国综艺节目《流行偶像》为原型的演唱类选秀节目，以美国综艺节目《执子之手》为原型的两性相亲类节目等，是在全球的节目模式流通过程中流通程度最高的几种类型。在节目模式的交易过程中，也遵循着一个约定俗成的环节流程。在节目模式生产发达的国家，存在大量的模式创意公司，它们提供节目模式的创意，并开发成完备的节目制作宝典（Bible），在本土进行实验播出并取得成功后，把"宝典"、"制作人"、装置、舞台设计、台本等一系列成品化的制作指南分发给购买方，并形成一条相当完备的产业链，在全世界综艺节目的生产中成为主流的生产和分发模式。

在中国的电视业语境下，从20世纪90年代末已经开始了对非本土节目模式的借鉴，比如早期的游戏性综艺节目大都源自中国香港和台湾地区。21世纪以来，央视率先通过购买英国综艺节目 GOBINGO 的版权并进行本土化改造推出了轰动一时的互动益智型综艺节目《幸运52》；2007年，湖南卫视引进英国BBC的 Strictly Come Dancing 的节目模式版权推出《舞动奇迹》；2010年，东方卫视引进英国综艺节目 Britain's Got Talent 的版权推出《中国达人秀》，在当年引发了广泛的讨论，在节目模式的引进上取得了成功；2012年，浙江卫视通过版权引进公司IPCN引进《荷兰之声》(The Voice of Holland)的节目模式，推出《中国好声音》，掀起了收视狂潮……其后，国内的省级卫视纷纷通过引进海外节目模式进行内容生产，对模式的引进和模仿成为近年来省级卫视竞争的新方式。

虽然节目模式的全球流动已经成为电视和视频行业在全球语境下的常规操作，节目模式的引进的确为国内视听综艺节目的内容生产提供了源源不断的创意，也带来了相应的经济效益。通过对世界上比较成熟的节目模式的引进或模仿，的确减少了节目在内容生产上的投入，可以在较短的时间内赢得收视率。但节目模式的引进和借鉴也一直存在争议，海外节目模式所引发的问题一直被业界及观众所关注和讨论。比如，国外的模式是否符合中国本土的文化环境，外来节目模式所携带的其本土文化的基因是否会对社会主义核心价值观造成冲击，以及对外国模式的模仿也会带来一定的知识产权的侵权问题等，都是值得我们进一步思考的问题。接下来，本书将以湖南广电的节目模式为例，分析节目模式的流通及在地化对内容生产和文化生产的重要作用。

二、综艺节目模式的在地化改造

湖南卫视自 1997 年"上星"以来，通过娱乐化的综艺节目打开了全国市场，其综艺节目走红的重要原因之一，是对节目模式的借鉴与开发。以湖南卫视为例，其综艺节目模式的发展主要分为三个阶段。第一个阶段是从 1997 年开始以《快乐大本营》为代表的对港台棚内游戏类综艺节目模式的模仿。《快乐大本营》的节目模式，来源于台湾综艺《超级星期天》和香港综艺《综艺 60 分》。《快乐大本营》虽经历过数次改版，但 20 世纪 90 年代末至 21 世纪初的节目模式仍以棚内游戏类为主。如在本书第一章中对 1998 年播出的一期节目的内容分析，风格轻松诙谐的主持人、明星嘉宾、棚内录制、游戏挑战、观众互动等要素共同构成了节目的基本模式元素，同时摄影棚中的舞台、观众席、灯光、音效等设置均能在港台综艺节目中寻找到原型。第二个阶段是 2000 年以后，在节目模式上开始了对欧美模式的模仿。2004 年湖南卫视推出《超级女声》，通过"想唱就唱"的不针对年龄、经验等设限的形式，吸引了各年龄段的女性参加歌唱比赛，这种在中国电视中从未出现过的歌唱节目的类型迅速引起巨大轰动。该节目的原型是 2002 年于美国 FOX 电视台开播的《美国偶像》(*American Idol*)，该节目模式设置了海选、半决赛、决赛等环节，最终的评选结果则是通过观众的电话投票而产生。在《超级女声》中同样采用了这种节目模式，通过不同赛区的海选对选手进行筛选，再通过在长沙举办的半决赛与决赛进行最终的角逐，在决赛阶段采用观众短信投票的方式进行评选。第三个阶段开始于 2010 年，在综艺模式的流通上，开始注重对进口节目模式版权的引进，该时期综艺节目模式更多地来自韩国的节目模式。湖南卫视的《爸爸去哪儿》开创了模仿韩国综艺模式的先河，接连于 2015 年开播的《真正男子汉》引进了韩国 MBC 电视台的《真正的男人》的节目模式版权，2017 年开播的《向往的生活》能在韩国综艺《三时三餐》中找到其模式原型。2018 年以来，湖南卫视及芒果 TV 更加注重模式的创新，注重开发原创的本土性节目模式。以《声临其境》为代表，湖南卫视原创的节目模式在全国范围内取得了很好的成绩，并成功使节目模式走出中国，引入海外，实现了中国本土综艺节目模式向海外的传播。

随着湖南卫视 2013 年《爸爸去哪儿》第一季的热播，关于其对韩国 MBC 电视台的《爸爸！我们去哪儿？》的节目模式的运用，在业界和观众中引发了广泛的争议。就此现象，2013 年 10 月 12 日国家广电总局发布通知①，限制省级卫视在黄金时段播出海外模式的综艺节目。2016 年国家广电总局对模式引进的管控再次加码，发布了《关于大力推动广播电视节目自主创新工作的通知》②，在支持和鼓励原创节目的基础上，进一步对海外版权模式节目进行规范，要求播出具有海外版权模式的引进节目需提前备案，并明确规定禁止抄袭模仿、侵权盗版。

一边是政策对模式引进和抄袭的限制，一边是国外模式带来的巨大的关注度和经济效益，两者共同使电视台在场域中获取了更多的经济资本和社会资本。与此同时，对国外模式的版权引进或部分模仿，也给湖南卫视及芒果 TV

---

① 确定 2014 年起电视上星综合频道调控的政策，对原创节目在节目备案、进入黄金时段、各类评优评奖中给予优先考虑，并要求电视上星综合频道每年播出的新引进境外版权模式节目不得超过一个，当年不得安排在 19:30 至 22:00 之间播出。

② 国家新闻出版广电总局发出《关于大力推动广播电视节目自主创新工作的通知》，通知中要求：各上星综合频道播出引进境外版权模式节目（包括当年新引进和往年引进的节目），均需提前两个月向省新闻出版广电局备案，经省新闻出版广电局审核同意后，向国家新闻出版广电总局备案，未完整履行备案程序的引进境外版权模式节目不得播出。内容来自国家广播电视总局官网，具体参见：https://www.beijing.gov.cn/zhengce/zhengcefagui/201905/t20190522-59914.html。

带来了一定的争议，在新浪微博和豆瓣小组中，"湖南卫视抄袭"等词条成为热门的讨论话题。比如《向往的生活》与韩国 tvN 电视台的《三时三餐》,《中餐厅》与韩国 tvN 电视台的《尹食堂》,《亲爱的客栈》与韩国 JTBC 电视台的《孝利家的民宿》等，都成为观众及粉丝热议的模式上存在模仿痕迹的综艺节目。那么，节目生产者对此问题是如何解决的？如何处理国外模式和节目内容及制作的矛盾呢？笔者对某热门综艺生产工作室的制片人和导演进行了访谈。

> 其实我们考虑更多的是一个成本的问题，不管谁的模式，用着就手合适比较重要。的确，可以开发全新的节目和模式，但一个节目组一个工作室有这么多人，万一没爆，后续的广告、流量、招商都会出现连续的问题……这些已经成熟的模式是经过人家市场检验过的，当然其中会有一些"水土不服"的部分需要改造，但整个流程设置、选题都是成熟的，的确比较就手。现实面对的问题是，要拿到那个模式引进的位置，一定要做一个非常完美的方案，要能成爆款……我们现在更多的是两条腿走路，创新这里一定要搞，台里也是这么鼓励的，你看最近几年获得台里嘉奖的，都是原创的模式，这个我们也很重视。（M18）[①]

由此可见，从内容生产者的角度来看，模式引进与模式原创之间的矛盾已成为具体节目制作过程中的一个重要矛盾。中国视听综艺节目在节目模式上，为何呈现出以模仿或购买其他国家综艺节目模式的版权为主的现象？除如上文制片人所说的成熟的节目模式经过市场检验的原因之外，其背后的主要原因还需要进一步挖掘。一方面，海外节目模式的开发是基于开发国社会文化背景而形成的，无论是英美模式还是日韩模式，虽然节目模式的贸易已经成为全球视听产业的重要组成部分，呈现出可操作性和可复制性强的特征，

---

① 内容来自对某综艺节目制片人的访谈，访谈编号为 M18，访谈时间为 2018 年 7 月 5 日。

但海外的节目模式中基于其所属国家社会文化语境而形成的精神内核却难以被复制。自改革开放以来，中国社会经历了巨大的社会转型，我国的电视制作者难免产生"理论上的贫困"，这使得他们难以真正面对社会的不同阶层开发"本地"的节目，反而普遍寻求并借助国外的节目模式来迎合国内电视市场的需求[①]。另一方面，一部分改编得并不成功的节目模式在处理海外与本土文化的融合过程中，显得过于生硬。这种生硬既体现在对海外模式中关于其本土的文化性与政治性要素的剥离，也体现在把本土化的文化元素强加到引进的模式当中，这种没有深入发掘文化的共通性的处理以及对本土文化性的生硬解读，造成了海外模式与本土内容的强硬拼贴，这就使得最终节目中呈现出突兀的、不合逻辑的问题。这样的处理方式最终导致海外模式在中国本土的"水土不服"。因此，对内容生产而言，如何适度地参与到全球节目模式流通的脉络中，却又能以中国本土性文化为内核，生产出兼具娱乐性、观赏性与本土文化性的视听综艺节目模式，无论是对内容研发者，还是对内容生产机构，都是一个重要的发展方向。为了避免过度依赖海外模式造成的诸多问题，作为生产方的媒体及从业者，把模式创新放到更重要的位置上，已经成为其在节目内容研发中的"必修课"。

三、"中国制造"节目模式的生产及传播

从《快乐大本营》到《声临其境》转变的背后，是在节目模式成为全球性的交易市场的背景下，中国电视及视频行业在节目模式上从依赖海外模式到自主创新的变化。近年来，湖南广电越发注重节目模式的创新。笔者在湖南电视台进行田野调查的过程中，印象深刻的是其"不创新即死"的理念深入每个湖南广电员工的内心。在创新上，无论是制作团队的制片人还是任何一个湖南广电员工，从频道主管到基层员工，只要有任何关于节目生产的新想法，都会被认真地考察和论证。一个30人的制作团队中，只有10个人可

[①] 吴畅畅、赵瑜：《试析我国综艺节目发展的困境与未来》，《中国文艺评论》2016年第10期，第54页。

以同时制作一档节目，而其他的20个人需要不断开会进行头脑风暴，开发新的节目和模式创意。如果制作团队在两年中没有新的节目或创意被采纳并完成节目的开发，这个团队就面临着解散，这就是湖南广电内部知名的"不创新即死"的机制。值得注意的是，湖南电视台内部的"创新"包含了两层含义：一层是从无到有的，完全从一个原创的想法生发出来的新节目模式；另一层是包含了对来自国外的既有的节目模式的本土化改造。而这两种层面上的创新，在湖南电视台内部并不具有明显的区分。在经历了对海外模式的借鉴和版权的引进后，近年来，对节目模式进行自主研发在电视（视频）机构内引起了更大的关注。一直以"不创新即死"的口号激励自己的湖南广电，在对模式的研发和创新上，进行着不断的探索与实践。

针对节目模式的创新生产，湖南广电通过建立专门研发节目模式的部门来解决本土性节目模式生产困难的问题。笔者在湖南广电进行田野调查期间，参与式观察了湖南卫视的创新研发中心，并采访了创新研发中心的主任及工作人员。创新研发中心隶属于湖南卫视，其主要的工作内容为开发新的节目模式、与海外内容生产单位进行模式上的共同研发，以及节目模式的海外传播与引进。2004年，湖南卫视第一次进行创新研发中心的组建，在卫视平台首次提出了"研发中心"的概念，但由于在具体实施过程中出现了一些问题而未能成功落地。2010年，湖南广电对创新研发中心进行了第二次尝试，在此期间，创新研发中心提出了发掘海外优秀模式的研发方向，于2013年打造出《爸爸去哪儿》《我是歌手》等现象级综艺节目，引领着中国综艺市场海外模式借鉴的风潮。2016年年底，湖南卫视重启第三次复建的创新研发中心。

创新研发中心位于广电大楼的A座裙楼，走进部门的办公室，一排排苹果电脑上播放着世界各地的综艺节目。部门的工作人员大都比较年轻，并具有海外的留学经验或良好的英语水平，观看与研究大量具有"爆款特质"的海外综艺节目是其日常工作的内容之一。同时，中心定期举办模式研讨，针对其海外综艺模式的研究与分析，面向全体员工公开研究成果，并进行定期的展示与分享。"飙计划"分享会现场，邀请不同领域的专业人士来与一线创作人员进行交流，对症下药。大到海外模式公司的概念，小到PPT制作的要点，分享会的内容与综艺节目导演及制片人的工作息息相关，并对其日常工作具有指导性意义。①

创新研发中心的基本工作内容除了对海外节目模式的研究，更注重对本土原创综艺节目模式的研发。当笔者与一位一线的制片人谈及当下全球内容生产生态的时候，他说："单单靠外面的模式，当然它有顺手的一面，但毕竟没有自己研发的安全。"（M18）② 这就意味着，海外模式虽然经过市场的检验，在实际操作与市场反应上都更容易应用，但同时需要面对审查以及政策规制上的种种问题，因此开发优质的原创模式，无论是对于制作人还是对于媒体机构而言，都具有重要的意义。因此，创新研发中心除充分研究海外节目模式以外，还有另一项重要的工作职能，即促进原创新节目的创意及生产，鼓励、评估、推举节目模式的自行研发。2018年，湖南卫视创新研发中心推出了"飙计划"，即所有的员工都有提交新的节目模式的机会，并把节目模式做成可视化提案参加评选，被选中的模式即可成为节目上档湖南卫视。该项举措打通了以往存在的研发与制作团队之间的壁垒，可以实现原创节目从创意产生一直到完善的全过程，是湖南广电在内容生产上促使节目模式不断创新的有效实践。

> 我是从团队出来的，我知道最重要的是需要有一个好的体系来维护整体的创新模式，从而能够为大家提供一个支撑。最终促使这一自下而上创新体系合理化的保障，便是"飙计划"。当然到现在为止，整个体系仍然在逐步成熟和完善的过程中。说实在话，"飙计划"最开始推出的时候，其实团队并没有那么信任我们，这并不是湖南广电频道内部范围内第一次实行方案征集，此前所提交的方案因为缺少系统的评估与反馈体系，大多有去无回、草草收场。……

---

① 内容来自笔者的田野笔记，时间为2018年6月10日。
② 内容来自访谈记录，访谈编号为M18，访谈时间为2018年7月5日。

从去年开始,"飙计划"中还推出了"30未满计划",鼓励台里的年轻人踊跃提出自己的方案,这些新文案一下子像潮水一样奔涌而来,其中有很多很好的点子和创意,马上变成最新上档的节目。我们最近推出的一些节目,都是这个"飙计划"的产物,比如《声临其境》《声入人心》,都是年轻编导的创作。所以我觉得,创意产业就是要不断地更新认知。以《声入人心》为例,我们年轻的编导,为了说服"飙计划"评委认识到这个节目的好,他们自己在市场上摸底,找出学音乐、学美声的孩子,四个人一组进行训练。在现场介绍节目方案的时候,突然就让四个孩子站起来,现场唱了一首,这样一下子就很直观地打动了这些评委们。通过这一瞬间,大家知道音乐可以这么美。这些孩子一开口就跟普通的歌手是不一样的,而且他们的颜值这么高,这么有修养,又这么阳光,这些都是很直观的,于是我们就可以预想到呈现给观众的就是这样的效果。①

从中我们可以看出,在节目模式的研发上,湖南卫视通过创设创新研发中心,并推出面向全集团内部对于新节目模式的征集计划,推动了湖南广电内部原创节目模式的研发,使得内容生产不再过度依赖海外模式。这种模式生产的新形式,促使更多具有本土特色的、符合中国青年观众文化趣味的原创性节目模式得以进入生产的过程。同时,对于湖南广电的年轻员工来说,这种新的激励计划,也促使作为节目模式根本性的"创意"得以不受部门、级别、资历等的限制,可以被源源不断地生产出来。以湖南卫视创新研发中心为切入点,可以看出湖南广电在模式开发与创新上所做出的具体实践,"飙计划"展现了原创节目模式被生产出的过程。原创节目模式的生产建立在整个湖南广电鼓励创新的基础之上,同时营造出资源共享的开放环境,重视年轻编导的创意与想法。正是在这样多重因素所构建起来的环境中,越来越多具有原创性与本土性的节目模式才能被研发出来,并以节目化的方式顺利

---

① 访谈内容来自湖南广电内参刊物对创新研发中心主任的采访,采访时间为2018年6月10日。

"落地"。

"飙计划"中比较成功的案例是《声临其境》。《声临其境》是一档突出"配音"这种艺术形式的综艺节目,于2018年1月6日在湖南卫视首播。区别于以往的竞技型综艺节目,该节目模式以对声音的演绎为主要内容,完全由湖南卫视自行研发,并通过国际电视节将节目模式推向海外市场。正如该档综艺节目的总导演徐晴在对节目背景的讲述中提及的,当她在2017年的"书香中国"晚会上看到各位老一辈艺术家对《三国演义》配音的演绎时,引发了她对开发一档具有中国文化特色的综艺节目的设想。"配音"在先前的综艺节目中并未成为节目表征的中心,而《声临其境》在节目模式上以声音为主要的表现中心,并融合不露脸的形式隐藏嘉宾身份,以及通过竞赛性的形式进行节目模式的深化。同时在配音片段的选取上,更多地选取了中国本土经典的影视剧中的片段进行演绎,使节目被赋予了一定的本土化特性。

2018年3月23日,湖南广播电视台为《声临其境》颁发"台长嘉奖令":"湖南卫视原创配音竞演节目《声临其境》于3月16日圆满收官,整季11期节目从'声音'和'台词'入手,用声音呈现艺术正能量,让观众深受感动……《声临其境》取得的成功,再一次展现了湖南卫视的原创能力,也体现了主流媒体的水准与担当。"在第一轮"飙计划"中,徐晴工作室提出了28个方案,其中《声临其境》获得冠军。《声临其境》的模式已经被输送模式较多的韩国综艺隆重推荐,并在2018年4月份通过法国戛纳国际电视节走向世界。《声临其境》节目来自徐晴工作室,该节目的基本模式是通过邀请以演员为主的嘉宾为著名影视剧的片段配音的形式进行的。在此之前,无论是综艺节目模式市场上,还是中国本土,都未曾出现以配音元素作为节目主要呈现内容的模式。制片人徐晴在颁奖仪式上说:"我们就是一群呆次人,只会做一件事情,就是这么多年来一直在啃节目,研究怎么能够用更好的、更新的形式来做节目。"① 从《声临其境》的例子中可以看出,对于节目的制作者

---

① 2018年3月23日,笔者参与了《声临其境》的"台长嘉奖令"的颁奖仪式,制片人徐晴提到的"呆次"为长沙俚语,指兢兢业业,不出风头,埋头干事。

而言，模式上的成功是节目取得成功的基础，而湖南广电通过颁发"台长嘉奖令"的形式确认了其对发展原创新模式的重视。节目模式作为节目内容的"骨架"，是决定节目内容优质与否的关键性因素，又因其具有可复制性与传播属性，对本土性节目模式向海外的反向输出具有关键作用。

  近年来中国文化的国际传播已经越来越深入，节目模式的出海即为"文化出海"的一种形式。我们制作的内容，实际上包含着很明显的这种价值导向，但是我们要让境外观众接受我们的价值导向，首先就是要让他们爱看。我去年就在两会上提出，我觉得我们的文化走出去，还是要立足于"卖出去"，"卖出去"不是"送出去"。这个我可能是在咬文嚼字了，但是还是有区别。因为这些（海外）观众只有接受你了，有这种需求了，他才会掏钱，也才会用他的这种付费来表达他强烈的愿望。通过我们的内容，影响别人的价值观。①

在时任湖南广播电视台台长吕焕斌的表述中，无不透露着湖南广电对节目模式向海外输出的重视。向海外输出模式不仅带来的是经济上的收益，更是海外文化传播的重要举措，具备了一定的文化性意义。总体而言，湖南广电在节目模式上的一系列实践，代表了在全国电视业格局中处于第一梯队的省级卫视及平台在节目模式运用和生产上的变迁。同时，湖南广电在节目模式的运用上又具有创新性，在发展的每个阶段都创新性地借鉴或开发更具开创性的节目模式。尤其是近年来其在模式创新和模式"走出去"上的成功经验，不仅扩大了中国电视综艺模式在全球性的电视（视频）行业中的影响力，更重要的是以模式贸易顺差的形式使中国文化得到有效传播。虽然在之前的经验中借鉴了欧美、日韩的节目模式，但辩证地看，这是创作机构在不断成长过程中所经历的学习过程，因此建立中国特色的文化传播，打造"华流"，

---

① 吕焕斌：《中国文化走出去，要立足于"卖出去"而不是"送出去"》，《中国日报》2019年3月13日。

才是未来文化生产前进的方向。

从节目模式的角度讲，作为大型传媒集团的湖南广电，已经处于全球性的模式贸易链条中的重要一环。通过对久经市场检验的经典综艺节目模式的引进，可以为节目在观众中的接受度及广告商提供保障，但对海外模式的过度依赖所带来的模式"逆差"不利于具有本土文化性的节目的生产。因此，从扎根本土的层面上生产具有本土文化性的节目模式，从而实现节目模式出海、制造模式"顺差"是生产者需要不断探索和实践的方向。具有中国文化特色的节目模式的生产及海外化是文化自信和文化出海的重要落脚点。正如习近平总书记对文艺工作者提出的希望中所指明的，文化是一个国家、一个民族的灵魂，文艺工作者要善于从中国本土的文化中寻找灵感，保持对自身文化的高度自信。①湖南广电在节目模式上从依赖海外模式到本土模式的创新，直至实现了中国综艺节目的模式出海，并在市场和受众的层面都获取了广泛的成功，可以视为其在内容生产的角度上对中国文化自信及文化出海的有效实践。

本节以综艺节目模式为中心，首先，指出综艺节目模式在全球性的视野中，作为一门流动的"生意"已经遍及全球电视业市场，并指出其普遍性的特点及弊端；其次，以湖南电视台自 20 世纪 90 年代以来综艺节目模式的变化为线索，梳理了 20 世纪 90 年代以《快乐大本营》为代表的港台模式，21 世纪初以《超级女声》为代表的欧美模式，2013 年以《爸爸去哪儿》为代表的韩国模式，以及近年来以《声临其境》为代表的全原创的中国模式。通过湖南电视台的节目模式，梳理和论证了近 30 年来，综艺节目模式从"抄

---

① 2016 年 12 月 1 日，习近平总书记在中国文联十大、中国作协九大开幕式上发表讲话，讲话中指出："实现中华民族伟大复兴，必须坚定中国特色社会主义道路自信、理论自信、制度自信、文化自信。……广大文艺工作者要善于从中华文化宝库中萃取精华、汲取能量，保持对自身文化理想、文化价值的高度信心，保持对自身文化生命力、创造力的高度信心，使自己的作品成为激励中国人民和中华民族不断前行的精神力量。文化是一个国家、一个民族的灵魂。"参见习近平：《在中国文联十大、中国作协九大开幕式上的讲话》，《人民日报》2016 年 12 月 1 日第 2 版。

袭""借鉴"到全自主研发,以及中国节目模式向海外的传播,实现了节目模式在全球电视业市场上从逆差到顺差的变革。湖南广电进行本土制造的综艺节目模式生产的实践过程,体现的不仅仅是中国本土电视台在节目模式研发上取得的全球电视(视频)行业商业性的进步,更为重要的是文化上的积极影响。其通过节目模式这一途径,实现了具有中国本土特色的节目模式的生产,在一定程度上确立了文化自信,并通过节目模式的出海完成了中国文化的输出,进一步提升了文化影响力。

第三节 内容生产方式与劳动者的身份认同

在上一节中,从节目模式这个维度讨论了湖南广电的内容生产。然而在内容生产的过程当中,不应忽视一个重要的因素,即生产方式,因为生产方式中包含了生产制度和劳动者的劳动。在本节中,将从制作制度变迁入手,即20世纪90年代以来制作制度经历了从制片人制到工作室制的转变,进而分析在劳动组织方式下劳动者的劳动实践及其身份认同。

一、制作制度升级对内容生产的推动作用:从制片人制度到工作室制度

长期以来,电视台等传媒机构是作为"事业单位"的性质存在的。作为国有国营的公共文化部门,电视台的存在完全依赖于现行的政治制度,并拥有相应的行政级别。政府规划拨款一直是各电视台的主要经济来源,到20世纪90年代初,广告收入依然无法完全取代财政拨款资金而成为电视业最重要的经济来源。在此事业单位的体制内,电视工作者长期以来都扮演着以公务员、事业单位工作人员为主体的角色。20世纪90年代初,大部分电视工作者仍将"编制"视为其社会地位的重要指标。

然而,1991年7月19日中共中央、国务院发布《关于冻结机关、事业

单位机构编制的通知》①，其中规定对事业编制进行冻结，这就意味着从20世纪90年代起，曾经作为"铁饭碗"的事业编制已经不再增加。这对于电视业从业者来说，提高了其工作的积极性，也为制度的改革注入了活力。制片人制度正是在这样的背景下形成的。所谓制片人制度，指的是一种内容生产方式，即由制片人承担电视节目制作工作的主要责任。对于电视台或节目制作机构来说，具体节目及栏目的管辖权、人事权、经济支配权、物资调配权被下放给制片人，并通过对制片人的考核来检验其是否完成了预定的收视或经济效益上的目标。对于制片人来说，这种制度赋予了其更大的自主性，也调动了其在整个栏目运作过程中的积极性。由于大多数电视制片人都具有内容生产的经验，具有新闻专业主义精神，制作人制度的实施与推广也相对避免了原有的行政管理体制中对专业性的压制，因此在这个层面上，制片人制度的推广也相应提高了节目制作的水平及专业性。同时，制片人制度也是内容生产市场化的一种体现，通过下放栏目的管理与经营权，也提升了内容生产的市场化水平。"中国的经济体制改革是推动'制片人制'建立的首要社会原因"②。

1993年以前，新闻专业报道采取类似机构办公室的科组制管理。在科组内部，科组长享有行政级别，如科组长相当于科级或副科级干部，一旦被任命为科组长，则终身享受这种行政级别待遇。而新兴的制片人制度中的制片人类似于栏目经理，虽然同样是栏目负责人，却没有行政级别。不过，对他们的补偿是经济和人事的自由支配权。在相当长的时间里，他们可以自行决定手下新闻记者的工资待遇、奖惩和去留，拥有比原来科组长大得多的权力。例如，在1993年，只有《东方时空》一个栏目实行制片人制度，但几年后全

---

① 该通知中指出：从1991年7月19日起，各级党政群机关的机构，编制实行冻结，停止增设机构，提高机构规格，增加人员编制和领导职数，事业单位的机构、编制原则上实行冻结……坚决制止擅自增加机构编制、提高机构规格、增加临时人员等违法违纪行为，切实控制住机构编制的膨胀。对违反本通知规定的，要追究有关领导人的责任。

② 刘习良：《我国电视制片人制的现状及前景展望》，《电视研究》1999年第2期，第26页。

国电视普遍实行制片人制度。①制片工作十分庞杂，事无巨细，有时甚至被戏称为"大剧务""大管家"，制片工作归根结底是一种管理人的艺术。"制片人应该是一个杂家，作为制片人对于电视艺术的各生产工种，对表、导、演、摄录、剪、化、服、道、美工、灯光、音乐、录音都应懂行和了解。"②但在20世纪90年代电视台的具体情况中，当时大多数制片人并未脱离原有的行政性主导的管理体系，虽然在具体的工作中具有一定的灵活性，但却不具备经济与人事上的决定权，而对经营与支配具有决定权的，依然是行政体制下的领导。在当时的情况下，制片人并不具有完全的自主性。

到20世纪90年代末，制片人制度已经成为一种在全国范围内被广泛推行的制度。1997年8月21日至22日在全国首届电视制片人研讨会上，中央电视台研究室提交了专为这次研讨会准备的"全国省市电视台制片人情况"调查报告。该报告显示：根据全国调查情况，1995年是各地电视台推出制片人的高峰期，经过两年多的建设，目前已有近80%的电视台实行或试行制片人制度，77%的栏目实行了制片人制度。全国制片人制度因地制宜、多种多样，具体操作采取的是"允许试验，积极稳妥"的方针。③制片人制度在全国范围内得到大力推广和发展，不仅中央电视台积极推广，省级电视台也积极推广。例如，黎瑞刚在探讨上海电视台采取制片人制度的具体实践时指出，1997年3月上海电视台创办的《新闻观察》栏目，就是上海地区第一个实行制片人制度的电视新闻栏目。该栏目从三个方面探索制片人制度：一是流程操作，以制片人为中心，建立"策划—采编—后期合成"的工作流程，制片人负责全过程质量控制；二是规范管理，制定了一系列规范制度，明确规定了岗位职责范围、奖惩措施；三是效益核算，项目价值与参与成本挂钩，项目质量与个人收入挂钩。制片人会根据选题的特点、制作方法、周期等因素，

---

① 周翼虎：《中国超级传媒工厂的形成——中国新闻传媒业30年》，秀威资讯科技股份有限公司2011年版，第295—296页。

② 靳大力：《制片人 大剧务 小杂家》，《中国电视》1994年第9期，第41—43页。

③ 《中国广播电视年鉴》编辑委员会编：《中国广播电视年鉴1998》，北京广播学院出版社1998年版，第217页。

灵活调整经费投入，避免因"一刀切"而造成的"偷工减料"和盲目浪费。①

作为一种劳动组织方式，制片人制度的推行对改进之前在节目生产过程中审批程序的繁杂具有重要作用。通过赋予制片人更大的决定权，使其具有了更强的独立性，不仅提高了节目的生产效率，也间接提升了节目的制作水平。湖南广播电视台是较早开始实施制片人制度的电视台，早在20世纪80年代末即开始了对制片人制度的探索与尝试，在1994年湖南经济电视台成立之初，即正式确定以制片人制度为基本的制作制度之一。这种先进的劳动组织方式不仅带领湖南经视创造了彼时地面电视台的奇迹，后来推广至湖南卫视也取得了更加明显的效果。一直到今天，制片人制度依然是湖南广播电视台引以为傲的用人制度，推出制片人工作室制度，在全面市场化的语境下，对原有的制片人制度进行适时的创新与改革。笔者在湖南广电调研期间，也正是开始推广制片人工作室制的时期。通过参与式观察与对制片人的访谈，本节将根据档案资料、田野笔记和访谈资料，阐述湖南电视台自20世纪90年代中期以来制片人制度的发展变化，分析制片人制度对节目生产的作用及其背后的联系。

湖南电视台对制片人制度的尝试，早在20世纪80年代末就开始了，是全国范围内最早开始试行制片人制度的电视台之一。1989年2月20日开播的《焦点89》是湖南电视台推出的第一个试行制片人制度的栏目。栏目集新闻性、社会性、思想性、知识性及欣赏性于一体，采用拼盘式结构，每周一期，每期由几个小栏目（"社会透视""时事评析""新闻题外""世界热点""新闻投影""任务""热门话题"）组成，每次约20分钟，每周一播出。因为创办于1989年，所以这一年的《焦点》称为《焦点89》，后来又创办了《焦点90》《焦点91》等。一直到1996年7月，《焦点》停播。1994年，湖南电视台开始正式实行制片人制度。制片人制度的实行意味着打破原有的管理体制，"现行的管理体制是台、部、科（组）。对于这种体制的改革现在有一种趋势，

---

① 黎瑞刚：《从〈新闻观察〉看电视新闻栏目制片人制》，《新闻记者》1998年第9期，第17—20页。

就是往制片人的路子上改,即总监制、监制、制片人、编辑、记者围绕制片人来转,由制片人来选定项目,报领导批准,领导以监制的身份出现,然后由制片人自找助手"①。制片人制度的实行,从内容生产的角度,为节目内容的生产提供了相对较大的空间与自由。

那是一个充满激情的年代。当时张光前在剧组拍电视剧,成了闻名全国的制片人,老魏说要在台里搞试点。当时台里做片子的人最苦,没有钱要求财务,没有车要求车队。试点制片人,就是要让他们真正拥有人权物权财权,要让真正做片子的人也就是今天所说的内容生产者有积极性。1994年3月,我已经是专题部的副主任,但老魏说了,要当制片人,就不要当副主任。当时印象最深刻的是我去说服大家到《时代》来,我给大家做工作,告诉他们除了拿工资,每个片子还可以另外给钱。台里的政策保证过给我们一台固定的设备,不用为报机器设备看脸色了。我从一个驾校借了一台车,每天可以接送你们上下班。这一下,来了一堆人。……当制片人后,有了真正当家的感觉。以前制作费要求爹爹告奶奶地到处化缘,现在给我们每分钟100元制作费,我们的节目20分钟长,每期就有2000元。这钱不多,但我说了算。哪个做片子多,就多拿。真正体现了劳动的价值。在用人权上,我要谁就要谁,以前我要个车子都要看车队脸色,现在我们赞助了一台车,自己到外面找个司机,再也不用为报车发愁。……20世纪90年代初,做电视很辛苦,机器设备往往成为创作大碍。摄影机有限,编辑机有限,车辆有限,做一个片子,往往在这上面消耗很多精力。那时跟配音,跟音乐,跟技术吵架。其实他们也是懂行的人,理念不合,要求不同,你跟他吵,有道理,他们反而看得起你,吵了几次反而成了朋友。选好了题材,我给他们承诺保证拿奖,技术部门自然也支持。以后要设备也顺畅

---

① 魏文彬:《谈谈我们当前的任务》,《潇湘声屏》1994年第6期,第35页。

多了。每每有好题材，我点名要设备时，他们就明白，这片子会好。

这是湖南电视台最早一批制作人之一的刘沙白对20世纪90年代初做试点制片人时的回忆。从中我们可以看出，制片人制度为内容生产提供的空间与自由主要体现在三个方面。第一，带来了经费上的自由，虽然早期的节目制作经费依然是拨款制，但制片人拥有了对经费的支配权，也就意味着制片人可以把更多的资源投入到更优质的节目中，从而促进节目竞争，使得质量更好的节目不断涌现出来。第二，带来了节目生产所需的物资配置上的自由，拍摄设备、用车等都无需通过以往复杂的审批流程，制片人拥有对节目生产所需的物质性资料的掌控权，这极大地提高了节目生产的效率，也激发了劳动者的工作热情。制度上的创新为内容生产者提供了更多生产资料上的自主权，为节目内容的深化开发提供了必要的准备。第三，为节目制作带来了更多的新鲜血液，在人事任命上，制片人也拥有决定性的权力，这在当时以事业单位体制为主的电视台中属于从未有过的新举动。

> 1996年的改革从包装改起，老魏多次说过，要改掉屏幕上的土气、小气、俗气。那天所有的部门主任、制片人开会。……也就那一刹那，我的害怕没有了，顾虑没有了，只觉得作为弄潮儿，我有责任这样做。我带头举起了手，后来又有11个人举手。过了几天，主持人全部下岗，因为我们要到广院（北京广播学院，中国传媒大学前身）找新面孔来。果然，后面台里迅速出现了一批崭新的面孔，代替了老一批播音员。李湘就是这样来到湖南电视台的。①

值得注意的是，对于20世纪90年代末的湖南电视台来说，随着制片人制度的深入，劳动组织关系的改变带来了节目内容生产上的可能性。湖南电视台娱乐道路的确认，在一定程度上和制片人制度所带来的创新风气有关。

---

① 刘沙白对制片人改革的口述，内容载于湖南广电内部资料《经典栏目及制片人纪念文集》中。

制片人制度为其后的娱乐化转向，打下了重要的基础。20世纪90年代初，电视节目形态比较单一，除新闻外，文艺节目基本以编辑性栏目为主，中央电视台历届春晚和其他晚会的综艺节目成了各地方电视台包括湖南电视台不断翻炒的主料，没有个性，也不具备电视台富有个性的节目属性，只有千篇一律的雷同感。湖南电视台决定同时开设五档制片人栏目，在晚间黄金时段构成频道的自创节目特色。制片人采取公开竞聘的方式产生。

> 当时湖南电视台除了几档编辑性文艺节目，只有新闻类节目，我们潜意识觉得娱乐是人的天性，觉得可以搞一下自制的文艺节目，于是就做了。想做了，就做了，其实当时真的没有想太多。那时没有规则可言，完全是觉得什么东西观众可能会喜欢，我们就做。这就是当年湖南电视台的状态，湖南电视台的今天完全是一步步探索出来的。①

可见，制片人制度为综艺节目的生产提供了创作的空间，其后蔚为大观的湖南综艺节目，就是在制片人制度的基础上逐步发展起来的。

制片人制度推动湖南综艺节目的发展，还体现在当时的制片人制度为后续综艺节目培养了一大批优秀的制片人才。这些优秀的制片人才大都是做新闻出身，对节目的质量有追求，同时也怀着新闻人"铁肩担道义"的情怀。一大批优秀的做新闻出身的制作人有着新闻专业主义的理想，扎实的业务水平，加之制片人制度所赋予的一定的自主权，推动了节目的创新，也为后期湖南电视台那些经典的成功案例积蓄了力量。因作为《爸爸去哪儿》的制片人而广为观众熟知的谢涤葵，曾经是湖南卫视《晚间新闻》的制片人。2002年，谢涤葵担任《晚间新闻》的制片人，他在回忆担任制片人的经历时说道：

> 作为制片人，我感到更多的是我参与规则和制度的制定。《晚间

---

① 来自笔者对制片人的访谈记录，在20世纪90年代她曾担任早期综艺节目的制片人，访谈编号为F3，访谈时间为2018年2月20日。

《新闻》的工资发放实行打分制，比较另类，因为很细，把差距拉得比较大。当时高的七八千，少的一两千。每篇稿子60—100分，再乘以长度系数，出差可以加分，每周公布，对应的报酬就出来了，很透明，管理也很复杂很烦琐，但是比较公平。一些老记者被分数束缚，为完成任务而奔命，完不成就走了。栏目又没有养老提升机制，这个地方对老记者不利，客观上形成新陈代谢机制的提升，新的不断进来，因为连轴转，特别辛苦，更新比较多。"晚间"早期，我们没有收视率压力，或者说收视率压力不大，不像现在。当时台里各个栏目千姿百态，百家争鸣，都很有活力，也都很有个性，从做节目的角度来说很幸福，因为那时没有对频道明确定位。后来明确定位为"快乐"，频道影响力很大，整体实力强，但是栏目没有个性，虽然收视率很高，却很快被淹没了。做节目的核心还是要节目好，只有节目好，才能立于优势地位，现在对于内容主创团队，三网融合需要大量的内容。做节目现在是环境最好的时候，台里的奖励政策很诱人，大家看重收视率，做节目还是很有吸引力的，以前为荣誉，现在有实实在在的收益，从上至下都有这种理念。我不是做经营的料，是做节目的，我的理想是做节目，然后有人收购。我想做的节目是做真实性娱乐节目，有人的真实需求和生活，比如《我们约会吧》这样的。

正如谢涤葵所希望的，2013年由他担任总制片人和总导演的综艺节目《爸爸去哪儿》第一季在湖南卫视播出。作为"现象级"的综艺节目，《爸爸去哪儿》不仅在娱乐效果上大获成功，也体现出新闻制片出身的总制片人带来的对一些社会现象及社会问题的讨论。湖南卫视的另外一档"现象级"综艺节目《变形记》的制片人梁瑞平在20世纪90年代曾担任《乡村发现》的制片人，据他回忆：

> 我到现在还记得《乡村发现》是1995年5月4日播出的第一期，它的寿命在湖南电视台算比较长的。当时我明确提出不能做得

土里土气的，一定要做成一个城里人也感兴趣的栏目，要让城里人产生对乡村的向往、怀念和关心；要让城里人通过这个栏目喜欢乡村、关注乡村，情感上跟乡村要连起来。这档栏目最后能够成功，跟定位一开始就很明确有关系。……乡村节目大有可为，中国人的根、现代化的根都在乡村，城市的脐带在乡村。中国的乡村节目的空间是很大的。我后来设计《变形记》的时候就借用了乡村的大元素，我当时就跟创作班子讲，三种力量要充分利用好：真实的力量、纯粹的力量、善良的力量。这些力量现在还保存在一些偏远的乡村，一定要把它们利用好，要把被信息、诱惑和浮躁包围的城市儿童，置换到这个干净的场地去。《变形记》的创意实际上来源于我这里，之前他们做的还是父子角色互换，在我这里就来了个彻底颠覆。按我的思路做的第一期节目的主题是"网变"，把被现代文化、信息、各种诱惑包围的城市网瘾少年，置于另外一个能够完全隔离的、没有现代污染的、很纯净的乡村。《变形记》的这种思路是带有《乡村发现》的影子的，在《乡村发现》中也能找到这些元素。

无论是从《晚间新闻》到《爸爸去哪儿》，还是从《乡村发现》到《变形记》，湖南广电自20世纪90年代开始实行的制片人制度为之后综艺节目所取得的成绩及娱乐化路径的运行，都起到了极为重要的基础性作用。制片人制度不仅为节目内容生产提供了更为开放的物质性基础，也培养了一大批优秀的制片人才。但是，20世纪90年代的制片人制度也存在一些实施初期的不完善现象。比如，当时制片人对节目没有经营权，节目的收益与制片人及工作人员是无关的，虽然在创作和支配权上被赋予了一定的自主空间，但相对于后续的发展，还呈现出一定的局限性。笔者采访的某位制片人在回忆20世纪90年代的制片人中心制时，也提到了制片人的权力还有继续扩大的空间。

其实制片人中心制除却日常财权人权外，还应该有经营权，但是那时我们没有经营权，所以只能说完成了产业链上的某个部分。我们的制片人是内容制作概念而不是经营的角色，将来，其实可以做些改革试点，考虑给个人股份。假如一个项目投入 1000 万元，制作人能出色地让它增值，就应该给出色的制作人股份。①

他的希冀随着湖南广电制片人制度的不断实践，被广泛接纳与采用。制片人制度越来越成为节目生产中的重要控制中心，源源不断地提供着新的资源、动力与人才。近年来，制片人制度进一步升级，不再以某档节目为中心进行资源配置与整合，而是以制片人为中心，成立了若干以制片人名字命名的工作室。这种制片人工作室制度，是对原有制片人制度的升级和发展。制片人工作室制度并非凭空产生，而是延续了 20 世纪 90 年代以来制片人制度的基础。

> 有一个制片人叫张光前，他是全国首届评出的"十佳制片人"之一。他从搞《乌龙山剿匪记》开始，摸索出了许多经验。去年他提出搞一个准制片人的机制，我一听马上表示赞成，并给了他宽松的政策，人随他挑。他取了一个以自己的名字命名的"光前影视制作社"。台里保证基本工资，剧本由他自己去物色，我们负责终审，资金他自己去筹措，台里负责担保，赚了钱，50% 归制作社，亏了他赔 50%，台里赔 50%。政策定下来后，他就搞了一个本子，叫作《蝴蝶兰》，只用了六个月的时间，一部 20 集的电视剧就生产出来了。没有向湖南电视台要一分钱，也没有动用湖南电视台一套设备，他筹资 200 多万元……如果不是这个机制，这个片子的投资绝不止 300 万元……肯定不会赚钱。②

虽然这则材料中谈及的是电视剧制片人制度，但以制片人名字命名，自己筹措资金，实现经济上的相对独立，在当时已经具备了相当的先进性，即

---

① 梁瑞平对制片人改革的口述，内容载于湖南广电内部出版的《经典栏目及制片人纪念文集》中。

② 1996 年 5 月 24 日至 28 日，湖南省广播电视厅在长沙召开全省广播电视节目创优研讨会，时任湖南省广播电视厅厅长的魏文彬的讲话。

便是放在二十几年后的今天，依然有借鉴意义。

以上以20世纪80年代以来湖南广电在制片人制度上的积极探索为分析对象，通过梳理制片人的口述与访谈资料，结合彼时电视台的制作制度，可以看出制片人制度对湖南广电综艺节目的发展起到了巨大的推动作用。具体体现在如下几点：第一，制片人制度赋予制片人在经费、设备以及人力等方面更大的自主权，这促使制片人可以把资源更多地运用到节目内容上，在内容创作上拥有更多的空间；第二，制片人由竞聘制产生，加之制片人制度的灵活性和自主性，推动了具有更大创作空间与市场价值的娱乐性综艺节目的兴起；第三，由于制片人大都是做新闻节目出身，更加注重节目内容的思想深度和对社会问题的关注，当其转做综艺节目的时候，也更具思想性及对社会问题的映射，这也是其后湖南广电成功推出"现象级"综艺节目的原因之一。也就是说，湖南广电在综艺节目内容上所具备的创新性、思想性等优势，是由这批早期从事新闻节目及专题节目的优秀制片人带来的。从这一点上来看，制片人制度对综艺节目内容的生产具有积极作用。正如在20世纪90年代张光前作为制片人所进行的"光前影视制作社"的早期探索一样，他的探索和设想在当下已经成为湖南广电制片人制度发展的新体现，即制片人"制片人工作室制度"。

从2018年开始，面对互联网新媒体平台在内容上给传统电视台带来的具有全面性的危机，传统电视台在内容生产的制作方式上不断寻找新的出路，承接湖南广电在20世纪90年代所提出的以制片人为核心的工作室制的早期设想，湖南卫视开始了以制作人名字命名的中心制工作室制度[1]。湖南卫视先后推出了12个以知名制片人为核心的工作室，并成为湖南卫视内容生产的巨大推动性力量[2]，在导演数量、成片节目量以及内容方案的设计上，都贡献了

---

[1] 湖南卫视自2018年起，先后成立了由刘伟、徐晴、王琴、王恬、沈欣、陈歆宇、刘建立、安德胜、洪啸、孔晓一、秦明、卞合江等12位知名制片人领衔的工作室。

[2] 根据湖南卫视在2019年的统计，这些工作室主创完成了频道近80%的自办节目量，创造了超过90%的频道营收，进入样片制作和上档播出的方案占所有创新方案的70%。

巨大的能量。

笔者在湖南广播电视台进行田野调查期间，恰逢推出制片人工作室制度的关键阶段，"制片人工作室"成为讨论的焦点和学习的标杆。笔者在担任内参编辑时，经常收到讨论工作室制度的文章，但对核心制片人的约稿却难上加难，因为他们都是名副其实的"大忙人"。工作室制度在经费、人事、推广上被赋予的强大自主性是其不断进行创新的动力；与此同时，工作室也面临着巨大的压力。为更好地监督工作室制下的节目质量，湖南卫视在2018年推出《湖南卫视工作室试行细则》，实行打分制，如果工作室的制作量达不到每年累计100分的标准，将被降级为团队。从这份工作室工作的打分细则上可以看到，工作室除了在常规节目上持续输出优质内容，如果没有在播的常规节目，则必须在季播节目、晚会的制作上不断完善，同时也要开发新的节目创意，制作出有播出水准的样片。这迫使工作室必须毫无保留地进行节目创意与研发，同时也要兼顾制作和流通中的每个环节。

无论是20世纪90年代的制片人制度，还是当下以制片人为中心的工作室制度，制度的核心都是制片人。葛兰西认为，文化领导权的获取，主要依靠有机知识分子的力量。在葛兰西看来，知识分子的重要作用在于对现实生活的参与程度，要以组织者、建设者和劝说者的身份不断参与到具体生活实践的过程中。在其看来，传统知识分子与有机知识分子的区别在于其所处的阶级及参与的生产方式的新旧之分。传统知识分子处于旧的生产方式与社会阶层，而有机知识分子则来自新生阶级，代表着较为先进的生产方式，对未来社会的发展具有希望性的开拓作用。这里的"有机"主要指的是国家治理与知识分子的同质性，以及知识分子与广大人民群众的关联性。① 从这个意义上讲，制片人也属于有机知识分子，一方面，他们通过竞聘上岗，具有较强的业务能力，同时具备相当的节目内容生产及管理的经验；另一方面，他们不断地根据具体的社会语境和观众的需求，进行节目内容的选题与制作。例

---

① ［意］安东尼奥·葛兰西：《狱中札记》，曹雷雨、姜丽、张跣译，河南大学出版社2016年版，第7—12页。

如前文中所提及的制片人对城乡问题的思考，他们始终保持着对社会的观察与思考，并通过综艺节目的生产这种形式，对社会中存在的问题进行回应，只有保持与人民群众的关联性，才能生产出更多符合观众心理及文化需求的节目内容。

从制片人制度到工作室制度，体现了 20 世纪 90 年代以来湖南广电在内容生产制度上的不断实践，在生产制度上的不断探索为节目内容提供了保障和基础。从上文的案例中，我们可以清楚地看到，无论是制片人制度还是工作室制度，都为综艺节目的生产提供了不断优化的动力。上文对制片人制度的讨论基于两个时期：第一个时期是 20 世纪 90 年代初期湖南广电对制片人制度的初步探索，这个时期的制片人虽具有一定的自主权与灵活性，但是依然具有一定制度上的局限性，这推动了湖南广电在综艺节目内容生产上的不断优化；第二个时期定位于湖南广电第四轮改革的阶段，该时期的制片人制度已经升级为工作室制度，制片人带领的工作室形成一个个独立的"小公司"式的团队，制片人在经济、人力、资源上具有很大程度的独立性，并进一步激发了不同工作室之间的竞争机制，为节目内容的生产提供了源源不断的动力。由此可见，湖南广电从对制片人制度的早期探索，直到今天工作室制度的运转，对节目内容的生产尤其是综艺节目的生产，具有积极的推动作用。生产制度最直接的作用对象，是作为劳动力的生产者。在下文中，笔者将把视角对准整个生产流程中的劳动者，分析其身份认同的变化，及其体现出的生产方式的转变。

二、"电视湘军"的身份认同及流动：从知识精英到电视民工

凭借在内容生产上所具备的创新性优势，以及严密的劳动组织形式和"霸得蛮"①的工作态度，"电视湘军"作为对湖南广电内部劳动者的总称，自 20 世纪 90 年代凭借《快乐大本营》《玫瑰之约》等综艺节目获取了全国性的

---

① "霸得蛮"为湖南方言，也是"电视湘军"常常自诩的工作态度，即"肯吃苦、不放弃"的态度。

市场与关注度以来，已经成为一个具有地方性文化生产特色和声誉资本的内容生产群体。笔者通过对在湖南广电工作的劳动者的访谈，以及在参与式观察中获取的切身体会发现，湖南广电的工作者对"电视湘军"的身份具有强烈的认同感，这种身份上的认同感并不因职位的高低或工作内容的不同而具有明显的差异。但是值得注意的是，随着电视媒介环境的变化，"电视湘军"具体的身份认同发生着由知识精英向"电视民工"的转变，同时随着传统电视台在内容生产环境上与崛起的新媒体平台所提供的生产环境的差距，越来越多具有较多文化资本的制作人开始离开湖南广电区域性的生产环境，"出走"新媒体。接下来将从工作者在具体的身份认同上发生的转变以及形成的跨区域性流动，论证作为内容生产"发动机"的劳动者的身份认同与流动对节目的生产所产生的作用，及其对媒介环境改变所引起的劳动组织方式变化的反映。

> 我当初进湖南电视台，是20世纪90年代初本科毕业分配进来的，湖南师大中文系，在那个年代本科学历还是很高的，当然还有更高的，比如华台（指张华立），他是复旦大学中文系毕业的。那时候我们干电视、干新闻，是很有理想主义的！做策划、采访、写稿子，都一肩挑。（F16）①

从访谈材料中可以看出，在20世纪80年代末到20世纪90年代初，电视行业的从业者因拥有稳定的国家编制并接受过高等教育，其身份认同是做新闻工作的知识分子，是国家干部。湖南省广播电视厅档案中一份统计1989年广播电视系统职工教育状况的表格中显示，1988年，在湖南省广播电视厅的从业者中获得大专以上学历的占总数的38%，中专以上学历（不含大专）的占15%，比1981年分别增长了13%和6%。这意味着当时的电视工作者更具精英知识分子的意识，并颇具"铁肩担道义"的新闻专业主义情怀。随着

---

① 对目前担任湖南广播电视台某部门负责人的访谈，访谈编号为F16，访谈时间为2018年6月10日。

邓小平南方谈话在全国上下掀起新一轮经济建设的热潮，电视业本已松动的一体化的"事业"属性进一步受到市场经济的冲击。邓小平反对对市场经济进行姓"资"还是姓"社"的简单划分，为中国文化领域的各项"事业"全面转向"产业"进行了观念上的"松绑"，"计划和市场都是经济手段。社会主义的本质，是解放生产力，发展生产力，消灭剥削，消除两极分化，最终达到共同富裕"[1]。在中国社会进行市场化与产业化的社会经济语境下，电视业也相继出现了较为巨大的结构性转化，即从一种功能较为单一的文化产业向规模庞大、功能多样的综合信息和文化服务产业的转化。这种转化对电视台来说，一方面意味着经营性的广告急剧增多，也势必需要更多的劳动者；另一方面对于劳动者的雇佣形式与工作的稳定性来说，则发生了由"稳定"向"流动"的转化。在这样的情况下，聘用制度被越来越多的电视台与栏目采用。在上文中着重讨论的制片人制度下，劳动者的身份已经发生了转换：不再是拥有固定编制的知识精英，而是受雇于市场经济体制下的"员工"。笔者在湖南广电进行参与式观察期间，经常听到中年同事的自我称呼："我是广电的员工。"这种身份认同的背后是一种对企业制度劳动者的认同，既不是事业单位体制下的"国家干部"，也不是后文将提到的"电视民工"。迈克尔·哈特和安东尼奥·奈格里在《帝国》中提出了非物质劳动的概念，他们将非物质劳动定义为："生产非物质成果的劳动，比如服务、文化产品、知识或者通讯。"[2]

近年来传媒业的劳动关系发生了巨大转变，劳动者的组织形式从稳定的事业编制、企业编制逐渐向不稳定的聘用制转变，劳动者的身份认同也从知识精英逐渐向数字劳工转变。根据笔者在调研期间获取的田野笔记内容，湖南广电内部员工的受聘方式主要分为以下三种："台聘"（跟湖南广播电视台签订劳动协议）、"企聘"（跟湖南广电下属企业签订劳动协议）、"劳务派遣"（跟劳务公司签订劳动协议）。当然，也有"栏目聘"等形式。这就意味着，一旦栏目制作播出完成，这些受聘的劳动者就面临失业，只能重复地进入传

---

[1] 邓小平：《邓小平文选》（第三卷），人民出版社1993年版，第373页。

[2] Hardt, M. and A. Negri. *Empire.* Cambridge: Harvard University Press. 2000, p.209.

媒场域中的劳务市场再次被选择，同时这种不稳定的工作状态是具有持续性的。一般来说，只有在2000年集团化改革前已经入职湖南广播电视台及湖南省广播电视局的员工，享有国家统一规划的事业编制外，2000年后入职的员工基本上签订的是企业聘用合同，享有企业编制，而近年来入职的员工，绝大部分签订的都是"劳务派遣"的合同。这种劳动关系的转变，一方面是电视台作为事业单位的改革以及国有企业改革的背景下带来的生产组织方式的变革，另一方面也体现出市场化以来，越来越以市场为导向的整体性带来的劳动关系的越加不稳定。其中，值得注意的是，签订"劳务派遣"合同的不稳定的工作者，依旧享有一定的福利待遇，除工资、绩效外，也享有医疗保险、住房公积金等。在传媒行业的劳动力市场中，存在着这样一条具有普遍性的劳动链，即从实习生做起，若得到留用的机会则大概率签订劳务派遣合同，在工作取得一定成果后，有比较低的概率和台里签订"台聘"合同。但如果能按照这样一套聘用流程顺利地走下来，势必要经受"千军万马过独木桥"的淘汰与努力的过程。

值得注意的是，作为湖南广电的实习生，无论就职部门属于湖南广播电视台、湖南卫视、芒果TV，还是旗下任意一家二级单位，都是没有薪水和报酬的；同时，还需要向人力资源部门缴纳每月500元的管理费用以及入职时需要缴纳的保险费。当然，这种无酬劳式的实习类岗位也是当下全国乃至全球媒体与娱乐业常见的用工方式。对于大型媒体来说，其品牌已经拥有足够的号召力，拥有知名媒体的实习经验，为实习生今后的求职提供了有力的证明。大量的实习生所提供的非物质性劳动，为大型媒体的节目生产和整体运转提供了重要的支持。

笔者在田野调查阶段认识的第一位实习生，在英国一所以文科见长的名校读硕士研究生，毕业前夕已经在湖南广播电视台某部门实习了三个月，在飞回英国参加完毕业典礼后，又匆匆飞回长沙，继续他在该部门的实习。作为一名名校毕业生，他在湖南广电的身份却依旧是一名实习生。

"目前我已经在这里实习半年了，忙的时候经常半夜还收到工作上的通知，通宵加班也是有过的。其实我也拿了别的单位的offer，但还是想在这里先实习着，希望能有留用的机会。现在不都是这样吗，要想进电视台或者互联网视频大厂，就一定得有实习的经验。"他是幸运的，在其实习的第八个月，终于转正了，签订了劳务派遣的合同。"仿佛一切都有了希望，后面打算在长沙安家了，买房子……"（M14）①

这位实习生仅仅是湖南广电每年数量庞大的实习生中的一员。在笔者的观察中，经常会在节目录制现场、广电大厦、各职能部门中看到实习生的身影，有的是为了"刷简历"，即在今后求职过程中因有一段湖南广电的实习经历而能寻得一份好工作，有的是就读学校的实习安排，有的是为了留在湖南广电宁可长时间从事实习生工作。相比于去其他的互联网企业实习更为艰辛的是，无薪酬的状态以及每个月还要向台里缴纳500元的管理费，这对本身生活已经极不稳定的实习生来说，也是不小的经济压力。

如果部门好一点，会给餐厅券，或者带教的老师请我们吃食堂。但也有和我一起来的实习同学，午餐晚餐也都要自己解决……我们离得近的部门的实习生一起在附近的恒大雅苑租房子，每月花销基本在四五千。……毕业之后，想找工作和考研一起准备，但有一段"芒果台"的实习经历，终归对以后有帮助。（F13）②

笔者同样以实习生的身份在湖南广电进行了为期八个月的工作。作为在湖南广电拥有庞大数量的"实习生"群体中的一分子，通过参与式观察，对作为劳动者的实习生的工作与生活状态进行了如下总结。第一，实习生的工作具有不确定性与不稳定性。湖南广电的实习生一般是求职者根据网络发布的招聘信息通过在线申请的方式获取实习机会，而所应聘的部门一般都为综

---

① 内容来自访谈记录，访谈编号为M14，访谈时间为2018年5月20日。
② 内容来自对湖南卫视某档综艺节目一位实习生的访谈，其从事现场助理的工作，是附近省份大三的学生，进行暑期实习。访谈编号为F13，访谈时间为2018年5月13日。

艺节目栏目组或支撑性部门。例如湖南广电向实习生开放最多的岗位是具体栏目组的助理导演、后期以及人力资源部的助理等岗位，这些岗位会随着综艺节目的录制结束而不再需要实习生，因此实习生的岗位具有极大的流动性与不确定性。第二，实习生面临着较大的经济压力。与一般互联网企业的实习生制度不同，在媒体行业实习的薪资现状极不乐观。在湖南广电，实习生是无酬的，并需要定时缴纳管理费，同时还需要自己负担衣食住行等生活费用，这对于身为学生的实习生来说也是一种经济上的负担。第三，在身份认同的层面上，实习生又为身为"芒果台"的实习生而感到自豪。这种身份认同感一方面来自自己能够进入中国顶级的媒体集团以及能参与到娱乐节目的生产实践中，另一方面是因为这段工作经历可以成为其日后求职的有力证明。其中，实习生的日常生活与工作实践存在一对矛盾：一方面，实习生的工作是不稳定的、劳累的，在身份上没有归属感与认同感；另一方面，进入符号化的"芒果台"的工作经验又在其身份认同中构建起作为湖南广电工作人员的自豪感，在其参与的节目播出的时候会激发出其内心的认同与喜悦。然而，绝大部分实习生是没有办法顺利转正的，即便是如上文中提到的M14一样获取了工作机会，签订的也是极不稳定的外包制劳动合同。

现代企业制度催生出一系列的劳动雇佣形式，在互联网企业文化的冲击下，实习已经成为一门必修课和一块敲门砖。然而，在光鲜和艰辛的背后，是不稳定的工作制度和更加复杂的身份认同。"我们就是电视民工啊，长沙四五点钟的太阳我见过太多次了……"（M14）[①] 西方对数字劳工的研究已经较为丰富，作为对资本主义生产方式的批判性研究，关注企业对劳工的剥削，以及在以技术为主导的新型企业中，工作是如何被控制的。豪斯指出，对创造性工作的控制首先来自对个体关系和责任的控制，在娱乐相关产业当中，这种对劳动者个体关系与相关责任的控制，来自目前大多数文化创意型的公司提供给年轻的劳动者数量庞大的实习机会，而这些实习机会却是无薪酬的。

---

① 来自笔者对实习生的访谈内容，访谈编号为M14，访谈时间为2018年5月20日。

劳动者与公司或相关产业一旦出现联系上的断裂，则很难获取更多的工作机会及相关资源。在这样的联系中，年轻的劳动者往往处于被动的从属地位，因而在娱乐产业中，这种"无薪酬实习"的劳动关系具有高度的剥削性①。布尔迪厄把就业的不确定看作一种"新的统治模式，其基础在于一种普遍持久的不安全状态，旨在迫使劳动者接受剥削"。②那么在中国媒体的语境下，我们如何看待数字劳工的问题？一方面，不得不承认，中国的媒体行业尤其是文化娱乐业，已经深深地卷入新自由主义式的生产方式中，这种生产方式催生出对劳动力的雇佣方式，无薪的实习生就是雇佣链条中最底层的一环，极其不稳定的工作岗位和工作时间，付出大量机械性的劳动，用来换取传媒"大厂"的文化资源，从而在就业过程中转换成经济资本；另一方面，不能简单地把这种雇佣方式看成剥削，而应该看成社会主义市场经济的一种特殊形式。实习生通过在湖南广电这种具有影响力的电视台获取经验，为进一步进入文化生产行业打下基础，并拥有来自学校和电视台的保障，进而完成一定的身份认同的转化。罗伯特·达恩顿在《启蒙运动的生意》中指出，印刷出版不只是一种文化，更是具有物质性力量的文化生产，其对物质性力量意涵的解释在于作为文化产品载体的印刷出版汇聚了思想启蒙运动中人的各种实践。在此意义上，雷启立指出，只有人民大众的劳动才是创造历史的真正动力，劳动的意义、劳动者的尊严和价值因此具有了主体性，劳动主体的唯物主义立场在此语境中得到了确认。③

劳动者的身份认同从知识精英向电视民工的转变是制度改革的影响造成的，电视台由事业单位向企业及公司制度的改革使得劳动者的身份从拥有国家编制岗位转变为受雇于公司企业的员工。同时，如上文中所提及的制作制度的灵活化使得更多制片人拥有人事任用上更大的自主权，从而使得更多的

---

① 姚建华主编：《媒介产业的数字劳工》，商务印书馆2017年版，第19页。

② Bourdieu, P. *Acts of Resistance: Against the Tyranny of the Market*. New York: The New Press. 1998, p.85.

③ 雷启立：《传播革命："历史中的一股力量"》，《编辑学刊》2008年第5期，第18—19页。

劳动力可以加入内容生产的环节中，推动了内容生产的发展，为观众呈现出大量丰富的节目，这背后是无数工作者劳动的体现。从生产者的角度看，无论其身份认同是知识分子、国家干部还是电视民工，其都作为生产者，用活生生的经验参与进节目生产、管理及媒体运行的过程中，其劳动经验是内容生产的基础。

随着网络视频平台的崛起，媒介融合对传统电视内容生产环境造成了压力。这种压力主要体现在两个方面：第一，当拥有更多商业性资本的视频平台向具有较多文化资本的知名制作人抛出橄榄枝时，也就意味着赋予后者在可控制资金及人力支配权上更大的自主权，同时商业性平台相对更宽松的规制制度和工作环境也为其在内容生产上提供了更广阔的空间；第二，越发成熟的制播分离机制以及交通和通信手段的便利，使得"跨地域化"的内容生产具有现实的可行性。这就出现了近年来备受业界关注的知名电视生产者向媒介融合平台纷纷"出走"的现象。

在"电视湘军"中也出现了曾经知名的电视制片人或导演流向了新媒体平台或成为独立制作人的情况。例如，曾经湖南经视知名的制片人龙丹妮现为哇唧唧哇娱乐（天津）有限公司创始人，曾经《爸爸去哪儿》《变形计》的总导演谢涤葵现任湖南暂悦传媒CEO，曾经《我是歌手》的制片人都艳流向腾讯视频担任《创造101》的总制片人，曾经《天天向上》《越策越开心》的制片人张一蓓如今是上海得壹文化传播有限公司的董事长……当我们把视角放在这些知名的"电视湘军"在"出走"之后所生产出的综艺节目时，可以发现，自2017年以来，在主流综艺市场上获得较高市场关注度的优质网络综艺，例如《吐槽大会》《火星情报局》《创造101》《五十公里桃花坞》《火星研究院》《生活相对论》《明日之子》《偶像练习生》等"现象级"网络综艺的背后制作团队，都主要来自"电视湘军"。

离开湖南广电传统媒体的"电视湘军"在新媒体平台中生产出的优质节目，说明了在传统电视台进行内容生产的多年经历使得生产者具备内容生产的创新性及独特性，"湖南广电出品"的地域性生产特色与劳动组织方式赋予了其在内容生产上源源不断的生产力与活力。但同时值得注意的是，并非所有离开湖南广电"单飞"的制片人或导演都能获取与其原工作单位同等的来自市场及观众的关注度。

> 当年和我一起做节目的蛮多的制片人现在都已经离开湖南广电了,像是丹妮现在做得就好……但也有一些并没有激起水花的。其实湖南广电这个平台很重要,它给了你不断试错的机会,也有后面整个团队在支持,这些因素市场上没办法提供。(F25)[①]

从这段访谈材料中可以看出,对于内容生产者而言,其自身所具备的业务水平、在业内所积累的声誉资本,都会对其进入新媒体视频平台中进行综艺内容的生产产生推动作用。但不可忽视的是,湖南广电作为一个庞大的有着严密的劳动组织形式的国营大型媒体,给予了在其中工作的内容生产者以强大的制度保障,这也是"电视湘军"作为一种地方性的内容生产群体在新媒体不断去地域化的过程中,得以继续在内容生产上创造新的优质内容的内在动力。

本节主要围绕劳动组织形式——制片人制的发展,分析了制片人制度作为一种制度上的创新自20世纪90年代以来在全国电视业的范围内,为节目内容生产者以及内容本身开辟出自主性与生长的空间。同时以湖南电视台为例,论证了其在全国范围内率先引进制片人制度所带来的更为灵活的劳动组织形式,进而指出在内容生产上由制片人制度所带来的创新性。笔者以田野调查的资料为分析对象,讨论了制片人制度在当下的升级版本"制片人工作室制度",从生产的组织方式的角度分析了制片人制度所带来的结构性转变。同时指出,媒介融合所带来的新的媒介环境对传统的内容生产者产生了新的影响,即出现了"电视湘军"的"出走"现象。通过对该现象的分析,指出湖南广电作为大型的主流媒体,一方面培养了大量优秀的内容生产者,并形成了"电视湘军"这一具有地方性特色的内容生产群体与劳动组织方式的体系;另一方面为劳动者提供了制度上的保障,以内容的生产和创新为中心为

---

① 来自对一位前制片人的访谈,访谈编号为F25,访谈时间为2019年1月15日。

生产者提供了创作上的保证与支持,这也是湖南广电在生产制度上所体现出的优越性。

小 结

上一章探讨了政策规制对内容生产的促进作用,在湖南广电文化生产场域中,内容生产同样是其重要的组成部分。本章从生产的角度,具体从技术、内容模式和生产组织形式三个层面,分析了技术进步带来了哪些行业变迁,以及技术是如何驱动行业格局进步的;从节目模式的角度,考察了全球性的模式流动为湖南广电注入的能量,以及模式创新带来的中国式变革和文化创新;从生产方式的角度,探究内容生产过程中生产方式的变化,其中以制片人制度为代表的先进的节目生产方式,带动了湖南广电在节目内容生产上的进步,以及生产方式中劳动者身份认同的变迁所体现的,在不同的媒介发展时期,劳动着与内容生产之间的互动关系。技术变迁、节目模式流动以及生产制度的变化,共同构成了制约和推动内容生产的三个层面,从三者在不同的发展时期的变化可以看出内容生产之于整个文化生产机制的关键性地位。

同时,通过对构成内容生产的三个层面在不同历史文化语境中的变化,可以看出在全球性的媒介视野下逐渐形成的具有中国特殊性的内容生产的基本规律:从有线电视到互联网视频平台的发展代表了媒介技术的升级,技术上的发展推动了湖南广电从并不闻名的地方性电视台转变成一个在全球具有影响力的影视集团。在节目模式全球流动的视野中,湖南广电通过在综艺节目模式上对海外模式的模仿与引进开始打开中国市场,进而生发出一套具有中国文化特色的本土性的节目模式生产及向海外传播的方式。生产制度上由制片人制度向工作室制度的转变及其背后所反映出的劳动者对身份认同的变化,体现了生产制度在全球媒介生产链条中位置的变化,进而逐渐形成了具有本土性基因的生产制度。

在文化生产场域中，我们还需要考虑到经济资本。在接下来的一章中，笔者将从资本与产业发展的角度，对湖南广电如何通过空间的生产、产业的升级及消费文化的融合等一系列实践，制造出一套娱乐文化产业，在文化生产机制中起着支撑作用进行讨论。

第四章 资本与消费——娱乐文化的物质性与生产性

  媒体融合并不只是技术方面的变迁这么简单，它改变了现有的技术、产业、市场、内容风格以及受众之间的关系。媒介融合改变了媒体业运营以及媒体消费者对待新闻和娱乐的逻辑。融合所指的是一个过程，而不是终点。融合既涉及媒体的生产方式的变化，又涉及媒体的消费方式的变化。①

  在之前的章节中，通过对构成娱乐文化生产场域中的政策规制和内容生产两种因素的分析，指出政策规制和内容生产之间相互作用与影响的关系：政策对内容生产具有直接的规制作用，与此同时，内容生产实践则反作用于政策的制定，这两种因素共同构建起文化生产场域中的重要组成部分。在文化生产场域中，还有一个不可忽视的组成部分，即经济资本的部分。在布尔迪厄看来，社会的支配性权力和经济逻辑制约并影响着每一个自律的场域。在《艺术的法则——文学场的生成与结构》②中，他考察了作家们出入的咖啡厅、酒吧、沙龙等空间性的场所，也考察了与之相关的出版机构、赞助商、出版人等对构建19世纪晚期法国文化场的作用。在本章中，笔者将以湖南广电生产空间的演变为切入点，对存在于生产空间的产业进行分析，通过对湖南广电在产业与资本上的不断发展和升级及其对消费文化产生的影响，指出在娱乐文化生产机制中，资本与产业的融合促使消费文化在新的媒介环境中产生新的变化，这种融合支撑了娱乐文化的再生产。

---

  ① ［美］亨利·詹金斯：《融合文化：新媒体和旧媒体的冲突地带》，杜永明译，商务印书馆2012年版，第47—48页。
  ② ［法］皮埃尔·布尔迪厄：《艺术的法则——文学场的生成与结构》（新修订本），刘晖译，中央编译出版社2011年版。

第一节　作为物质基础的空间及其扩张

在《传媒物质性：媒介、流动性和网络的物质性路径》①中，作者指出，在传播学中，对空间的物质性方面的探讨源自20世纪90年代社会空间理论化转向的一种传播学方向的延伸。发展至今日，传播学研究的空间化把传播当作地方和边界生产过程中的一种物质性元素，考察媒介再造空间关系的能力。其中包括三种空间：首先是人们运用媒介创造日常生活实践和经验的空间；其次是现实中的空间，如城市、街区等空间；最后是列斐伏尔意义上的空间的生产。由此，在研究路径上，把物理性的现实本身，如具身实践、物理场所、城市空间都当作可被研究的对象，是数字时代传播研究范式的重要取向。那么，湖南广电是如何通过对空间的生产和改造，从物质性的角度进行文化生产的？本节通过对物理性空间马栏山的改造和升级的分析，讨论空间的生产建构出以粉丝文化为代表的娱乐文化及消费文化，和这种娱乐文化和消费文化中所展现出的"中国特性"，以及对城市空间和城市文化产生的影响。

一、作为内容生产基础的空间

在湖南卫视的电视节目的片头或空镜中，湖南广电大楼经常作为一种地理符号出现，已经成为一种空间上的能指，并成为"芒果台"的一种象征。在湖南广电进行田野调查期间，广电大楼是笔者每天的必经之路和工作场所。广电大楼的官方名称为湖南广播电视中心，位于长沙市浏阳河大桥以东，319国道线长永高速公路北侧。湖南广播电视中心主体大楼工程于1994年9月28日破土动工，1998年1月东裙楼1260平方米演播厅举办湖南电视台春节晚会，大楼开始启用。随着2001年10月湖南卫视搬入大楼办公，湖南广播电视中心大楼全面投入使用。以湖南广电大楼为中心，周边的空间分布也都属于湖南广播

---

① Packer, J. & Wiley. *Communication Matters: Materialist Approaches to Media, Mobility and Networ*. New York: Routledge, 2013.

电视集团。在长沙市开福区的三一大道以北,万家丽路高架以东,锦绣路以西,开元西路以南四条大路所围成的地块被当地人称为"广电"地块。由于在地理位置上靠近马栏山,又被粉丝起了一个亲切的昵称"马栏坡"。在"广电"地块中,以湖南广电中心大楼为中心,其左右两侧分立着湖南经视与湖南都市频道,中心大楼的南侧是马栏山广场,东侧为电广传媒,同时也是芒果TV的所在地,马栏山广场的东侧为湖南国际会展中心及长沙世界之窗。在中心大楼的外圈,分布着金鹰小区、圣爵菲斯大酒店及住宅区。整个"马栏山"地块以湖南广电中心大楼为中心,湖南广电旗下的电视台、电台、公司及二级单位都聚集在湖南广电中心大楼周边,共同构成了湖南广电的空间性基础。然而,在今天看起来颇为壮观的湖南广电地块,也是经过不断开发和改造而建设成的。

位于马栏山的湖南广电中心大楼并非湖南电视台的原址。1970年在长沙跳马建成发射台,1990年在长沙市德雅路建成湖南电视台,至今在开福区的德雅路上,依然还保留着老湖南电视台。德雅路并不是一条笔直宽阔的大路,在2000年以前,湖南电视台就"蜗居"在德雅路7号。如今被很多人熟知的马栏山,是21世纪伊始在魏文彬的牵头下建设完成的。对空间占领的背后,是湖南电视台在发展产业上的野心。

> 他(魏文彬)考虑问题从来不是只考虑眼下,而是考虑很长一段时间。就讲征地这个事情,按传统的搞法,建一个广电大楼一两百亩地了不得了,他要征两千多亩!他一开始设想的广电中心就是一个城,一个广播影视文化城。[1]

正如列斐伏尔对空间的论证[2]中所指出的,空间具有生产性,其作为一种生产方式,扮演着生产力的角色,并且能够具有生产物质资料、丰富物质生活的功能;空间也具有商品性,体现在其同时具有价值与使用价值的属性,

---

[1] 根据曾任湖南省广播电视厅副厅长、湖南广电中心工程常务副总指挥长的覃晓光所描述的,21世纪初建造广播电视中心时魏文彬对广电中心的规划。参见杨晓凌:《解码电视湘军》,中国传媒大学出版社2009年版,第61—62页。

[2] [法]亨利·列斐伏尔:《空间与政治》,李春译,上海人民出版社2015年版,第17页。

并可以攫取剩余价值。湖南广播电视台征地两千多亩也不仅仅是建造一个电视中心，更重要的是让空间具有生产性。据魏文彬的规划，他把新的广电中心选址在马栏山，其目标并非只是建一个广电中心。

> 我在这里建的不只是个广电中心，要建一个媒体并形成产业链。在开始的时候，我跟大家讲这里将来要有几万人，所以建这个楼的同时我就在构思另外一些东西，其中就包括世界之窗。你看后来，如果没有世界之窗，就没有海底世界，没有会展中心，没有那些房地产，后来全带起来了，方圆几十里都热起来了。①

在魏文彬对湖南广电的空间规划中，建成一幢广电中心大楼并不是问题的关键，问题的关键在于通过对物质性的空间的开发，形成一条以湖南广电为中心的产业链条，在经济价值和社会效益上，推动以湖南电视为中心的相关文化娱乐产业链的发展。如今，经过20余年的发展，湖南广电在空间和产业上的变化，已经远远超过魏文彬当年的设想。不仅如湖南卫视、湖南经视等传统媒体依旧在全国拥有强大的影响力，而且新媒体平台芒果TV成为强势的视频媒体平台，湖南广电旗下的文化娱乐产业等的发展也都如火如荼。湖南广电以空间为物质基础，通过对空间的生产联动了一系列的产业发展，也为其娱乐文化的传播提供了基础。

湖南广电中心大楼如双子星般的大楼中，一侧的楼为湖南广播电视台、湖南省广播电视局以及其他行政服务部门的所在地，另一侧的裙楼即为湖南卫视的T2区，是湖南卫视内容生产的重要"梦工厂"，众多知名的综艺节目在该空间内被拍摄与生产出来。该空间内存在多个节目演播厅、新闻制作中心以及各栏目组的办公区等，其中包括1200平方米演播厅、600平方米演播厅、400平方米演播厅等超大型的节目录制空间。而德雅路上的湖南电视台旧址在空间的占有量以及节目生产的录影棚条件方面，都无法与迁址后的湖南广电中心大楼相比。从德雅路到马栏山，一方面是物质性意义上空间的转化

---

① 杨晓凌：《解码电视湘军》，中国传媒大学出版社2009年版，第77页。

与扩张，另一方面是空间扩张所带来的生产方式的转变。空间为内容生产提供了必要性条件，空间的增大带来的是节目录制、后期、办公等空间的扩大，为节目的生产提供了便利。但更重要的是，空间的扩张带来了湖南广电相关产业的扩张，从而提高了节目的生产效率。从二者（德雅路到马栏山）的差别中，可以清晰地看出内容生产空间的扩大与升级。在此意义上，空间的变化推动了节目生产数量与内容质量的提升，空间作为一种物质性的载体，促进了内容生产的整个流程的加速。

二、作为产业扩张及城市文化载体的空间

在马栏山的空间图景中，完善与提高节目生产与制作水准只是一方面的构想，在20世纪90年代初期湖南广电第一轮改革中就涉及的发展"大产业"是其空间图景中的重要规划。作为为产业发展提供空间及物质性保证的必要条件，湖南广电通过空间的生产进行产业升级的脚步从未停歇，在其第二轮改革期间兴办了会展中心、世界之窗、圣爵菲斯大酒店等一系列产业。自2018年以来，以马栏山为中心的空间不再只是容纳湖南广电及其附属企业，而是通过把优秀的文化创意产业吸引进来，打造一个以文创为特色的产业园。2018年以来，在湖南广电中心周围，开始建设以文化娱乐产业为支柱的文创产业园区。该园区的建设响应了国家对兴建文化产业的大力推广，是国家推动文化产业升级与地方政府通过文化产业建设拉动地区经济的合力体现。因此，在国家广播电视总局与湖南省人民政府的合作规划下，共同推进中国（长沙）马栏山视频文创产业园建设①，力图打造与美国"硅谷"在产业

---

① 2018年10月13日，国家广播电视总局与湖南省人民政府在长沙签署部省合作协议，共同推进中国（长沙）马栏山视频文创产业园建设。根据协议内容，国家广播电视总局与湖南省人民政府将从推动网络视听节目的制作生产、推动网络视听节目服务监管技术研究、打造网络视听公共服务平台、打造网络视听行业交流合作平台、推动网络视听科技创新五个方面入手，将马栏山视频文创园打造成具有全国和国际影响力的广电产业园。中国（长沙）马栏山视频文创产业园为部省共建，有力推进了湖南文化发展和文化强省建设。湖南将努力把马栏山视频文创产业园打造成具有世界影响、全国第一的"中国Ｖ谷"，早日实现"北有中关村、南有马栏山"的美好愿景。

量级和影响力上齐名的"中国 V 谷"。"中国 V 谷"产业园位于万家丽路高架以西,浏阳河畔以北,距离湖南广电中心大楼 2.7 千米,其建成意味着湖南广电的空间地图又完成了进一步的扩展。

从昔日长沙最大的城中村,蜕变成如今的视频文创产业园,湖南广电在马栏山这块土地上,完成了对空间的生产和改造。在这个过程中,湖南广电对空间的生产意味着三个层面的意义。

第一个层面是物理层面。湖南广电在空间地理上的迁移和发展,为其自身在内容生产的整个流程中提供了物质性的基础。

第二个层面是产业发展的经济层面。"拿地皮""修大楼"的目的是完善湖南广电整个产业链的发展,使得其旗下的文化娱乐产业进行更加紧密的联合,完善其产业体系。从 2021 年 9 月开始,湖南广电旗下的 5G 智慧电台、小芒电商、当燃影业、金鹰卡通(麦咭 TV)、芒果听见、韵洪科技六家新媒体企业率先签约入驻芒果马栏山广场,这意味着更多文化娱乐行业的公司被纳入其产业链条中。通过空间上的融合将相关文化产业联合发展的形态,是以湖南广电多年积累的内容生产上丰富的资源为基础,从而吸引更多相关传媒企业的融入,进而形成强大的地方性产业的影响力,这对推动地方经济的发展,也起到了巨大的作用①。从德雅路到马栏山,从广电中心到"中国 V 谷",湖南广电在空间上的不断扩展和发展,其背后的关键动力是对产业发展的需求。

第三个层面是国家振兴文化产业的战略层面。正如中共十九大报告中对文化产业发展的强调:"要推动文化事业和文化产业发展……健全现代文化产业体系和市场体系,创新生产经营机制,完善文化经济政策,培育新型文化

---

① 2020 年 7 月,由国家广播电视总局发展研究中心编制的《中国(长沙)马栏山视频文创产业园产业发展规划》正式出台,其中指出园区预计通过五年左右的建设,使年产值达千亿元。依托湖南广电优势资源,马栏山视频文创产业园建成后,未来会在长沙建立阿里大文娱马栏山内容生产基地,并成立专业综艺团队,生产更多优质内容产品。

业态。"① 在"十四五"期间，国家对文化产业的升级规划更为细化，通过将科技手段融合进传统文化产业，实现其升级转型。广播电视业作为传统的文化行业，在媒介融合发展的时期，也需要拓展更多新型的文化业态。文化创意园的建设，是湖南广电对全媒体时代新型文化业态的有力探索，一方面可以发挥湖南广电在内容生产及文化宣传方面的优势，另一方面则贯彻落实了国家对发展文化产业的战略。作为物质性空间的文化创意产业园区，从地方媒介的层面反映了国家战略对推动文化产业发展的作用。正如习近平总书记对马栏山视频文创产业园所提出的希望中指出②的，文化产业既具有文化导向的作用，又具有巨大的经济能量，作为国家文化产业的物质性载体，湖南广电通过对文创园区的打造，充分利用了湖湘文化深厚的基础，并融合其在内容生产上的优势资源与互联网技术手段，将文创园区打造成具有先进性及影响力的媒体融合的实验性地标，在此意义上体现出空间对内容的生产以及文化产业的发展具有重要的支撑性作用。

由此可见，湖南广电通过在空间上的不断扩展，不仅形成了以湖南广电中心大楼为圆心，被其集团旗下各相关单位所围绕的产业空间，更在国家发展文化产业的政策支持及其自身发展的动力下，形成了更为庞大的视频文创产业园区。这种对空间的改造和生产，在一定程度上反映出湖南广电文化生产的物质性。在近年来传播学的理论转向中，对空间的讨论成为分析传播物质性问题的维度之一。传播被视为一种联结与组织的实践，引发了关于基础设

---

① 2017年10月18日，中国共产党第十九次全国代表大会在北京人民大会堂开幕，习近平总书记代表第十八届中央委员会向大会作报告，在报告中强调要坚定文化自信，推动社会主义文化繁荣兴盛。

② 2020年9月17日下午习近平总书记在考察"中国V谷"马栏山视频文创产业园时指出："文化产业是一个朝阳产业。现在文化和技术深入结合，文化产业快速发展，从业人员也在不断增长，这既是一个迅速发展的产业，也是一个巨大的人才蓄水池。""文化产业既有意识形态属性，又有市场属性，但意识形态属性是本质属性。……一定要牢牢把握正确导向，坚持守正创新，确保文化产业持续健康发展。"参见《坚守人民情怀，走好新时代的长征路——习近平在湖南考察并主持召开基层代表座谈会纪实》，《人民日报》2020年9月21日第1版。

施、城市及社会空间的生产等问题的讨论，着重考察媒介再造空间关系的作用。这里的空间包含三个层面：其一是个体日常生活实践的空间；其二是如城市等实体性空间；其三是列斐伏尔意义上的生产关系的空间。① 在这种意义上，研究物理性的空间以及城市空间的话语性及修辞性，对空间的分析就显得尤为重要。

从"生产"的角度，列斐伏尔发展和补充了马克思关于生产的论述中的空间维度。在其《空间的生产》②一书中，"空间生产"指社会空间是一种特殊的社会产品，每一种特定的社会都历史地生产属于自己的特定空间模式。社会生产主导性的实践方式决定着空间生产方式。列斐伏尔强调空间的多维度性，其中"空间"包含三个层面，它既是一种空间实践（一种扩展的、物质的环境）、一种空间表征（用以指导实践的概念模型），同时也是表征的空间（实践者与环境之间活生生的关系）。"空间生产"不仅仅是对"空间""物质空间"的生产，还是在社会阶级各阶层内部对不同"空间感"的生产，最终也是对一般生产关系的再生产。③ 从根本的层面来讲，空间的生产体现出人类社会生产与发展的根本途径，列斐伏尔通过考察日常生活生产实践中，人们具体的行为活动和生活方式及其表达方式，将空间生产置于"主体性"层面，赋予空间新的主体性意义，对赋予空间生产和人类自身发展的需要具有革新性意义。④ 列斐伏尔的空间分析理论认为，在社会空间的不同层面上，资本主义持续不断地进行着空间的区域化、非区域化以及重新区域化的过程。在对湖南广电空间的分析当中，可以看出其多维度的面向，从德雅路到马栏山再到"中国Ｖ谷"的建成，作为一种不断扩展的物质环境，是一种空间实践；同时，在空间的物理性发展背后，是湖南广电对产业发展的需求，产业的发

---

① 丁方舟：《论传播的物质性：一种媒介理论演化的视角》，《新闻界》2019年第1期，第76页。
② ［法］亨利·列斐伏尔：《空间的生产》，刘怀玉等译，商务印书馆2021年版。
③ 汪民安主编：《文化研究关键词》，江苏人民出版社2007年版，第166页。
④ 陈波、宋诗雨：《虚拟文化空间生产及其维度设计研究——基于列斐伏尔"空间生产"理论》，《山东大学学报（哲学社会科学版）》2021年第1期，第9页。

展带来了更多的经济效益，也顺应了国家发展文化产业的需求，同时为其带来了社会与文化效益，完成了对生产关系的再生产。

雷蒙德·威廉斯在其理论进路中，始终关注"文化"这一核心概念。在《漫长的革命》一书中，他如此来定义文化的三种类型：第一种是"理想的"文化，这种意义上的文化是人类根据某些绝对普遍性的价值而追求自我完善的状态和过程；第二种是"文献的"文化，这种意义上的文化是思想性作品和想象性作品的实体，人类的思想和经验以各种方式被记录下来，根据这一定义，文化是批评的活动，在这种意义上，作品及其相关的传统和社会都被联系起来；第三种是"社会的"文化，这种意义上的文化是对生活方式的描述，它不仅包含在学术和学识中，而且也包含在各种制度和日常行为中，根据这一定义，文化分析就是要阐明特定的文化中或隐或显的意义和价值。① 沿着威廉斯的思路，对这种以娱乐性为表征的文化的分析也变得清晰起来。威廉斯警示我们，在把文化当作一个术语来使用时，要把文化视作一个真正复杂的综合体，上述三种文化定义中的每一种都有着重要的意义，任何一种文化分析都必须包括这些定义所指向的三个领域。从文化的"理想性"定义来看，湖南广电所缔造出的娱乐文化具备了对美和普遍性价值的追求。从"文献性"的定义来看，数不胜数的节目都具有了文献的属性，以这些节目为载体将思想和经验都记录下来，其中最为重要的是，这种文化已经和城市产生关联，形成了一种具有地方独特性的生活方式。这种承载着生活方式的娱乐文化蕴含着长沙这座城市的精神气质，并具有一定的生产性和物质性，拉动地域性的经济和消费，成为一种"活生生的"文化。

城市空间是人们展开日常生活、展开经济活动以及进行社会再生产的重要场所。列斐伏尔曾经指出，工业化的发展不断重构着城市空间，城市空间作为社会及社会关系的产物，处在一种由各种社会关系及力量互相影响和协调

---

① [英]雷蒙德·威廉斯：《漫长的革命》，倪伟译，上海人民出版社2013年版，第50—51页。

的场域中,被历史地"生产"出来。①罗岗在分析上海的城市空间时指出,空间具有社会性,城市发展主题的不断变化作用于城市的空间及其中心区域,导致了整体性的城市风貌的改变。在某种程度上,城市作为一种文本,在其所处的社会及历史语境的不断演化的过程中,其自身也在进行着重新的结构化。②

那长沙又是如何被生产出来的呢?对于长沙的城市空间生产及地方性文化的形成,湖南广电起到了推动作用。从物质性及其与社会互动关系的角度对城市进行分析,城市中的场所和地点可被视为物的范畴,如广场、公园等。同时人的身体也具有物质维度,包括人的生理特征和社会化特征,社会化属性包含文化因素、身份因素等,空间维度与身体维度之间并不独立,处于相互影响与生产的关系当中。③作为场所的湖南广电包含了广电中心、会展中心、公园、文创产业园区等一系列空间,它们共同构成了湖南广电作为一家传媒集团在空间和文化上对长沙这座城市的重要意义。由于湖南广电在空间上的不断扩张与生产,构建起了一种以娱乐性、文化性、创意性为代表的产业链条,也创造出了具有娱乐精神的文化特质。从经济性与文化性上看,湖南广电对长沙这座城市产生了相互构建的作用。以长沙为例,城市空间的变动,带来市民生活方式的变化。湖南广电在马栏山及其周围所进行的空间上的扩张与生产,把马栏山从一个偏僻的地理空间改造成一个空间上的"娱乐中心",并带动了整个长沙市文化产业和旅游产业的发展,使其从一个"鱼米之乡"逐渐发展成一个"网红城市",长沙的城市空间也因为湖南广电而不断地进行着重构和再生产。湖南广电对空间的生产与改造,一方面如列斐伏尔所言改变了人们的居住方式与生活方式,另一方面也切实地从经济和文化上带动了相关产业及城市的发展。

本节以湖南广电对空间的生产为切入点,描述了其从广播电视中心大楼、

---

① 罗岗:《英雄与丑角——重探当代中国文学》,东方出版中心2020年版,第125页。

② 包亚明主编:《现代性与空间的生产》,上海教育出版社2003年版,第48页。

③ 戴宇辰:《"物"也是城市中的行动者吗?——理解城市传播分析的物质性维度》,《新闻与传播研究》2020年第3期,第58页。

世界之窗、海底世界、会展中心的建设到近年来马栏山视频文创园"中国V谷"的建设的实践，讨论了空间的扩张背后的生产性，即湖南广电对空间的拓展是一种实践与表征。除此之外，空间作为内容生产及产业发展的物质性载体，推动了湖南广电在文化娱乐产业上的不断升级，同时也迎合了国家在文化产业发展战略层面的客观需求。湖南广电以对空间的生产作为一种手段，在物质性层面上为其产业的发展壮大提供了支撑，在更进一步的层面上构成了其娱乐文化生产中的关键环节。在下一节中，本书将转向湖南广电文化娱乐产业的角度，考察其在具体的产业建设过程中对资本的升级，以及湖南广电旗下产业所构成媒介的生态结构，探讨作为一种生产性力量的产业图景与文化生产机制之间的关系。

第二节　在娱乐文化再生产的背后

今天整个广电都被一件"大事"包围着，基本上所有的员工都在热烈讨论关于快乐购的重组上市。对于广电集团和基层员工，快乐购的上市具有积极的意义。在当日面向全台及二级单位发布的内参中提到，快乐购拟发行股份购买湖南快乐阳光互动娱乐传媒有限公司100%股权、上海芒果互娱科技有限公司100%股权、上海天娱传媒有限公司100%股权、芒果影视文化有限公司100%股权、湖南芒果娱乐有限公司100%股权，交易金额为115.51亿元。本次重组将有助于快乐购改善财务状况和提升核心竞争力。重组完成后，快乐购将成为A股第一家以融合发展为特色、围绕视频新媒体平台生态化运营的新型主流媒体集团，形成涵盖新媒体平台运营、内容制作、IP运营、音乐版权运营、网络游戏、互动娱乐、艺人经纪、媒体零售、电子商务的完整产业链条，优化并搭建业务多元的发展格局，提高上市公司的可持续发展能力。从对上市事件的发展定位以及基层员工对该事件的关注程度，可以清晰地看出，对于湖南广电来说，扩大产业与资本是其发展过程中的关键环节。①

一、资本的生产与再生产

在上一节中，笔者阐述了湖南广电在空间的生产上所做出的实践，这些空间场所不断扩张的背后体现的恰恰是湖南广电在产业发展上的不断深化。以上这段田野笔记中记录的内容是湖南广电旗下的一家上市公司重组上市，从中可见其对公司重组上市这一资本升级形式的重视。在广电行业不断发展的历史进程中，湖南广电逐渐开始推动资本和产业扩张。1992年8月8日，上海市广播电视局正式挂牌成立了东方明珠股份有限公司，该公司成为中国第一家公开面向社会招股的上市文化公司，其下属的上海广播电视发展公司为"东方明珠"的最大股东，持有其85.37%的股份。1997年初，湖南省广播电视厅也成立了一家相当于控股公司的"湖南广播电视产业中心"，统领其下属的影视制作、音像出版、广播电视器材、唱片发行等领域的八家分公司，在1998年12月23日改组为"湖南电广实业股份有限公司"后，在1999年3月25日正式于深圳证券交易所挂牌上市，成为中国广电行业乃至整个传媒行业第一只股票，时称"中华传媒第一股"。1998年6月9日，中国第一家正式命名的广播电视集团——无锡广播电视集团成立，其经营范围以广播电视业务为主，兼有报纸、广播、电视、网络等多种媒体，并设立相关实业，展开多种经营，进一步完善和推进了电视的产业化。无论是"东方明珠""电广实业"的上市，还是无锡广播电视集团的成立，都在世纪之交之时呈现出一个基本现象，即传统的电视台都实行了向产业化改革迈进的实践。

湖南广电早在1993年第一轮改革之时，就提出了"大广播、大电视、大

---

① 摘自笔者在2018年4月27日的田野笔记。2018年4月26日，中国证券监督管理委员会上市公司并购重组审核委员会召开2018年第20次工作会议，对快乐购物股份有限公司（简称"快乐购"）发行股份购买资产并募集配套资金暨关联交易事项进行审核，最终该项目获得有条件通过。快乐购股票于2018年4月27日开市起复牌。

宣传、大产业"的目标，这在当时全国地方电视台处于"四级办电视"的格局以及各地方电视台各自为政的环境下显得颇具远见。同时，在中共中央、国务院发布的《关于加快发展第三产业的决定》中关于第三产业的发展要求，令广告经营与节目的销售拥有了更大的自主权，也为产业的发展提供了政策上的支持和经济上的基础。2000年，国家正式肯定了广电行业的"集团化"发展方向，鼓励国家级及省级大型传媒集团的组建。[①] 在这样的政策支持下，湖南广电于2000年12月27日正式挂牌运营湖南广播影视集团——全国第一家省级广播影视媒体集团，其定位于"立足专业化制作、集约化经营、规模化发展，打造湖南广播电视'航空母舰'"[②]。随后，湖南广播影视集团的性质及经营范围被进一步划定，规定了其"事业性质、企业化管理"的双轨制运行机制[③]。这意味着在制度层面，国家不仅鼓励创办广播电视集团，在集团以广播电视为"主业"的同时，广电机构也可以发展相关产业作为"副业"，通过对产业的发展，传统的广电媒体将完成必要的资本积累，使其自身进入全新的发展阶段。那么，集团化和产业化如何使曾经作为事业单位的广电机构进入完全面对市场的发展新阶段？在产业化的进程中，湖南广电做出了怎样的实践？面临着怎样的矛盾？产业如何作为一种物质性的基础为其文化生产提供支持？本节接下来将以湖南广电的产业化进程及其构建的媒体生态为例，

---

① 在2000年8月11日举行的全国广电厅局长座谈会上，时任中宣部副部长、国家广播电影电视总局局长徐光春明确指出，中国广播电视的改革方向就是要："着手组建中央一级和省一级的广播影视集团，从而形成一批在国际、国内有竞争力、有影响力的大型广播影视传媒集团和全国性的广播影视网。"参见赵玉明主编：《中国广播电视通史》（第2版），中国传媒大学出版社2006年版，第467—468页。

② 2000年12月27日，在长沙举行的湖南广播影视集团挂牌成立仪式上，魏文彬在致辞中提出了对新成立的湖南广播影视集团的定位。

③ 2001年12月13日，国家广播电影电视总局发布了广发办字[2001]1452号文件《关于积极推进广播影视集团化改革的实施细则（试行）》，其中指出："广播影视集团是党的重要喉舌和重要的思想文化阵地，是拥有广播电台、电视台、电影制片厂（公司）、传输网络公司、互联网站以及报刊、出版、科技开发、广告经营、物业管理的综合性传媒集团。集团属于事业性质，实行企业化管理。集团应以广播电影电视为主业，以新闻宣传为中心，以繁荣创作为重点，同时可兼营其他相关产业。"

分析产业（资本）是如何在娱乐文化生产机制中产生作用的。

湖南广电对资本的生产及再生产主要是通过成立上市公司的手段进行的。早在20世纪90年代初期湖南广电开始第一轮改革之时，在其关于"大产业"的设计规划中，就已经开始注重对其产业的整合。1994年3月，在湖南省广播电视厅的批准下，湖南广播电视发展中心成立，并在接下来的四年中，通过不断地兼收合并湖南广电旗下的其他资产①，为后续进军资本市场打下了基础。1998年，已经通过资产合并的方式联合了电影业、音像业、房地产等产业并逐渐积累了大量资本的湖南广播电视产业中心具有了投资主体的地位②，这标志着其正式迈进资本市场。1998年8月，原湖南广播电视发展中心联合其他四家企业，成立了湖南电广传媒股份有限公司（简称"电广传媒"）③，并于1998年年底向社会公开发行股票④，于1999年3月25日在深圳证券交易所挂牌上市，成为中国广电行业乃至整个传媒行业的第一只股票。成立初期，电广传媒的经营状态良好，2000年顺利增发5300万新股，筹集资金达15.9

---

① 其中，1994年12月湖南省广播电视厅将原湖南电视台所属的湘视广告发展公司以行政划拨的方式划归"湖南广播电视发展中心"管理，成为"湖南广播电视发展中心"的全资子公司，并更名为湖南广播电视广告总公司。1997年1月，湖南省广播电视厅以［1997］湘广人字第39号文批准设立湖南广播电视产业中心，统领湖南广播电视发展中心、潇湘电影制片厂、湖南金峰音像出版发行总公司、湖南广视房地产公司、湖南广播电视器材公司等八家企业，其经营范围包括影视节目制作、发行等。

② 1998年7月，经湖南省人民政府湘政函［1998］83号文件批准，湖南广播电视产业中心享有国有资产投资主体地位。

③ 经湖南省人民政府湘政函［1998］91号文件批准，在全资改组湖南广播电视发展中心的基础上，联合湖南星光实业发展公司、湖南省金帆经济发展公司、湖南省金环进出口总公司、湖南金海林建设装饰有限公司四家企业，共同发起成立湖南电广实业股份有限公司（简称"电广实业"）。湖南广播电视发展中心将其全部资产与负债投入湖南电广实业股份有限公司。1999年湖南电广实业股份有限公司更名为"湖南电广传媒股份有限公司"。

④ 经中国证监会证监发字［1998］321号和证监发字［1998］322号文件批准，湖南电广实业股份有限公司于1998年12月23日以每股9.18元的发行价格向社会公开发行5000万股A股。

亿元。然而，电广传媒上市公司的成立是建立在整个中国广电业都在进行大型集团化改革的背景下，在国家推行媒体集团产业化的政策支持下，这种依靠行政力量在短时间内所组建的大型传媒集团面临着如冒进式扩张、管理松散等问题。湖南广电在此过程中也面临着类似的问题，2001年后电广传媒在经营与投资上开始产生亏损与负债①，影响了湖南广电集团整体的经济收益。于是2004年电广传媒的主体产业中心通过"以股抵债"的形式解决负债等问题，由绝对控股转变为相对控股。近年来，电广传媒转变了发展方向，将其业务重心转向文旅与投资。2020年，湖南广电确定了电广传媒"文旅+投资"的发展思路，实现了战略转型升级。在延伸产业链的层面上，电广传媒通过打造大资管平台的方式，在国内创投市场中处于领先地位，并发展文旅核心产业，通过湖南广电品牌影响力和丰富的IP资源，推出"芒果城"等一系列文旅文创产品，通过与湖南广电在内容和品牌宣传上的融合取得了较好的发展。

湖南广电旗下另外一家上市公司为快乐购物股份有限公司（简称"快乐购"），其于2005年由湖南广播影视集团与湖南卫视共同注资成立，并于2006年开始运营，其主要的业务范围为以电视购物为主的媒体零售，于2015年1月21日在深圳证券交易所上市。作为上市公司的快乐购对湖南广电的重要意义在于，前者在后者进行媒介融合的过程中，为其提供了已经具备资本体系的上市公司框架，使湖南广电在建成新型主流媒体集团的过程中可以借助其完成资本的再升级。2018年快乐购整合湖南广电旗下的多家传媒及娱乐公司进行资产重组②，并于其后完成了由"快乐购物股份有限公司"向"芒果

---

① 2001年电广传媒所投资的六大项目投资未能收回成本，投资总计5.25亿元，最终亏损1736万元，使得集团的净利润同比下降了28%。

② 2018年6月21日，快乐购物股份有限公司（300413.SZ）发布公告：湖南广电旗下快乐阳光、芒果互娱、天娱传媒、芒果影视和芒果娱乐五家公司整体作价115亿元打包注入快乐购。

超媒股份有限公司"的更名①。进行资产重组后的芒果超媒拥有快乐阳光等五家公司的100%股权，对其进行绝对控股。其中值得注意的是，作为湖南广电旗下视频平台的芒果TV，由于其隶属湖南快乐阳光互动娱乐传媒有限公司，也一并加入芒果超媒的旗下。这赋予了芒果TV双重属性，一方面具备国有资产的属性，另一方面又隶属上市公司，资本性与国有性的双重属性使其成为湖南广电建成新型主流媒体平台的有力保障。

随着快乐购重大资产重组获得中国证监会审批通过，目前湖南广电旗下已经拥有两家上市公司：芒果超媒股份有限公司和湖南电广传媒股份有限公司。在定位上，芒果超媒确立了平台、内容、资本相融合的路径，以芒果TV的长视频内容为中心，并通过融合影视制作、艺人经纪、游戏电竞、电子商务等产业及内容，形成了一个完整的产业链，实现了超常规发展。据芒果超媒2021年财报显示：2020年6月1日，芒果超媒市值首次突破1000亿元，是国内文化传媒板块排名第一的国有上市公司。芒果超媒2020年营业收入为140.06亿元，同比增长12.04%；归母净利润19.82亿元，同比增长71.42%。其中芒果TV的运营主体快乐阳光实现营业收入100.03亿元，同比增长23.36%，净利润17.75亿元，同比增长83.17%，使芒果TV成为行业中唯一持续四年盈利的视频网站，2019年、2020年连续两年在中国互联网企业排行榜名列第20位。如今芒果超媒旗下拥有芒果互娱、芒果娱乐、芒果影视、芒果TV、天娱传媒、快乐购、快乐通宝等子公司，这意味着芒果超媒在娱乐性内容生产及传播上呈现出明显优势。

该优势具体体现在两个层面。第一，成立资本化的公司之前，湖南广电在娱乐性内容生产上的优势只能负载在传统电视台上，而电视台因为具有新闻事业单位的属性，在政策规制和内容生产的广泛性上都受到一定程度的限制。而通过上市公司的方式借力资本，用市场化的手段对平台进行内容生产

---

① 2018年7月11日晚间，快乐购发布更名公告，公司名称拟由"快乐购物股份有限公司"变更为"芒果超媒股份有限公司"，股票简称则变更为"芒果超媒"，经营范围由"日用百货等"变更为"广播电视节目制作、经营、发行等"。

与运营,有利于在由平台所构成的新的媒介环境中,作为传统主流媒体的湖南广电通过上市公司下设的视频平台等形式,争夺在市场与文化上的影响力。第二,通过上市公司的形式集合视频平台、游戏、艺人经纪等多种业务范畴,形成了一种开放共享的运营生态,打造出以湖南广电为核心的媒介生态圈,通过内容的生产、运营、推广等链条化的一系列实践,实现了在湖南广电内部完成内容生产及传播的完整流程。总体而言,芒果超媒通过其在新媒体与生产运营模式上的优势,在湖南广电建设新型主流媒体集团的过程中发挥了核心作用,加速了其从传统广播电视集团向具有互联网属性的新型主流媒体集团的转变。电广传媒与芒果超媒所走的互联网路线有所不同,在定位上确立了"文旅+投资"的战略,二者共同促进了湖南广电在媒介融合的环境中通过资本的方式参与到其文化生产机制的运行当中。

二、协同:"芒果"媒介生态的形成

除了通过上市公司的形式进入资本市场,在湖南广电的产业中,依靠湖南广电内容资源,凭借湖南卫视及芒果TV的节目元素IP,如游戏开发及电商等产业也处于不断发展的阶段。例如,芒果互娱是芒果超媒旗下的子公司,定位于互联网游戏和移动应用的开发。2017年,由芒果互娱联合发行的《还珠格格》手游,首月流水就达1700万元。在与电商业的融合上,2017年,《快乐大本营·快闪嘉年华》中首次将综艺节目搬到线下,首站吸引到店300万人次;进行"淘宝双十二"《快乐大本营》直播专场,把节目搬进直播间,让主持人通过直播带货等多种以节目为IP融合进电商的形式进行其在产业多元化发展上的实践。在多平台的融合中,湖南广电将电商平台和游戏、动画等一系列文娱产业相结合。

在流媒体平台、短视频平台都如火如荼发展的整体环境中,湖南广电在平台的实践上,已经开始把触角伸向短视频平台领域。2021年9月29日,湖南广电"风芒"新媒体平台上线。湖南广电推出"风芒",意味着芒果生态形成了更为系统的布局:除了电视、电影、广播等传统媒体业务,在新媒体领域还有长视频平台芒果TV、电商平台小芒和以中短视频为特色的新媒体平台

"风芒"。"风芒"是湖南广电唯一的泛资讯视频新媒体平台,以短视频为主要面貌,确立了"原创精品、资讯热榜、直播、文娱、社区"的板块,并注重对青年人的吸引。在被抖音、快手等短视频平台围攻的情势下,"风芒"平台是湖南广电在平台发展和融合上的新举措,完善了全链条形式的媒体形态。从湖南广电对于产业发展的这些实践中,可以看出自20世纪90年代以来,湖南广电以"中华传媒第一股"的形式参与进资本市场为开始,经过近30年的发展,已经形成了以其娱乐性内容生产优势为资源,依靠湖南卫视及芒果TV的品牌价值,并通过资本运作以及以互联网运营方式为手段的新型主流媒体。

从湖南广电所涉及的产业来看,在其20世纪90年代初开始建立产业化改革的目标,一直发展到今天媒介融合的政策及技术背景下,湖南广电已经形成了以内容生产为中心,以湖南卫视和芒果TV为主要的内容生产平台,以芒果超媒、电广传媒为自主可控的国有资本上市公司,在互联网空间中拥有芒果TV、小芒电商、风芒短视频等各种形式的平台,涉及长视频、短视频、音频、电影、电商、文旅、投资等多种形式的产业版图。一个以电视台内容为品牌,以两家上市公司为资本支撑,融合长视频、短视频、电商平台的传媒集团的产业布局已清晰地呈现出来。在此意义上,湖南广电已然成为一个具有融合性的主流媒体集团,而这种巨大的涵盖了多种产业范畴的媒介集团的形成,从多个层面上促使其文化生产机制的生产及运转,这也正是本书把研究的视角置于对整个湖南广电集团的分析上的内在原因。

在湖南广电建设新型主流媒体平台的版图中,电视台、长视频平台、短视频平台已经形成一个品牌化的、以内容资源为优势的新的媒介生态。湖南广电自20世纪90年代初期的改革开始,逐步通过对产业的不断发展完成资本的升级,如今已经形成了由上市公司、影视集团、省级卫视、视频平台、电商平台等共同构成的全媒体形态的"芒果生态圈"。更进一步来说,这种全媒体形态的媒介集团已经形成了更为广泛的平台的概念。孙萍等学者认为,平台的不断扩大意味着媒介范围和功能的扩大化,内容的生产和呈现只是平台作为媒介的一种形态,随着平台组织结构的更新,其功能和作用越来越从"内容生产"转变为"中介连接"的媒介。其中,媒介的"基础设施化"是扩大化平台的代表性特征,日益成为人民衣食住行的代理人。平台成为日常生活的媒介基础设施,融合了线上与线下,并围绕技术规则形成了一套新的社会关系。①在湖南广电的资本产业版图中,无论是以内容生产和运营为核心的芒果超媒,还是以投资、文旅为核心的电广传媒,抑或是游戏、电商、短视频等,都关涉日常生活的方方面面,已经完成了由单纯的内容生产向复合型的中介平台的转变。

内森·沃恩指出,"文化协同"是指文化资产向商业化方向进行转变,该过程中所蕴藏的巨大利润引发了大型跨国媒体集团对相关文化产业的合并,这一横向一体化的过程创造了媒介巨头,使其拥有了电影业、出版业、电视业等多种发行渠道。并且,协同现象不仅存在于某一特定的文化产业,也存在于不同的文化产业之间,如影视业与旅游业之间的协同。②在湖南广电所形成的具有完整性的媒介生态的环境中,可以看到其通过对资本的运作,成立并合并了覆盖长视频、短视频、电商、投资、文旅、电影、音频等具有横向一体化结构的巨型媒体集团,这一涵盖了多种产业形式的协同性的传媒"巨鳄",使得受众的消费方式也发生了巨大转变,构建起全新的生产与消费一体化的媒介环境。

从20世纪90年代开始,湖南广电在产业化改革中创办电广传媒上市公司,这一对资本和产业发展的规划在全国广电行业中处于领先位置。发展至今日,湖南广电已经成为拥有两家上市公司、视频平台、电商平台、短视频平台,业务范围横跨长视频、短视频、内容电商、文旅投资和影音产业等多种媒介形式以及产业模式的巨型媒介集团。湖南广电所构建起的全媒体的生态圈俨然成为一个涵盖了内容生产、日常生活的基础设施化的广义平台。值

---

① 孙萍、邱林川、于海青:《平台作为方法:劳动、技术与传播》,《新闻与传播研究》2021年增刊,第12—13页。

② [英]格雷厄姆·默多克、[美]珍妮特·瓦斯科、[葡]海伦娜·索萨编:《传播政治经济学手册》,传播驿站译,华东师范大学出版社2022年版,第181—186页。

得注意的是,这个平台构建并形成了一种娱乐文化,同时也作为娱乐性文化存在的物质性基础。在这些多元化的媒介及产业形态共存的状态下,各媒介及产业之间如何融合并相互建构,成为新型主流媒体集团在此媒介生态中的重要实践方向。在此意义上,媒介融合不仅仅是物质性层面的融合,同时也是文化上的融合。在下一节中,笔者将从融合文化的角度分析作为物质性支撑的产业在娱乐文化生产机制中所处的位置与产生的作用。

第三节 融合:消费与生产的相互建构

> 欢迎进入媒介融合文化时代,在这里新媒体和旧媒体相互碰撞,草根媒体和公司化大媒体相互交织,媒体制作人和媒体消费者的权力相互作用,所有这一切都是以前所未有、无法预测的方式进行的。融合文化属于未来,但是现在它正在形成。在融合文化中消费者将拥有更大的权力——但是只有当他们既作为消费者又作为公民,作为我们文化的全面参与者来认识和利用这种权力时,才会有这样的结果。①

詹金斯21世纪初在分析美国的影视作品与媒体业以及相关产业的关系时,用"融合文化"来形容作品与产业之间的融合关系,并指出这种融合文化具有跨媒介的特性。詹金斯预言,融合文化属于未来,然而当我们把视角放到20余年后的中国的媒介场域中,就可以基本断定,詹金斯的预言已经实现。本节将延续本章前两节内容中湖南广电对空间的生产和对产业的发展,探讨两者如何融合,生发出一种消费的、娱乐性的,同时符合中国特色社

---

① [美]亨利·詹金斯:《融合文化:新媒体和旧媒体的冲突地带》,杜永明译,商务印书馆2012年版,第374页。

主义经济的文化。

一、融合语境下电视消费属性的变迁

传统意义上的消费，总体来看是对物的消费，即人们为满足日常生活的基本需求所采取的交换行为。然而，随着大众传媒的发展，人们对物的渴求基于媒介对其进行的包装与宣传而不断增强。尤其是当电视成为主流媒体后，其通过对商品进行可视化、不间断的呈现方式，对消费者形成反复的刺激，电视的出现促进了消费主义的兴盛。霍尔在《编码／解码》中描述了电视话语生产与流通的过程，他认为，话语生产的过程为编码的过程，这一过程中包括了框架构成、生产过程和表现形式。"生产这一环节，既需要有物质工具——即它的'手段'，也需要有它自己的一套社会（生产）关系——也就是媒介内部对话实践活动的组织和结合。"[1] 费斯克依照霍尔的框架进行了进一步的解释，电视节目作为一种话语，是通过编码完成的一个意义结构，而且受到技术、生产关系、知识框架的限制，技术、生产关系和知识框架也会通过编码而内化为电视话语内容的一个部分。[2] 在此过程中，电视通过编码的过程从生产这一角度促进了消费文化的产生，而对消费过程的考察同样需要从消费这一角度进行辨析。

在鲍德里亚看来，消费的真相在于一种生产功能，同物质生产一样是一种即时且全面的集体功能，代表着一种集体性的秩序。在其分析中，他已经指出生产和消费之间逻辑的同构性。"生产与消费具有逻辑上的同构性，即追求对生产力的再生产，这一逻辑在深入日常生活及思想形态时，即呈现出对于享乐和丰盛的需求。电视传媒通过其技术组织所承载的，是一个可以任意想象、任意剪辑并可用画面解读的世界的思想（意识形态）。"[3] 在鲍德里

---

[1] 张国良主编：《20世纪传播学经典文本》，复旦大学出版社2003年版，第424页。

[2] ［美］约翰·费斯克：《理解大众文化》，王晓珏、宋伟杰译，中央编译出版社2001年版，第33页。

[3] ［法］让·鲍德里亚：《消费社会》（第3版），刘成富、全志钢译，南京大学出版社2006年版，第60—64页。

亚的分析中，通过电视这个媒介，广告、身体、快感、休闲都成为消费的对象。费斯克在分析美国电视与大众文化时，已经开始注重对电视消费属性的分析。在他看来，电视或文化产品的生产与消费组成了一个循环：节目作为一种文化商品，其消费属性并未随着销售活动的终止而结束，而是在其被观看或解读时又反过来转化为生产者，观众作为其生产出的对象，又通过广告消费的形式，转化成商品化的受众。费斯克在此基础上提出了文化经济的流通原则，即在文化经济中，流通的过程是意义和快感的传播。① 按照鲍德里亚的观点，电视文化对快感的传播起到了重要的促进作用，其通过对符号的生产激发观众的欲望，并通过消费的形式达到快感的满足。② 齐格蒙特·鲍曼深化了鲍德里亚关于消费社会的理论，他指出21世纪的西方社会已经进入"消费者社会"，这意味着社会主要要求人们以消费者的能力参与其中，从现代性的工业阶段的"生产者社会"进入"消费者社会"意味着社会的重心发生了转移，这造就了社会、文化、个人生活在各个方面的巨大差异。鲍曼在分析中指出"消费者社会"的最大特点是消费无须等待，"即时"满足使得欲望不用等待就能充分满足，消费者的消费能力会极大提升。③ 因此，从这个意义上来说，意义和快感已经成为被消费的对象，并且其必须在一个高速运转的速率下进入生产及消费的过程。

在中国的语境中，21世纪之初张颐武用"消费取代生产已经成为日常生活新的中心。人们对休闲、舒适和满足欲望的追求开始完全合法化。消费不再是次要的、附带的行为，它本身已经成为生活的一个重要目标"④ 来形容当

---

① [美]约翰·费斯克：《理解大众文化》，王晓珏、宋伟杰译，中央编译出版社2001年版，第32—33页。

② 欧阳宏生：《认知与认同：中国电视的文化身份》，《国际新闻界》2007年第6期，第24页。

③ [英]齐格蒙特·鲍曼：《工作、消费主义和新穷人》，郭楠译，上海社会科学院出版社2021年版，第29—31页。

④ 张颐武：《论"新世纪文化"的电视文化表征》，《文艺研究》2003年第3期，第101页。

时电视文化所表征的中国文化和社会的趋势。从消费这个视角来看中国的电视发展，可以发现其经历了广告的消费、符号的消费、明星的消费等过程。电视文化创造出的消费形态，第一是通过广告的形式促进消费，从最初的电视广告单向地向观众宣传商品，起到促进消费的作用，到如今广告已经以各种形式植入节目内容、新媒体平台中；第二是创造一种娱乐文化，比如通过对明星形象的制造与传播形成粉丝文化；第三，随着平台经济的发展，平台作为一种基础设施，具有数字化、中介性、可控性，通过与社会现实的广泛接触实现社会关系的连接和社会资源的重组。在当下中国乃至全球，平台经济的发展在很大程度上是互联网商业化逻辑的延伸。无论是以 BAT 为首的互联网巨头，还是字节跳动、美团、小红书等互联网公司，都在着重开发互联网平台的商业及文化功能。媒体的定位也相应地发生了转变：第一，作为平台的媒体创造出消费文化，平台化时代的消费形式已经不是从前的宣传—购买的形式，而是把消费以各种形式置入数字广告中，并发展出新的经济增长形式，如粉丝文化所拉动的粉丝经济等；第二，媒体平台利用其越来越具有社会基础设施性质的平台发展电子商务，购买和消费行为直接在传媒集团旗下的平台内得以完成。在此意义上，媒体的平台化使其自身包含了生产和消费的整个流程，这也是互联网平台化应用到媒介上的新特征。

对电视消费属性的研究一直是文化研究及批判传播学研究的经典议题。无论是电视时代以广告为主要形式并形成符号性消费文化，还是后电视时代平台覆盖了整个生产和消费流程的新形态，各种形态的消费已然成为内容生产以及相应的产业支撑的目的和动力。在上一节中，笔者分析了湖南广电在资本和产业上的升级和扩张，其重要目的就是促进消费，在媒体平台化的基础上，消费的内涵以及外延都已经扩大。因此，把湖南广电作为制造娱乐文化性消费的媒体集团，分析其在资本升级和产业扩张的基础上，消费如何发展成以粉丝文化为代表的消费文化，这种消费文化在平台化时期所展现出的新的消费文化样态，及其如何与生产相互构建，形成媒介融合背景下的融合文化，是我们把握在当下的媒介环境及经济背景下，湖南广电所代表的文化生产机制所呈现出的新样态的重要途径之一。

二、产业协同下消费的新形态:粉丝经济与平台经济

具体到湖南广电的语境中,在如上文所述的一系列资本与产业发展的基础上,已经形成了具有链条性的消费文化,其中最具代表性的即由粉丝文化所形成的粉丝经济。湖南广电对中国粉丝文化的形成具有代表性意义,这不仅体现在其通过对选秀节目的生产所进行的"造星"实践,也体现在粉丝文化不断兴盛的过程中,通过对产业、空间、平台等的升级与改造而逐渐形成的粉丝经济。湖南卫视是中国最早制造粉丝文化的媒体之一,在传统电视台时期,其通过一系列著名的选秀类综艺节目如《超级女声》《快乐男声》等打造出"明星",并集中签约管理艺人群体,形成品牌,再通过明星见面会、粉丝见面会、让观众参与节目录制等一系列方式进行粉丝文化的生产。

其中,天娱传媒公司对粉丝文化的打造与运作起到了关键作用。2004年,时任湖南娱乐频道总监的张华立,在湖南广电贯彻集团化改革政策的背景下,果断成立了上海天娱传媒有限公司。如前文提到,湖南广电第三轮的改革政策正是以建立以湖南广电为中心的产业为核心的,公司制的天娱传媒的成立恰好顺应了湖南广电在产业上多元发展的战略需求。2006年至2007年间,相继成立了天娱传媒有限公司的香港、北京、海南、长沙分公司。2008年10月,湖南广播电视台娱乐频道将所持全部天娱传媒股份转给湖南广播电视台,使得天娱传媒成为湖南广播电视台所属全资子公司,著名影视制作人、时任湖南卫视副总编辑龙丹妮任总经理。可以说,天娱传媒所运作的最成功的案例当数《超级女声》。2005年夏天,由天娱传媒与湖南卫视共同举办的《超级女声》在全国掀起一阵娱乐旋风,"超女"总决赛最后一场收视率为11.75%,市场份额占31.38%,15秒的广告价格为11.7万元,均为彼时全国最高。天娱传媒的主要业务范围有艺人经纪、活动营销、综艺节目生产、版权开发、影视制作等。2009年,天娱传媒的定位不再局限于艺人经纪方向,而是着眼于成为一个从事娱乐产业链全方位运营的娱乐公司,在产业融合和资本运营上展开探索。2009年2月28日,举行了"新天娱启航仪式",时任湖南省广播电视局局长、党组书记,湖南电视台台长的欧阳常林用"娱乐春天"来概括

其对天娱传媒的祝愿，恰好反映出湖南广电在当时对天娱传媒以娱乐文化为发展中心的战略。在此之后，天娱传媒打造出一众以"超女""快男"为代表的明星，直到今天，天娱传媒依然善于运用其旗下艺人投入到其娱乐性节目的生产及传播过程中。通过与选秀类综艺节目的人气选手签约，安排其进行演出活动、参演影视剧、参加真人秀综艺节目、开设粉丝见面会、举办演唱会等，天娱传媒创建了一种明星生产模式，并充分利用了中国的粉丝文化，从而形成了一套完整的粉丝经济的制造和经营模式。

理查德·戴尔曾以明星为研究对象，以文化研究的视角从文本、产业的角度分析了明星作为社会现象、明星形象的影响力以及明星在文本中的表征。他指出，在电影生产的过程中，明星具有经济意义，具体体现在资本、投资、花费以及市场上。① 虽然戴尔对明星的分析主要针对的是电影领域，但在电视的视域中，明星的经济意义依然是支持节目运作和市场流通的重要因素。天娱传媒对明星的开发及运作，是建立在明星的经济意义的基础之上的，进而也促进了粉丝文化的兴盛。在媒介融合背景下，随着视频平台、社交媒体等媒介形式融入粉丝对媒介的使用过程中，粉丝文化已经呈现出更有组织性和消费性的特征，而这种新的特征被生产者所征用，粉丝文化在此意义上完成了向粉丝经济的转化。

> 今天是"偶像"某流量偶像参加《快乐大本营》录制的日子，在广电大楼对面的芒果广场上，数百位粉丝举着灯牌，拖着条幅，喊着嘹亮整齐的口号，其"应援声"之响亮，在办公室所处的22楼依然可以清晰地听见……湖南广电中心周边已经形成了较为完整的粉丝服务产业链，粉丝参加偶像的活动前，会联系固定的"票贩子"获取活动的入场券，入场券的价格根据明星的热度及现场可以开放的座位而浮动。一般来说，一线明星参加热门综艺节目的入场券价格可达千元以上，而非流量明星的普通综艺节目两三百元即可获取入场券。为了能与自己的偶像碰面，粉丝来长沙一般会入住湖南广

---

① ［英］理查德·戴尔：《明星》，严敏译，北京大学出版社2010年版，第15页。

电旗下经营的圣爵菲斯酒店，或提前在小组或"粉头"处获取明星的住宿信息，并有组织地参与应援活动。应援活动不仅包括在节目录制现场为明星喊应援口号、身着应援色统一服装等，也包括接机、蹲酒店、活动前后的应援等一系列活动。①

以上这段田野笔记基于笔者对粉丝的观察，在湖南广电大楼的周围经常可以看到守候在广电大楼附近的粉丝群体，他们训练有素地为自己的偶像呐喊、应援。在广电大楼对面的芒果广场，甚至有一座被命名为"粉丝楼"的二层建筑，专门为粉丝提供空间和服务。在"粉丝楼"中，粉丝可以在等候的间隙用餐、休息以及进行活动，"粉丝楼"成为为粉丝进行"共同体构建"的固定空间。这就意味着，湖南广电通过天娱传媒以及相应的活动、综艺节目、影视剧生产等一系列行为，形成了一套明星的生产机制，并为粉丝活动提供参与机会、固定的活动空间以及涵盖粉丝活动的服务，进而形成了完整的粉丝经济的生产链条，实现了对明星的"制造"。

中国的粉丝文化与湖南电视台的发展有着密不可分的关系。伴随着媒介变革的进程和娱乐产业的蓬勃发展，基于以偶像明星为中心形成的粉丝组织和粉丝文化，高寒凝在对中国偶像明星的研究中，将中国粉丝文化的变迁大致分为三个发展阶段，即前网络时代、网络社区时代和大数据时代②。在中国的文化语境中，粉丝文化在20世纪八九十年代开始出现。随着港台娱乐流行文化向中国内地（大陆）的引进，大量的流行歌曲、电影等形式流向中国内地（大陆）年轻人的日常生活，出现了一批所谓的"追星族"③。但这些群体并

---

① 来自笔者的田野笔记，日期为2018年5月23日。

② 高寒凝：《虚拟化的亲密关系——网络时代的偶像工业与偶像粉丝文化》，《文化研究》2018年第3期，第110页。

③ 1993年中央电视台35周年台庆晚会上播出的小品《追星族》是这一时期粉丝文化的代表性例证，彼时电视机的普及以及港台流行文化的传播，为粉丝群体与其偶像之间构建起了相对固定的连接模式，粉丝不仅喜爱其偶像的文艺作品，更对偶像的私人生活产生了广泛的兴趣。由此可以看出，在中国内地（大陆）的文化语境中，粉丝文化在20世纪90年代初期已经初具雏形。

没有被有效地组织起来，而是呈现出零散的、小规模的自发聚集的歌迷或影迷群体，其共同参与的公共活动也仅限于小型的集会，且由于彼此间沟通形式的障碍，粉丝个体之间并没有形成强烈的集体认同。这个时期的粉丝组织与粉丝活动是不具备鲜明的组织性，并受地域限制的，属于歌迷、影迷的自我娱乐行为。

湖南卫视举办的2005年第二届《超级女声》选秀节目，开创了网络时代粉丝文化的先河。这一届《超级女声》所引发的全民性追星热潮以及关于其社会意义的讨论在当时成为一种文化景观，为中国粉丝文化的发展记下了极为辉煌的一笔。"玉米""凉粉"① 等粉丝群体以一种前所未有的速度和极为高涨的追星情绪在当时引起了社会的广泛关注。当时的粉丝行为基本分为两种，即在线下通过购票作为节目观众参与明星活动，他们高举横幅和灯牌，成群结队，有组织地为其支持的选手呐喊助威，在几个主赛区的大街小巷疯狂拉票，或通过手机短信和在线上组织集体活动为自己支持的明星拉票。当时作为新兴媒体的网络，在粉丝主动而自觉地运用下，第一次与传统媒体产生了融合。"超女"的粉丝在网络空间中的活动相较于前网络时代，开始呈现出组织性与互动性的特征。粉丝在线上的主要活动为在以自己偶像命名的网络论坛② 中进行互动，通过"发帖""跟帖"等行为追踪其喜爱的偶像的信息与活动，并与其他粉丝进行互动。从这些粉丝的活动中，我们可以分析出该时期粉丝组织与粉丝文化所呈现出的特点：第一，免费的网络社区与论坛为粉丝进行情感交流实践提供了虚拟性的空间载体，这种不受地理条件限制的空间为粉丝提供了关于其作为粉丝群体的一员的认同感及共同体想象；第二，由于粉丝间的线上交流是较为随机的，这种通过网络论坛空间所进行的粉丝群体的实践是较为松散的；第三，粉丝为明星的消费行为基本限于短信投票、购买实体文化产品等，虽呈现出消费性特点，但在总体情况下具有可控性。

---

① 对2005年第二届《超级女声》人气选手李宇春、张靓颖粉丝群体的昵称。

② 这些网络论坛以百度贴吧为代表。作为2003年成立的免费网络论坛社区，百度贴吧吸引了大量的粉丝，在其中以自己喜爱的偶像为中心展开交流活动。

进入粉丝文化的第三个发展阶段，呈现出更鲜明的消费性特点，并逐渐形成了一种有组织的"饭圈"经济。随着互联网新媒体平台开始进军影视行业，互联网平台需要的大数据思维方式开始成为视频平台网站的主要运行逻辑。在该逻辑下，"数据"与"流量"成为拉动平台经济增长的重要指标，这就解释了为何"饭圈"文化需要不断地进行操作数据的行为。胡泳等学者认为，中国的"饭圈"文化，是随着互联网对文化娱乐产业的介入，以及打造明星偶像的形式发生改变的，原有的粉丝文化所呈现出的新样态，是粉丝群体以网络社交平台为主要空间，所展开的围绕具体的明星的生产与消费行为的总和，以及由此所形成的特定的圈层传播模式和群体内部的运转机制。① 上文提及的笔者所观察到的在湖南广电的节目录制现场及周边，常年存在的具有极强组织性的粉丝群体，已然深入地参与并建构了大数据时代的粉丝文化。湖南广电至少为粉丝文化的发展提供了三个方面的支持：第一，通过对明星的打造及运营，构建起相应的粉丝群体，并为粉丝群体提供源源不断的被生产出的"明星资源"；第二，通过一套官方与半官方的组织手段②，为粉丝提供与其偶像见面的机会，这个过程中所产生的一系列实践，已经构成了粉丝经济的组成部分；第三，通过建设"粉丝楼"等物质性的空间，为粉丝提供一系列的消费服务，使得粉丝经济的增长成为支持湖南广电经济效益增长的一重保障性手段。

约翰·费斯克在探讨粉丝文化时，认为其具有三个普遍的特征，即辨别力与区隔、生产力与参与性以及资本积累。他认为，粉丝会对粉都（Fandom）客体进行严格筛选，同时粉丝社群的边界也很分明。费斯克将布尔迪厄的"文化资本"与"惯习"的概念用于粉丝文化经济，他认为粉丝文化的文化资

---

① 胡泳、刘纯懿：《现实之镜：饭圈文化背后的社会症候》，《新闻大学》2021年第8期，第66页。

② 这里的组织手段是指：一方面，电视台在节目制作的过程中，会通过官方招募的形式召集现场观众，使粉丝获得与明星见面的机会；另一方面，湖南广电存在着一批以倒卖节目录制现场的入场券为盈利手段的"黄牛"，他们与节目录制方及粉丝群体间都有相应的联络关系，可以为粉丝提供非官方渠道的进入节目录制现场的机会。

本一般不能转化为经济资本。粉丝文化一方面是与官方文化相对立的大众文化的强化，另一方面又征用并重塑了官方文化中的某些价值与特征。① 通过上文论述的湖南广电所制造出的粉丝文化及其20余年的发展过程，我们可以发现在中国的粉丝文化语境下，与费斯克所分析的美国早期的粉丝文化已经不同，粉丝文化的文化资本已经开始转化成经济资本。随着互联网技术的进一步发展及媒体"造星"行为的升级，粉丝文化成为粉丝经济，流量成为媒体及平台谋求变现的重要资本。在此意义上，流量值得被重点讨论，流量意味着把关注度经济化，而流量的生产与消费却是通过一整套以明星为中心，围绕明星现实或想象性形象及行为所生产出的具有经济价值的互联网数据，并被迅速消费及再生产的循环。在这个循环当中，粉丝既是生产者，又是消费者，同时也被流量所构建出的消费文化而吸引，深刻地、有组织性地参与到这个时期粉丝文化的运行中。粉丝经济业已成为文化娱乐产业中不可或缺的力量，"饭圈"文化成为重要的青年亚文化现象，成为名副其实的经济"增长极"。从以上的分析中可以看出，无论是21世纪初湖南卫视通过《超级女声》所形成的"造星"与"追星"景观，还是当下数字时代以粉丝经济的蓬勃发展为表象的"饭圈"文化，在该发展转变过程的背后，不仅仅是粉丝文化从一种亚文化逐渐转变为具有主流性的大众流行文化，也逐渐成为支撑文化产业发展的经济性动力。更为重要的是，粉丝文化发展至当下，"粉圈思维"已经成为一种具有强大影响力的文化逻辑，影响到社会文化的方方面面。一方面，这种文化现象与文化逻辑导致了诸如泛娱乐化等一系列乱象，另一方面，其也具有一定的正面的、生长性的力量，例如，当"粉圈思维"在应对公共参与事件时，"饭圈女孩""阿中哥哥""帝吧出征"等具有粉丝文化逻辑的一系列现象，表明了粉丝文化对爱国主义及民族自信心的塑造也产生了一定的积极作用。

消费文化不仅体现在广告和粉丝文化上，随着湖南广电把产业的触角伸向平台经济，通过其在多种产业布局中所形成的"芒果系"媒介生态，使得

---

① 陶东风主编:《粉丝文化读本》，北京大学出版社2009年版，第3页。

生产与消费能够同时在该媒介生态中进行，进而形成一种平台经济。在《平台化社会》中，作者提出"平台化社会"这个概念，意指在当代社会中正在发生的联结了社会、经济和人际社交中的基于算法和数据的一种超大型的全球性平台①，强调的是网络平台和社会结构之间紧密而复杂的关系。在平台化社会中，社会的经济系统被算法和数据控制的全球化在线平台系统在相当大的程度上控制，在线化平台不仅形塑和影响着其使用者，在更大的意义上控制了公共社会的构成。"平台"是一个具有包容性的概念，它以自身核心竞争力为基础，开发并生产出与之相关的文化产品及服务，以此来组建成涵盖其使用者日常生活文化需求的休闲空间。同时平台也具有垄断性，通过以各种形式开发符合其平台特性以及目标用户的文化品位的产品服务，与其他平台之间形成竞争性，并朝平台化的方向发展。②

平台经济也是继粉丝经济之后，湖南广电在平台化时代所建构消费文化的新样态。2020年，湖南广电推出电商平台"小芒"，意义在于完善其"平台化"建设。正如斯尔尼塞克对平台的分析，平台善于以其核心竞争力——湖南广电多年来在内容生产上所积累的文化资源，并通过制造与之相关的产品和服务以构建一个涵盖其用户日常生活所有需求的空间。"小芒"平台以"视频＋内容＋电商"的运营模式体现出湖南广电的核心竞争力——内容优势，并进行一系列实践：基于湖南广电内容制作优势，将带货产品在综艺、电视剧IP中进行深度植入，并组织艺人及网络红人参与商品在社交媒体中的宣传，从而增强用户的购买意愿，最终完成消费过程。同时，其主打中国文化的传统元素，一方面填补了国货市场的空白，另一方面也迎合了主流宣传中近年来对传统文化及民族自信心的重视。"小芒"平台以"上小芒，发现新潮国货"为口号，将新潮国货内容电商作为其定位，这一定位符合其核心用户——以城市青年人为主的消费需求，进而通过这一系列的生产和运行实践，

---

① Jos van Dijck, Thomas Poell. *The Platform Society*. Oxford Press.2018, pp.3–12.
② [加] 尼克·斯尔尼塞克：《平台资本主义》，程水英译，广东人民出版社2018年版，第42页。

"小芒"与湖南广电旗下的湖南卫视、芒果TV、快乐购等共同完成了对其用户日常生活中文化需求及物质需求的全面接管,并建立起一种平台化的趋势,最终形成了一套以湖南广电内容资源为中心的文化生产机制。

> 芒果超媒正处于抢占新赛道的重要阶段,在新媒体商业模式不断拓展的当下,IP零售和直播电商的快速发展给了我们很多启示。我们认为,此时正是布局电商业务的好时机。①

从张华立对"小芒"电商平台的发展战略的分析中,可以清晰地看出,在媒介融合的语境下,湖南广电的"野心"已经不仅限于生产精品内容,它的定位是把生产与消费进行有机整合。毫无疑问,湖南广电拥有优质内容矩阵和高水平的内容生产能力,湖南广电基于长视频内容打造的"小芒"电商平台以更高效的行业生产体系和传播链条,进而形成一种具有平台性的文化生产机制。以湖南广电具有文化资源优势的节目及品牌为中心,打造与内容相融合的消费平台,相当于对原来的广告—消费模式的颠覆,把消费和购买行为直接在芒果TV旗下的"小芒"电商平台完成。在此过程中,我们能清楚地看到技术的进步及平台的推广对传统意义上的消费的变革。

本节从消费的角度,梳理了湖南广电在发展过程中,是如何通过广告、制造明星、发展融媒体平台的方式制造消费的。在此过程中,消费已经从对广告及日常生活的消费,对明星的消费,发展到由电视台主导的电商平台的消费。从这个意义上讲,电视台已经从媒体向平台化的商业集团转型。亨利·詹金斯在《融合文化:新媒体和旧媒体的冲突地带》②中用融合这一概念描述技术、产业、文化以及社会领域的变迁,詹金斯认为不能只以技术的变迁来判定融合与否,融合所进行的是一种针对关系及媒介环境的转变,其对

---

① 2020年11月19日,以"守正聚力 创新共融"为主题的2020中国新媒体大会在长沙开幕。在开幕式暨主论坛上,湖南广播影视集团有限公司(湖南广播电视台)党委书记、董事长、总编辑张华立以《建设主流新媒体集团的芒果思考》为题发表主旨演讲。

② [美]亨利·詹金斯:《融合文化:新媒体和旧媒体的冲突地带》,杜永明译,商务印书馆2012年版。

技术、市场、内容、受众之间所构成的环境都产生了影响；同时，融合的发生打破了传统生产者与消费者之间关系的逻辑。在媒介环境的融合中，生产者与消费者之间的界限已经不甚清晰，二者被纳入一套新的以"产品"为中心的逻辑中彼此影响，并带来了生产与消费方式的变化。因此，融合带来了媒体所有权形式的变化，作为内容生产机构的媒体从前更关注内容的生产，而新的传媒集团却拥有横跨整个娱乐业的经济利益。如上文所述，湖南广电在产业发展和平台建设上的实践可以用詹金斯意义上的融合文化来概括，融合改变了媒体作为内容生产者、观众作为接受者的传统的二元传播方式，打通了媒体与观众之间的界限，观众在很大程度上作为用户参与到内容的生产及消费行为中。多种产业构建起的多重平台中，依次形成了粉丝经济与平台经济，并借助多种形态的产业构建起娱乐文化的生产。

这种融合引发了生产及消费两个面向的结构性转变：在生产的层面上，媒体的性质发生了转变，由从前单纯注重内容生产的电视台，转变为需要考虑综合性利益的媒介集团；在消费的层面上，消费的方式从较为单一的广告消费转化为平台型消费，进而构建起针对受众的粉丝经济及平台经济。融合文化消解了生产与消费之间的边界。湖南广电通过其媒体集团产业版图中对包含了生产、流通、消费整个循环的相关环节打造，使得在这个媒介集团的视域中，生产和消费的界限已经不存在了。它涵盖了整个"融合文化"的过程，这些因素共同构成了其文化生产场域中作为经济性的力量，并形成了一种机制，促进和支撑着文化生产的过程。

提及长沙，它在历史上是坐落着有着千年文化积淀的岳麓书院的文化名城，是以曾国藩为代表的名人的故土，是孕育着红色文化和革命基因的城市。而今天，长沙又多了一层作为文化娱乐之城的"网红"城市的能指。使长沙和娱乐之城的意涵产生关联，与湖南广电在20世纪90年代末以来的一系列实践有着不可分割的关系。通过本章前两节的分析，湖南广电通过对空间的生产与再生产，以及对资本的运作，形成了一个以文娱产业为支柱的传媒帝国，与长沙这座城市形成了相对稳定的联结，带动了区域的经济发展，进而生成文化上的认同。可以说，这种地方性的文化认同是以娱乐性为表征的。

经过 20 余年的发展,这种以娱乐性为表征的文化并非单向度的,而是具有了丰富的文化意涵的娱乐文化。

通过上文的分析,这种地方性的文化需要强调两个关键层面:第一是地域性,第二是物质性。从空间生产的层面上讲,湖南广电集团在空间上的位移表现为从德雅路上的电视台大院到马栏山的金鹰城再到"中国V谷"产业园的变化,其中包括对空间的征用和改造,背后是对原有区域的再造。空间上的扩张带来的就是产业上的扩张和资本上的升级。消费的变化与产业的扩张和资本的升级相互建构,其背后一方面映射出在技术变迁引发的行业变动下,传统媒体在媒介融合的背景下对资本扩张的重视,另一方面从结果上拉动了地方经济,并把以文化娱乐为主要内容的文娱产业在全国范围内进行布局,从而共同构建起一个具有协同性的、由多种产业共同构成的以湖南广电为中心的媒介生态体系。

小 结

通过对湖南广电消费、产业、资本的论述,分析并说明了消费在电视业发展中的转变过程,即从简单的广告消费转变为粉丝消费文化,再到平台化的全面消费。消费文化的转变背后,是以传媒集团为代表的机构在产业发展和资本升级上的变化。由此形成了生产与消费的融合,在其影响之下作为生产者的媒介与作为消费者的受众之间的边界已经消失,资本及产业的发展促使了融合的产生。在此基础上,湖南广电在娱乐性内容的生产与消费中形成了相互建构的关系,并在该文化生产场域中与其他场域中的因素相互作用。

至此,本书已经从政策规制、内容生产、产业资本的层面分析了构成文化生产场域的要素,并说明了彼此间的联系。政策规制对内容生产有着重要的影响,资本与产业促进了内容生产与消费的融合,通过对消费与资本的分析,可以更有效地抓住传媒变革背后的资本与经济力量在媒介场域与权力场之间的变化。在接下来的一章中,将把分析的视角放在节目内容表征的层面,分析在政策、生产、消费的共同作用下,节目内容如何表征大众文化与主流意志,促使受众形成文化上的认同,使得文化生产机制得以顺畅地运行起来。

第五章 文化认同——视听综艺与新型家国关系的建立

威廉斯认为将总体生活方式和经典活动联系起来的正是日常文化,文化是通过艺术形式或媒介传播生产共享意义的活动。从文学和艺术的文化到电影和电视的文化是一步巨大的飞跃。媒介拓展了过去的艺术形式,今天的媒介已经成为文化创造和传播的主要手段。传播的文化模式旨在将传播看成共享意义的空间和建构过程,文化模式强调人们已经生活在一个意义共享的世界里,并且认同这些意义。[①]

格罗斯伯格用文化模式来形容媒介建构的形式,他从文化研究的视角分析了意义的共享系统,表征了一幅关于现实世界的"地图"。表征意味着"再呈现",即对现实世界进行媒介化与呈现。在这个过程中,现实世界被文本生产者加工改造,并让观众产生认同。在前文中,笔者已经从政策规制、内容生产、产业资本等方面分析了湖南广电文化生产机制的面向。作为对文化生产机制的分析,其重要的着力点之一,应该放置在对节目内容本身的分析之上。因此,在本章中将把视角转向对节目内容的分析。本章将首先从结构性与整体性的角度,对视听综艺节目的文化建构功能进行讨论,进而以湖南卫视与芒果TV在不同时期所生产出的具有代表性意义的综艺节目为个案分析的对象,通过对其代表性视听综艺节目的分析,讨论节目内容的表征实践是

---

① [美]劳伦斯·格罗斯伯格等:《媒介建构:流行文化中的大众媒介》,祁林译,南京大学出版社2014年版,第21页。

如何运作的,并从传播的文化模式的角度讨论节目内容在建立文化认同方面的作用。

第一节 作为文化建构的视听综艺

在西方对电视娱乐性的批判性传统中,波兹曼认为电视的出现抹平了阅读所需要的知识及年龄的需求,电视的出现造成了阅读所需要的等级制度基础的瓦解。"电视是一个视觉媒介,虽然人们在看电视时听得到语言,但正是图像主宰观众的意识,传播最关键的意思……人们看电视,不阅读电视,也不听电视,重要的是看。这对成人和儿童、知识分子和劳动者、傻子和智者没有什么两样。"[1]波兹曼认为电视取代了印刷文字的线性和逻辑性的特征,并对电视的启蒙教育意义表现出担忧,这种担忧背后正是对电视的教育功能的希望和想象。如果说美国电视的教育功能是被其娱乐功能与电子技术消解的,那么在中国,由于政治和市场的双轨制路径,电视的教化和宣传功能反而被视为具有重要意义的功能。如福柯所言:"话语实践是在技术组合、机构、行为方式、传播形式以及教育共同的影响下所形成的。"[2]托尼·本尼特在文化研究的理论流派中,注重政策与治理和文化间的关系,他通过考察博物馆的运作模式来分析文化治理时指出,将像博物馆馆长等专业人士所具备的知识嵌入技术组织中,从而转化成特定的技术形式,这种形式可以借用到文化治理当中。托尼·本尼特在综合借鉴了福柯和霍尔的理论后,提出文化治理的观点。如福柯所说,符号系统在具体的"权力技术"的关系中才能发挥作用。同样地,文化将通过"自我技术"机制发挥作用,"它允许个体以其自身方式

---

[1] [美]尼尔·波兹曼:《娱乐至死·童年的消逝》,章艳、吴燕莛译,广西师范大学出版社2009年版,第234—235页。

[2] Foucault, M. Ethics: *The Essential Works*. London: Allen Lane.1997, p.12.

或在帮助中对其身体和精神、思想、行为和存在方式施加影响"。① 在电视及视频平台等媒介中，节目内容的作用不容小觑，内容生产者通过对视听综艺节目内容的设计与组织，在一定程度上实现了对观众的教育，使其以"自我技术"的形式形成文化上的认同。在中国的具体语境中，综艺节目虽然出现的时间较晚，但不同时期的视听综艺节目在内容上呈现出不同的类型及特点。本节将结合综艺节目对大众的教育性在不同时期的变化，以及综艺节目内容所呈现出的格局与类型的流变，阐述作为文化建构的综艺节目在内容层面上如何发挥其大众教育的功能。

一、"寓教于乐"：综艺节目教育及娱乐的双重性质

20世纪80年代，在"四级办电视"政策所带来的电视内容极大丰富的基础上，电视对大众的教育功能凸显出其重要性。电视的教育性不仅体现在对科学文化知识的传授上，同时也强调对普通观众在思想观念上的现代性启蒙。② 彼时的电视工作者的身份大都为国家干部和知识分子，在电视内容的生产上，自上而下的精英性话语对大众的教育和宣传占据主流，其中"寓教于乐"和"雅俗共赏"可以作为两个关键词来界定20世纪80年代电视教育大众的功能。通过娱乐的方式进行大众教育，避免了刻板和说教，拉近了与观众的距离，成为一种行之有效的教育大众的方式。郭镇之认为，娱乐节目的繁荣是在20世纪80年代以后发生的，娱乐节目虽然自20世纪60年代起就构成了中国电视的重要组成部分，是中国观众休闲放松的重要途径，但电视的娱乐性长期处于"不合法"的地位，在理论及实践的层面上都得不到认可。同时在某些情况下，"寓教于乐"的苛求使许多娱乐节目变成了索然寡味的说教。③

---

① ［英］托尼·本尼特：《文化、治理与社会——托尼·本尼特自选集》，王杰等译，东方出版中心2016年版，第270—272页。

② 常江：《20世纪80年代中国的精英话语与电视文化》，《新闻春秋（人大复印）》2016年第2期，第11页。

③ 郭镇之：《中国电视史》，中国人民大学出版社1991年版，第286页。

进入 20 世纪 90 年代末，以流行为宗旨的大众文化在电视场域内获得了完全的合法性，娱乐的底色越发强烈。与 20 世纪 80 年代不同，电视节目尤其是电视综艺节目，已经几乎不承担启蒙大众的功能，而是越发以"寓教于乐"的方式对大众进行引导与规训。自 1999 年 9 月起，《人民日报》组织了一组为期十次的关于电视娱乐节目的笔谈，其中大都是对当时娱乐节目的批评。从事各种职业的观众都来信进行笔谈，比如，干部黄晓鸣谈道："现在电视娱乐节目办得成功的除《快乐大本营》外也不少……这些节目的成功都有一个共同的特点：虽然节目内容不同，但都坚持了一个原则——寓教于乐，形式多样，内容丰富。……真正赢得观众的秘诀还是要围绕寓教于乐这一中心，坚持自办自创有特色的电视娱乐节目。"① 中国人民大学教授王振民认为："电视节目虽然在一定程度上淡化了教化性，但是其寓教于乐的功能是不会改变的。"②

从《人民日报》的读者对 20 世纪 90 年代的综艺节目进行的笔谈中，可以清晰地看出，大部分观众对娱乐节目的接受程度较高，电视娱乐是人民群众喜闻乐见的一种文艺形式。但是，观众也表现出对电视娱乐节目过于庸俗化的不满，认为娱乐的功能首先是寓教于乐，需要将通俗性与娱乐性结合起来，而非仅仅是形式上的娱乐。"寓教于乐"也意味着综艺节目承担着教育大众的功能。鉴于中国电视始终具备的宣传与商业的双重属性，无论综艺节目的娱乐程度加深到何种地步，其都势必作为中国社会主义文艺的有机组成部分。由此，如何在寓教于乐的形式下有效地进行国家意识形态的宣传，而并非刻板地强加于人民大众之上，是政策制定者、内容生产者、电视台等机构需要持续面对和解决的问题。

进入 21 世纪的第二个十年，随着互联网长视频平台的崛起，优酷、爱奇艺、腾讯视频以及芒果 TV 等核心视频平台开始推出自制综艺，如爱奇艺制作的《奇葩说》、腾讯视频制作的《创造101》、优酷制作的《这！就是街舞》

---

① 载于《人民日报》1999 年 10 月 29 日，第 9 版。
② 载于《人民日报》1999 年 11 月 26 日，第 9 版。

以及芒果 TV 自制的"明星大侦探"系列等成为网络综艺的代表作，网络综艺的黄金时代开启。与电视涉及各年龄、阶层的受众群体不同，网络综艺的核心观众为青年群体，青年群体的文化趣味、审美偏好都成为网络综艺制作关注的核心。因此，在让青年受众得到放松与娱乐的同时，网络综艺如何有机地接合（articulation）综艺节目的内容与主流意识形态，成为当代网络综艺面临的机遇与挑战。一方面，要做到既符合青年观众的收视习惯及文化趣味，又能达到教育及主流文化宣传的功能，的确对网络综艺在内容生产和传播上提出了难题；另一方面，这涉及作为新的大众传媒的网络平台能否掌握青年文化领导权[①]的关键因素。

阿尔都塞从结构主义的角度提出意识形态国家机器（AIE）的概念，其与镇压性的国家机器并立。前者多以具有专业性、专门化的机构的形式出现，包括传播的 AIE（如出版、广播、电视等）、文化的 AIE（如文学、艺术、体育等）、教育的 AIE 以及家庭的 AIE 等。阿尔都塞提出如下论点："经过同旧的、占统治地位的意识形态国家机器进行了激烈的斗争之后，在成熟的资本主义社会形态中，占统治地位的意识形态国家机器，是教育的意识形态机器。"[②] 阿尔都塞对于意识形态国家机器的分析语境是资本主义国家，而在中国的社会文化语境中，虽然大众媒体承担着教育功能，但也具有一定的特殊性。在接下来的分析中，笔者将选取具体的节目案例，进行节目内容分析，阐述作为一种意识形态国家机器的娱乐节目，是如何接合大众与国家之间的关系的，以及节目内容是如何制作和生产的，以达到国家进行文化治理的功用。格罗斯伯格认为，媒介的表征实践具有意识形态性，从现实意义上说，一方

---

① 葛兰西在《狱中札记》中强调文化领导权（又译为文化霸权）通过使大众同意的方式获取其领导权。葛兰西指出，在西方资本主义社会中，其进行社会治理的方式不是通过暴力，而是通过宣传让民众接受一系列法律制度和价值观。当然中国的语境与葛兰西所描述的西方资本主义社会不同，但本书在这里借用文化领导权的概念来指称通过媒介宣传的方式在群众中获取认同的过程。

② ［意］阿尔都塞：《哲学与政治：阿尔都塞读本》，陈越编译，吉林人民出版社 2011 年版，第 280—285 页。

面，文本生产者会努力扩大文本对受众造成的影响，电视真人秀也是被表征出来的，制作者运用多种多样的技巧，使观众认为节目是没有经过制作处理的；另一方面，文本通过对受众身处的世界进行表征，告诉受众什么是真实的与可能的。在格罗斯伯格的分析中，这一文本在特定的社会语境中具有意识形态性。①

作为社会主义文艺的有机组成部分，同时又作为媒介机构（电视台及视频平台）的经济"增长极"，视听综艺天然地具有娱乐大众及教育大众的双重功能。尤其是在当下的后电视时代，由多种形态媒体构成的新的媒介环境中，视听综艺的功能显得更为重要。那么，综艺节目是如何有效地接合起受众趣味与主流意识形态的？又是如何作为阿尔都塞意义上的意识形态国家机器发挥作用的？这些问题将通过具体节目中所呈现出的话语展现出来。在本章的后面，笔者将首先梳理湖南卫视和芒果TV历年播出的综艺节目在内容上呈现出的流变，接着通过对代表性节目的内容分析，解释综艺节目是如何通过内容及形式的生产，形成一种普遍性的社会认同的，最后分析在不同的社会文化语境下，如何通过综艺这种形式获取文化领导权及文化认同。

二、湖南广电的综艺格局及其内容流变

在中国电视业的层级结构中，自20世纪80年代的"四级办电视"政策所制定的传统，以及随着20世纪90年代卫星电视的普及，基本上被划分为中央电视—省级卫视—地面电视三个层级。这种基本格局造成了行政资源、文化资源和经济资源在各层级电视机构上的不均衡，也导致了在内容生产能力上相应的差序格局。其中，在综艺节目生产的层面上，与新闻节目的生产不同，由于前者更少地受制于行政性因素，因此经济资本及文化资本的积累程度更大地影响着国内综艺节目生产的格局。随着以"爱优腾"为首的视频网站平台自21世纪第二个十年中期成为综艺节目生产的主力军之一，当下中

---

① ［美］劳伦斯·格罗斯伯格等：《媒介建构：流行文化中的大众媒介》，祁林译，南京大学出版社2014年版，第205—206页。

国综艺节目的生产格局也发生了改变。根据综艺节目的生产者对经济资本及文化资本所占比例的不同，包括互联网视频平台在内的综艺生产格局被分为三个层级：以湖南卫视为代表的强一线省级卫视、以"爱优腾"为代表的视频平台处于这个综艺生产场域的核心地带（即第一层级），中央电视台和以河南卫视为代表的二线省级卫视处于第二层级，其他省级卫视和部分地方电视台则处于第三层级。由此，在这样的以内容生产能力及资本累积量为划分标准的层级格局中，综艺节目在不同的发展阶段呈现出不同的特点。

在以上所分析的层级格局中，湖南广电在视听综艺所构建的综艺节目生产格局中始终处于核心地带。湖南卫视自1997年"上星"以来，依靠《快乐大本营》和《玫瑰之约》带动了中国电视业的娱乐化转向。2005年第二届《超级女声》掀起了综艺选秀节目热潮。其间也伴随着对实验性电视综艺的探索，比如2006年播出的《变形记》第一季在社会上引发了城乡结构差异的讨论与关注。2013年《爸爸去哪儿》第一季的热播，给中国的综艺节目吹来了一股"韩流"，随后湖南卫视及芒果TV推出了一系列从韩国模式中寻找到来源的综艺节目。2017年，《朗读者》在全国刮起了一阵文化旋风，随即一大批文化类、政论类的综艺节目浮出水面，处于"三分天下"中心位置的湖南广电的视听综艺节目也呈现出更高程度的专业水准及文化元素。在本书第三章中分析了湖南卫视和芒果TV的综艺节目模式的变化，即其节目模式呈现出从港台模式、韩国模式再到本土模式的流变。节目模式与节目内容的关系被电视研究的学者迈克尔·基恩（Michael Keane）比作"派与酥皮"的关系，即形式与内容的关系，其中节目内容的教育性及引领性显然更加重要。在湖南卫视和其后的芒果TV 20余年的综艺节目的发展过程中，作为视听媒体生产和传播的媒介平台，在节目内容上呈现出三次比较明显的变化，即分为三个阶段。

第一个阶段初始于1997年，以湖南卫视"上星"播出为标志，其中以《快乐大本营》和《超级女声》为综艺节目的代表。这个时期的综艺节目以棚内录制的游戏类和选秀类节目为主，通过游戏中的搞笑元素、选秀节目中呈现出的竞争性满足了观众的"窥私欲"，具有明显的通俗性，以娱乐大众为主要功能，呈现出鲜明的娱乐性。即便在节目过程中会穿插教育性的元素，比如前文分析20世纪90年代的《快乐大本营》节目，会通过在游戏环节中间穿插知识性的问答，试图达到"寓教于乐"的效果，但节目整体上依然以游戏性及鲜明的娱乐化特点为主。

第二个阶段开始于2013年，湖南卫视的综艺节目转向高端化，摒弃了低俗化的纯娱乐综艺，这个时期的节目呈现出明显的符合城市中产阶级趣味、具有一定文化品位的特点，在内容上突出了对日常生活的重现，并着重处理了日常生活中的家庭关系。如《爸爸去哪儿》营造出了理想的关于城市中产阶级的育儿想象，呈现出城市核心家庭中的亲子关系；《我家那小子》系列表现了都市中单身青年的独居生活及恋爱生活，表征了城市中青年的亲密关系；《向往的生活》打造出了以城市视角对农村生活的田园牧歌式的想象，以"慢生活"的方式解构了更加复杂化的城乡关系。在此期间的演艺类综艺节目中，更加突出专业性和高端化，如《我是歌手》强调了节目在音乐上的专业性和高端化，相对减淡了"超女""快男"时期选秀节目中的对抗性与明星化的包装与炒作。

第三个阶段开始于2017年，这个时期注重综艺节目的文化性以及对青年观众的吸引，这从湖南卫视的口号由"快乐中国"向"青春中国"的转变就能看出来。在这个视听综艺的新时期，综艺节目的内容呈现出以下几个特点：第一，文化类、政论类的综艺节目的数量增多，并注重与青年文化相结合，比如打造了文化类、政论类综艺《社会主义"有点潮"》《新时代学习大会》等，以游戏问答、RAP演唱等符合青年审美及习惯的形式结合对中国共产党历史的讲述，在青年中产生了比较大的影响力；第二，在其常态化的日常生活类的综艺节目中，在综艺的题材及内容上融合主旋律内容，比如扶贫类综艺《云上的小店》《希望的田野》等，节目的主要题材是通过把明星开的杂货店放置在贫困村的日常空间中，以及带领农民对当地特产进行直播带货的方式，把国家关于振兴农村经济的战略融入观众喜闻乐见的综艺节目当中，让普通观众对国家的主流意识有更深入的了解，取得了较好的传播效果；第三，在已有的热门综艺中融入更多的代表社会主义核心价值观的内容，比如在2017年开播的热门综艺《亲爱的客栈》中，其第二季直接选址在内蒙古自治区阿尔山市的白狼鹿村，这里曾经属于国家级贫困县，节目中所建造的民宿和村庄改造工程在节目录制结束后，被全部保留作为当地旅游业的基础设施，节目的热播繁荣了当地的旅游经济。2019年4月，阿尔山市已经退出贫困县的序列，并成为"2020年度旅游扶贫典型案例"①。

从1997年至当下20余年的发展过程中，湖南广电旗下的电视台及平台所生产的综艺节目内容及话语指向呈现出明显的三次转向，即从纯娱乐性到中性化的具有城市与专业属性的，再到把主流宣传和娱乐性质融合的演变趋向。其中，从纯娱乐性向中性化再到主流化的转变趋势，并不意味着娱乐化的丧失和主流宣传刻板性的加强，而是经由节目的文本性内容在不断变化的社会文化语境中，由政策及主流宣传、集体性的社会心理、观众所处的社会阶层及品位等因素合力形成的。

因此，本章将对节目进行内容层面的解读，以不同时期具有代表性的综艺节目为分析对象，通过解读节目文本如何回应日常生活的基本议题，如何通过具有娱乐特性的方式逐渐加深主流价值观对综艺节目的融合，并呈现出这一转变过程，试图证明把主流文化融入综艺节目，在一定程度上是中国特色文化的一种实力体现，体现出在全球性的综艺节目发展及流通的语境中，中国的综艺节目已经逐渐探索出一套具有中国本土性与文化性的综艺节目的体系。接下来，本章将从湖南卫视及芒果TV所呈现出的综艺节目的内容入手，展现其文本内容的流变，即从20世纪90年代末至21世纪前十年的纯娱乐化时期，到21世纪第二个十年的城市化、专业化转向时期，再到近几年来的主旋律文化融合的时期。通过对节目内容在不同时期对家国关系表征的变化，解释主流文化认同及价值观是如何通过娱乐性节目的形式呈现出来的，以及其具有哪些基本特征。

---

① 《阿尔山喜提"2020年度旅游扶贫典型案例"》，《潇湘晨报》2021年1月6日。

第二节　亲子关系、亲密关系在都市视域中的表征

从内容的角度看，综艺节目所经历的三个阶段都蕴含着与当时社会文化的勾连，并回应了主流的大众文化及观众的心理需求。虽然娱乐性贯穿于不同阶段综艺节目内容的始终，但娱乐的特性及表现方式却呈现出不同的特点。在第一章中，笔者分析了20世纪90年代末综艺节目中娱乐的表现形式，本章将对后两个阶段综艺节目的内容进行分析。本节主要分析的对象为第二阶段的综艺节目，其突出的特点是对城市日常生活的表征。家庭成为综艺节目展开的重要空间，亲子关系与亲密关系是家庭关系中的重要组成部分，电视综艺节目以节目表征的形式，进行了关于家庭及家庭关系的构建。本节将以湖南卫视推出的两档"现象级"综艺节目为例，分析综艺节目是如何表征城市日常生活中的家庭关系的。

一、城市中产阶级亲子关系的表征

《爸爸去哪儿》于2013年10月11日在湖南卫视首播，定档于每周五的22:00，并于2017年9月14日起在芒果TV播出其第五季。如在第三章中所提及，《爸爸去哪儿》在节目模式上引进了韩国MBC电视台的《爸爸！我们去哪儿？》，节目定位为"大型亲子户外真人秀节目"，主要通过展现明星父亲们独自带着自己的孩子在非城市空间（主要为乡村地区）旅行过程中的日常生活，试图对亲子关系与教育进行呈现，并引起较广泛的社会讨论。这是湖南卫视在2012年的"限娱令"风波之后推出的力作，也是在中国范围内最早推出的以明星亲子育儿为主题的真人秀节目。《爸爸去哪儿》第一季的平均收视率为3.7%，平均收视份额为19.5%，[①] 这对于一个在周五22:00播出的节

---

① 陈若愚主编：《中国电视收视年鉴2014》，中国传媒大学出版社2014年版，第388页。

目来说，无疑是一个惊人的成绩，创造了2013年国内常规、季播节目的收视纪录，成为一档"现象级"综艺节目。下文主要以节目内容对城市家庭亲子关系的表征作为分析的对象。

《爸爸去哪儿》之所以一经推出便成为"现象级"综艺节目，一方面是由于它在模式引进上的创新行径，引入了韩国真人秀节目的元素；另一方面是节目锁定"明星父亲独自照顾孩子"的中心，切中了当时的社会语境，正如总导演谢涤葵所说："中国的父亲太忙了，以至于他们没有时间和孩子建立密切的亲子关系。中国长期'男主外，女主内'的文化中存在父亲角色失位的问题，这个问题值得我们重新审视。"[①]在中国社会的变迁当中，父子关系从儒家传统中的"父慈子孝"到汉代以后的"父亲作为绝对权威需要被绝对尊重与服从"，以及在家庭当中，父亲作为一家之主，必须对其子女进行行为上的约束和教导，好的父亲需要是阳刚的，而好的母亲则需要是慈爱的……在这样的文化传统中，父亲与孩子的关系是较为固定的、不需要被过多讨论的。随着中国经济与社会的发展，西方的教育理念被中国城市家庭，尤其是被城市中产阶级家庭所接受，如何"科学地""健康地"养育全面发展的孩子成为都市中产阶级家庭父母所关注的问题。在这个层面上，《爸爸去哪儿》回应了城市中产阶级的焦虑，并为作为观众的城市中产阶级提供了在日常生活实践中"育儿技术"的指引，塑造了一种父亲养育孩子的"理想模式"。那么《爸爸去哪儿》是如何通过节目流程的设计、嘉宾的选择、采访的设置，以及后期的制作来塑造"好爸爸"的形象及理想的亲子关系的呢？接下来将通过对节目文本进行内容的叙述分析，进而阐释这一问题。

从第一季到第五季，《爸爸去哪儿》都遵循一个基本的叙事原型：在节目的开始，父亲们和孩子们以及制作团队到达拍摄地点，拍摄地大都位于风景优美的乡村。在介绍了村庄和生活环境后，父亲们与孩子们需要通过游戏竞争的方式"选房子"，一些父子会选中环境干净、整洁舒服的房子，而另外一

---

① 于佳欣、明星《好的娱乐节目是实现口碑和收视双赢——专访〈爸爸去哪儿〉总导演谢涤葵》，新华网2013年12月29日，具体参见：http://www.163.com/money/article/qH76031S00253B0H.html。

些父子选择的房子会相对简陋。在选定居住场所后，会执行一定的竞争性任务，比如挑选食材或者结合当地风俗传统的游戏。接下来父亲们会准备晚餐并安排孩子与自己一起睡觉。第二天早上，一般在早餐时间会有另一个游戏，早餐结束后会与当地村民进行大量的互动，一起参与到当地居民的日常生活和游戏中，比如采摘莲藕、出海打鱼、进行腰鼓表演等。在三天的旅行结束之时，节目组会设置对父亲们的采访环节，父亲们通过回忆本次旅行中与孩子们相处的细节，评价孩子们的表现并对自己与孩子相处的过程中存在的问题进行反思，此刻会穿插父亲与孩子相处细节的画面。在这样的基本叙事结构的安排下，会出现两组明显的转变：一是孩子们变得更加懂事、更加理解父亲、更加乖巧等；二是亲子关系的转变，从父亲不懂如何与孩子相处到与孩子相互理解的更加"和谐"的亲子关系。同时，在后期制作中通过花字、音效的处理，一方面对孩子天真烂漫的一面做卡通化的"萌化"处理，以更加吸引观众，另一方面通过后期制作编辑和串联起故事的逻辑，用卡通花字的形式对场景中所处的氛围与人物的情绪做出提示。

《爸爸去哪儿》在表征亲子关系上获取的成功，关键在于其在对亲子关系的呈现中，具有鲜明的日常生活化的特点。虽然节目中呈现的是在社会中处于名流的明星家庭，但是在对亲子关系、家庭教育的节目呈现中，却是从普通人的日常生活维度展开的。在节目中我们可以看到，"家庭"是节目所关注的重要领域。在每一季节目的第一期，节目组人员都会进入明星家中拍摄他们出发前的准备，对明星家庭的空间及日常生活进行展示，这不仅增加了节目对观众的吸引力，镜头语言也在呈现着孩子们对母亲的依赖。在后续旅行的过程中，母亲始终是不在场的（除了在每一季的最后一次旅行中，母亲会参与进来），父亲在与孩子相处的过程中，处理了许多对他们来说的"艰难任务"。一方面是节目组为他们设计了一些比较困难的生存环境，比如在极其简陋破旧的房子内睡觉；另一方面是在游戏中父亲需要和孩子一起合作赢得奖励，比如一顿美味的早餐或者更好的住宿环境，因此在节目中游戏成为加强父亲与孩子之间亲密关系的纽带。在节目呈现出的内容中，我们看到父亲们是如何努力完成在日常生活中非常普遍的任务的，比如编辫子、换尿布、冲奶粉或者做饭，这种对于父亲来说陌生的日常活动引发了父亲对妻子表达出一种新的尊重。从节目文本所呈现出的内容看，明星父亲和普通人一样，在和孩子相处的过程中也会存在许多问题，这种日常生活化的叙事策略，更容易引发作为观众的城市中产阶级对家庭关系与亲子关系的关注与反思。

在对父权角色的塑造上，节目中运用大量镜头语言和采访来完成。在对节目内容的表征上，"好父亲"的形象是通过表现父亲与孩子之间的日常活动而展现出来的，诸如拥抱、鼓励孩子，耐心地与孩子一起完成活动等。同时，节目在编辑和镜头语言上也使用了特定的技术来界定和塑造父亲的形象。其中塑造好父亲的技巧之一就是反思的模式：在每期节目的尾声，父亲们被请入一个单独的空间，细数和孩子相处过程中出现的感动与问题。父亲们通常在采访的开始部分表达出他们照顾孩子过程中的辛苦和疲惫，大多数父亲很少有甚至没有育儿方面的经验。采访中重点放在表现父亲们情绪的变化，父亲们都惊讶于自己孩子个性的丰富性，他们意识到自己几乎不了解自己的孩子，并进行自我批评，同时表达出一种希望与孩子建立更亲密关系的意图，他们有时候也会非常情绪化地进行反思。例如在2015年第三季第十期中，胡军在采访中说：

> 平时在工作的时候儿子给我打电话，我总是说我这边在同期录音呢，先不跟你说了啊，到时候再给你打，"啪"就把电话挂了，可能到时候我就把这件事给忘了就没打回去……突然觉得在某种程度上，跟女儿相比较而言，我确实有些忽略他，甚至忽视他，反正心里其实挺难受的，真的难受，没想到他会说出那样的话……①

在采访中，父亲们都会比较直接地表达出自己在和孩子相处的过程中遇到的问题及对自己的反思，并说明自己在未来与孩子相处时会如何去注意这些问题。在节目中，通过任务和游戏的设计，能让父亲们更加清楚自己在育儿中存在的问题，并通过采访的方式直接向观众传输好父亲应该具有的品质。

---

① 此段对胡军的采访来自《爸爸去哪儿》第三季第十期88分12秒的内容。

在节目文本的叙述当中,通过对日常生活化的叙述,呈现出明星父亲和孩子间也存在多种问题。《爸爸去哪儿》的确将城市中产阶级所面临的育儿困境展现了出来,但同时节目中没有主动呈现出的或刻意回避的城乡差异等问题同样值得探讨。《爸爸去哪儿》节目所设定的基本场景中采取的是一个从城市向乡村流动的视角,节目中所展现的乡村景象也都是美丽的、淳朴的、乌托邦式的,无论是新疆的草原、云南的湿地、西双版纳的雨林、山东的海岛,还是福建的土楼,在取景上无一不是极为纯净壮丽的景色,这无疑与中国农村真实的景象和日常生活相去甚远,乡村在节目中只是作为一个故事发生的场景。生活在都市当中的明星父子在乡村的日常生活中遇到的困难被视作节目情节展开的必要环节,生活在都市中的父亲与孩子对乡村是陌生的,节目在结构上呈现出明显的城乡差异,节目情境中所展现的乡村仅仅作为城市中产阶级育儿实践的背景,而真实的农村地区的家庭及教育现状却被忽视在节目主体的框架之外。这种对乡村的乌托邦式的再现同样发生在湖南卫视的其他综艺节目中,已然成为一种在综艺节目中对乡村再现的固定模式,其背后与2013年以来湖南卫视高端化转型的频道定位和年轻化的目标受众人群不无关系。

总体来看,《爸爸去哪儿》通过对明星父亲与孩子之间日常生活化的叙事策略,在某种程度上回应了城市中产阶级在育儿问题上的焦虑,也的确为观众提供了在家庭亲子关系上的引导与思考的空间。通过对明星亲子关系的再现,塑造一种理想的"亲子关系"的模式,对什么是具有示范意义的城市核心家庭中的亲子关系进行了呈现。节目内容杂糅了消费主义和城市中产阶级的生活方式、乡村生活的审美化、儒家传统文化的回归等问题,通过策略性地借用当下中国所面临的城乡差异、贫富差距等不平等的社会现实来进行节目内容的建构,但事实上却回避了这种差异性和不平衡性的社会现实本身。这样的问题同样存在于湖南卫视及芒果TV的其他综艺节目当中,这也是日常生活类综艺节目所暴露出的普遍性问题。

在上文中,选取《爸爸去哪儿》这个湖南卫视推出的具有"现象级"影响力的综艺节目,通过对其进行节目内容的解读,说明该综艺节目通过塑造一种城市生活中"理想的"亲子关系的范式,回应了城市中产阶级在育儿问题上存在的焦虑,并通过这种娱乐化的手段,使观众形成一种关于亲子关系及家庭教育的认同。在家庭关系中,还有另外一种较为典型的关系,即亲密关系。作为深刻地进入日常生活建构的综艺节目,湖南广电在综艺节目上对亲密关系的表征,也构成了其综艺内容的重要类别。

二、都市青年亲密关系的表征

2019年,湖南卫视陈歆宇团队推出观察类综艺节目《我家那闺女》,通过棚内观察讨论、棚外对嘉宾家庭空间及日常生活进行全方位监控的方式呈现。这是湖南卫视首次采用棚内观察、棚外全方位监控的录制形式,满足了观众对单身明星生活的"窥私欲",一经播出便引发了社交媒体上的广泛讨论。综观已经播出的24期节目,由于家中多机位的监视式拍摄以及跟拍,节目中较为全面地展现出这些作为城市青年的明星的日常生活,同时这种被展现出的日常生活是极为细碎和平常的,诸如看中医、点外卖、吃泡面、独自旅行等,以至于在节目中傅园慧的爸爸看到吴昕点的外卖时也会发出"原来明星也吃麻辣烫的哦"的感慨。梅罗维茨曾提出公私情境合并的观点,认为通过电影、电视,人们可以观察到别人的私生活,他把这一现象称为"私人情境并入公众情境"。[①]这样的节目安排,在一定程度上把明星的生活去神秘化,去掉了其作为明星的光环,把其放在一个普通的城市独居青年的位置上,让观众觉得,原来明星的生活其实和自己是相似的。在这个层面上,观众和明星之间形成了一种观看与被看的关系,无处不在的摄影机使得这种观看与被看的关系进一步加深,演化为一种全景监视视角。福柯曾用"圆形敞视监狱"的隐喻来解释规训,认为全景敞视机制不仅仅是一种权力机制与一种职能的结合枢纽和交流点,还是一种使权力关系发挥功能的方式。[②]真人秀的电

[①] [美]约书亚·梅罗维茨:《消失的地域:电子媒介对社会行为的影响》,肖志军译,清华大学出版社2002年版,第158—165页。

[②] [法]米歇尔·福柯:《规训与惩罚:监狱的诞生》,刘北成、杨远婴译,生活·读书·新知三联书店2012年版,第232页。

视手段让普通人成为可以监视其他人的"老大哥",这种监视与新的传媒技术之间形成直接的对应关系。随着传媒技术的进一步发展,在当代生活中对这种技术不断增加的依赖形成了马克·波斯特所说的"超级圆形监狱"①,个人成为监视自身的主体。詹姆斯·王（James Wong）则更进一步指出②,对福柯来说,圆形监狱的隐喻只是他分析监视的一部分,而更重要的是主体把权力关系在自身的主动实践,我们成为自身的监视者,真正的监视已经不需要存在了,这正是"自我技术"概念的中心。

节目中的 24 小时全监视型拍摄也可以看作全景敞视机制的一种应用,具有公众人物性质的明星成为被监视的对象,观众和演播室中的父母与嘉宾构成了双重的监视主体。在双重监视主体的结构下,节目中所呈现出的明星日常生活以及亲子关系与观众自己的日常生活形成互文的关系,让观众产生一种自己的日常生活和明星的日常生活相似的感觉。然而细究这种感觉可以发现,节目中表征的明星的日常生活是"去工作化"的,即只拍摄明星在非工作时段的日常生活而非作为演艺明星光鲜的工作场景,这其实是一种遮蔽的经济、社会阶层、社会资源等一系列因素的错觉。这种错觉会导致观众因此而生发出一种对自我日常生活的审视,在福柯看来,这成为一种无意识的对自我的监视。由于摄影机无处不在,看似采用上帝视角的观众在对明星的观察中处于优势地位,然而在现实的社会结构中,这种关系恰恰是倒置的。观察类综艺节目通过让观众审视明星,进一步演化为观众对自我的审视。这种审视背后,是与现实中明星和大众关系倒置的权力关系,这种权力关系恰恰契合了以消费主义为主导的关于家庭生活、性别观念以及社会再生产的一系列在社会中较为普遍的占主导地位的意识形态。作为赋权阶层的明星,在此意义上成为意识形态发挥作用的工具,这也是主导性的社会意识形态能在受众当中畅通无阻地运行的隐秘所在。

---

① Mark Post. *The Second Media Age*. John Wiley & Sons, 2018: 68-69.

② Wong. J. *Here's Looking at You: Reality TV, Big Brother and Foucault. Canadian Journal of Communication*, 2001(26): 33-50.

第五章　文化认同——视听综艺与新型家国关系的建立

吴靖用"后社会主义"来命名21世纪中国的社会政策、大众文化和公共意识。后社会主义文化强调对日常生活的一种个人主义、追求物质满足和去政治化的视角，以此成为对过去以集体主义、自我牺牲的清教主义和阶级斗争为核心的社会主义意识形态的消解。重新获得推崇的中国传统文化以及从改革开放中生长出来的市场话语正在取代日益空洞化的社会主义文化价值观，成为在充满变数的"自由"经济以及全球化时代和社会空间中，提供社会认同和文化意义的两种重要力量。无论二者之间有何种差异和矛盾，在当代重新被认可的传统文化与新引进的市场机制在家庭价值和家庭生活的主题下都将得以相互融合，结成某种统一的立场。在这一主题下，对性别和性别角色的重新描绘成为社会变革和创新的焦点，社会主义时期关于女性独立、与男性平等、分享和集体主义的观念受到质疑，并被重新定义。社会主义与女性主义在中国语境中的共同体地位开始解体。通过对性别地位的重新界定，社会主义的文化领导权受到挑战，在大众文化及其媒介载体中处于彻底边缘化的位置，仅仅在官方审查话语中扮演自由文化对立面的负面角色，社会主义的文化政治如何恢复活力，通过自身的重构和与其他进步的政治相互勾连，进入当代中国日趋激烈的意识形态竞争场域，是重要的理论与现实关怀。①

被网友戏称为"大型催婚类"的"我家"系列节目最大的一个特点，绕不开对单身问题的讨论。比如，在《我家那小子》中，朱雨辰71岁的母亲依然对儿子进行保姆式的贴身照顾，以及对未来儿媳极其苛刻的条件要求引发了一场不小的争论；在《我家那闺女》中，对单身女性的探讨几乎成为整季节目的讨论热点，父亲们纷纷表示出对未婚女儿在单身问题方面的担忧，女儿们在现实生活中也对此倍感焦虑。在当代中国社会生活中，尤其是在城市中，剩男剩女的问题经常会引发集体性的社会讨论，而该档节目向单身问题的倾斜，恰恰击中了当代城市生活中普遍性的集体无意识。这种对家庭的重视，也是在历史的变迁中不断地变化而来的。历史地看，中国的家庭化概念

---

① 赵月枝、吕新雨主编：《传播新视野：危机与转机》，华东师范大学出版社2019年版，第283—284页。

从新文化运动中把家庭视为有原罪的／丑陋的所在，到集体主义时期的"褒公贬私"，到改革开放时期出现了逐渐"家庭化"的转向，再到今天人们对家庭的重视，对单身问题的担忧，呼应了20世纪90年代中国进入市场化与全球化以来，家庭重新回到私人生活的重要位置并逐渐成为一种社会性的情感倾向。①正如威廉斯在阐释"感觉结构"②的内涵时，用感觉结构来描述这种在特定的时代中被社会普遍认同的文化，与社会性格相比，感觉结构是以同样的方式被共同体中的很多人所拥有的。感觉结构的拥有的确到了非常广泛而又深入的地步，它似乎不是通过（任何正规意义上的）学习来获得的，而是会随着不同的历史条件发生变化。当代中国这种对家庭的重视的感觉结构，也暗合了市场化以来，随着社会转型中风险的不断加剧，催生了回归传统价值观的土壤，使得家庭再次成为社会感觉结构的重要组成部分。

与同模式的韩国版《我家的熊孩子》和《我独自生活》相比，中国版"我家"系列，单身被渲染得更加"凄凉"，剩男剩女问题似乎成为极其严重的问题。在节目内容的呈现中，无论是棚外的跟拍还是棚内的讨论，单身、相亲、催婚等关键词都占据了绝对的体量。即便是嘉宾与朋友的普通会面，通过节目组的剪辑与花字配乐等后期处理，也让节目效果呈现出一种暧昧的气息。加之棚内父母和观察嘉宾的讨论，揣测和推断自己的儿女是否能和朋友们擦出火花成为棚内讨论的重要内容。而在韩国版本中更多的是对日常生活的呈现，并未对单身或非单身做更多的价值判断。在韩国版《我家的熊孩子》中，嘉宾中同样不乏单身人士，甚至50岁的单身嘉宾金建模在节目中依然享受单身生活的快乐，在棚内观察的母亲也并未流露出明显焦虑，通过节目的剪辑与最终的呈现效果透露出一种单身也可以很有趣的意味。反观中国版《我家那小子》，29岁的嘉宾武艺，独自在家吃外卖与泡面的情形让母亲

---

① 吴小英：《"去家庭化"还是"家庭化"：家庭论争背后的"政治正确"》，《河北学刊》2016年第5期，第174—175页。

② ［英］雷蒙德·威廉斯：《漫长的革命》，倪伟译，上海人民出版社2013年版，第37页。

与观察室的其他嘉宾觉得心酸。诸如此类的内容在中国版"我家"系列中比比皆是，单身被赋予孤独的、凄凉的意味，父母对子女的关心简单地被等同于如果找到伴侣这个问题就会解决。这种区别的根源与当代中国社会中对亲密关系的社会心理有很大关系，这种认为"男大当婚，女大当嫁"的"感觉结构"依然被大多数人所认可。即便随着普遍受教育程度的提高和城市化进程的加快，一线城市已经呈现出结婚率连年下降以及初婚年龄增大的普遍趋势①，但单身被"问题化"仍然是普遍的社会心理。

但是，在这种普遍比较保守的氛围中，节目中也的确尽量安排了来自不同角度的话语。比如《我家那闺女》其中一期的飞行观察员为独立媒体人易立竞，她在节目中明确抛出"婚姻是个选择项，而不是必选项"的观点，认为女性的价值不需要通过结婚生子来实现，单身并不值得被看低，其观点在节目现场和父亲们的观点激烈交锋。正如陈歆宇所强调的："我们这档节目的价值观是一种非标准统一的幸福，幸福是由自己定义的，不需要被社会定义，不需要被父母定义，自己觉得舒服就行，追求幸福生活不止一个标准，它（幸福）一定是开放式的。棚内观察员部分也会有尝试，不仅仅只有明星，我希望有更多的知识分子和意见领袖能进来，能够多一些观点和价值观的输出。"② 从这个意义上说，节目是有一定积极意义的。虽然在已播出的节目中，符合社会主流价值观的较为保守的观点占了很大的比重，但其的确在拓宽公共领域讨论的范畴上，做出了积极的尝试。葛兰西认为文化领导权始终处于"动态性的平衡"中，它并非固定的和压制性的，而是始终在不断变动中达到效果。节目在此意义上，成为一个代表不同话语论争的场域，这个场域中出现了不同于占主导地位的意识形态的话语，诸如"单身是一种选择，女人单身同样可以过得幸福"的话语进入了节目讨论的范畴。从大众媒体的角度来看，节目拓宽了更大的公众议题空间，让代表更多不同立场、不同身份的话

---

① 国家统计局和民政部的数据显示，自2013年开始，全国结婚率逐年下降，从9.9‰到9.6‰、9‰、8.3‰、7.7‰，到2018年只有7.2‰，且经济越发达地区结婚率越低。

② https://baijiahao.baidu.com/S?/d=1623os382s382068810&wfr=spider&for=pc.

语进入公共领域。

观察类综艺与传统慢综艺相比,在模式上的创新点突出表现为增加了父母和嘉宾在演播室内观察和讨论的环节。这一环节的增加,一方面,能从一个更深入的角度记录和挖掘中国父母与子女之间的关系;另一方面,能拓展出一个新的讨论空间。在如今互联网与粉丝群体极其发达的媒介空间中,针对传统的慢综艺,在网络和现实生活中,已经不乏大规模的讨论。而观察类综艺的新模式带来了一个新的讨论空间,即演播室中父母和观察嘉宾的第一视角的讨论,父母视角的加入更能把讨论的空间扩大化,从而拓展在地性的关于中国家庭的讨论空间。节目制片人陈歆宇①在接受访谈时表示:"棚内部分支撑情感建设,父母这代人无论是在社会生活中还是在家庭生活中,话语权都在减少,儿女在家不耐烦听父母说,而这个舞台给了他们表达的权利和表达的空间,他们是很愿意去说的,最终的目的也是促进代际关系。父母的表现非常出色,非常吸引眼球。"

在观察类综艺中,凸显出两个层次的公共与私人领域:第一,明星的私人生活通过摄影机的记录与节目的剪辑进入公共领域,暴露在观众的视野下;第二,明星与父母的关系通过演播室也由私人领域进入公共领域,导致了私人关系的公共化。正如哈贝马斯所说,媒体进入商业化的阶段后,拥有的受众量决定了它的生存与发展。随着受众的圈层化越发明显,媒体为了生存便会将"获得文化商品的条件降低到休闲水平"②来提高受众的获取能力。因此,对明星私人领域的挖掘成为重要的信息来源。另外,当公众人物的私生活走向大众传媒所构建的公共领域,笼罩在这些精英身上的光环被揭开而成为一个普普通通的人,受众则会感到一定程度的心理平衡。观察类综艺节目是让私人领域公共化的桥梁,其意义不仅在于明星日常生活的公共化,更在于把

---

① 陈歆宇团队在湖南卫视以擅长制作慢综艺闻名,其团队制作的《亲爱的客栈》系列节目,开创了中国经营类慢综艺的先河,形成了独特的风格,并颇具现实关怀,制作"我家"系列节目,也传承了其团队一贯的风格和现实关怀。

② [德]哈贝马斯:《公共领域的结构转型》,曹卫东等译,学林出版社1999年版,第192页。

中国家庭中父母与成年子女之间关系的公共化，这两重意义接合了当代中国社会中普遍的感觉结构，把具有代表性的私人日常生活与家庭关系带到了全民讨论的层面。

在普遍的社会感觉结构相对保守的情况下，即父母们普遍希望单身子女能尽快组建家庭，女性还是在适当的年龄结婚生子等情况下，节目中的体现也的确如此，儿女的单身问题是节目中父母们表现出的最大的担忧。但是同时，在节目中依然呈现出与主流感觉结构相左的声音，认为婚姻并不是通往个人幸福的唯一途径。在此，我们可以把节目中呈现出的三种意识形态具体化：第一，是社会主导性的意识形态中为了维系社会的正常有序发展而生发出的对家庭的重视；第二，是以家长的传统思想，即认为结婚生子是人生的必经之路，以及剩男剩女不光彩为代表的观点；第三，是以易立竞抛出的认为婚姻不是必选项，人生有多种通往幸福的途径为代表的新兴观点。威廉斯在分析社会中的文化时指出，与主导性的文化并存的，同时有残余文化和新兴文化。在大多数情况下，残余文化会被主导文化收编，同时新兴文化蕴含着要取代主导的或与主导对立的因素的社会基础，当新兴文化达到具有取代性的程度而且达到同主导相对立的程度时，一种试图对它进行收编的过程也相继开始。节目中所表征的三种立场，恰好代表了主流文化、残余文化与新兴文化，而通过观察类节目特有的演播室讨论的模式，让三种立场出现在同一个场域中进行交锋与碰撞，一方面加深了主流文化对残余文化的收编，另一方面也让新兴的思想打开了一扇可以面对公众讨论的大门，拓宽了公共领域的探讨范畴。然而我们也应警惕，一旦这种新兴的思想占据了绝对的上风，就难免有继续被主流意识形态收编的危险。

家庭关系是日常生活中存在的基本关系，如何通过综艺节目的形式表征家庭关系，尤其是城市中产阶级的家庭关系，回应城市生活中年轻观众的集体性问题及焦虑，是以城市化和专业化为特点的综艺节目发展的第二个阶段中节目所重点处理的问题，对日常生活的表征是该阶段综艺节目内容的突出特点。本节以湖南卫视推出的两档"现象级"综艺节目《爸爸去哪儿》和《我家那闺女》为例，其分别对应了城市日常生活中的亲子关系与亲密关系，通过对节目文本进行内容分析，用于论证以这两档节目为代表的综艺节目，是如何通过构建"亲子关系"与"亲密关系"来实现一种以都市中产阶级为典型的理想化家庭的塑造的，一方面回应了现实生活中城市中产阶级所面临的育儿焦虑与婚姻焦虑，另一方面通过对理想化的家庭关系的表征，在一定程度上完成了观众对家庭文化的认同。

除这两档综艺节目之外，湖南卫视和芒果 TV 近年来也相继推出了如《妈妈是超人》《旋风孝子》《妻子的浪漫旅行》《女儿们的恋爱》《再见爱人》等表征"亲子关系"与"亲密关系"的综艺节目。这些节目都是通过对日常生活尤其是家庭关系的呈现，实现一种在当代都市中对家庭关系的表征。这种新型家庭关系的表征一方面塑造了在当代中国都市的语境中，更为现代的生活方式在核心家庭制中对家庭关系更为丰富与多元的定义，另一方面代表了"家和万事兴"的和谐的儒家文化色彩的家庭观，两个方面共同构成了受众对当下中国新型家庭关系的文化认同。

第三节 构建新时代青年文化的引领力

林春在《中国与全球资本主义》中用马克思主义的路径对社会主义的中国模式进行了诠释。她认为文化的"中国性"，无论是威廉斯意义上的残余文化，还是新生文化，从根本上说，都具有政治性特色，即所谓的"中国特色"，不是有中国特色的社会主义，而是中国特色社会主义就是社会主义。[①]在上一节中，笔者介绍了以湖南广电综艺节目发展过程中的第二阶段，即注重对城市日常生活表征并构建家庭关系的认同为特点的综艺节目。在近年来国家建设主流媒体的媒介战略下，对青年文化的引导与引领被注重起来，体

---

① Lin Chun. *China and Global Capitalism: Reflections on Marxism, History, and Contemporary Politics*. Palgrave Macmillan. 2013, pp.197–214.

现在青年观众接受程度高的综艺及娱乐性节目中,即呈现出更多的主流性色彩,这构成了以文化性和主流性为特点的综艺节目发展的第三个阶段。值得注意的是,对青年文化的引领性已经摆脱了刻板的说教性质,而是以一种更为青年人所接受的带有娱乐色彩的节目表现形式,同时具有中国特色文化性内核的新型的节目内容与形式,促进青年人形成更加生动与深刻的文化认同。

一、新型主流媒体建设中的青年文化

正如霍尔和惠内尔所言:"青年人的问题在很大程度上表征了社会性的症候。"[①]因此对青年与青年文化的关注在不同的历史发展进程中都显得尤为重要。无论是 100 多年前的"五四精神"、20 世纪 80 年代的"潘晓讨论",还是如今的"饭圈女孩",都代表着青年人在不同的社会历史语境中所处的思想与文化状态。陈映芳在考察青年人与社会变迁的关系时指出:"青年承载着以社会历史使命为核心、以国家民族利益为前提的角色期待。改革开放之后,中国社会在整体上呈现出一种'非青年化'的趋势。"[②]自 21 世纪以来,青年文化及青年话语已经呈现出明显变化,吴小英用"从政治的青年到文化的青年"来形容这一变化,具体表现在其对作为宏大叙事的政治话语和角色期待的规避,及其对流行文化的创造力上。但这并不意味着青年对政治的漠视,只是表达与参与政治的方式和模式已经发生了巨大的转变。[③]

近几年来,网络世界出现了以青年为主体参与者的爱国主义的"出征"。例如,2019 年 8 月王嘉尔、张艺兴等流量明星在海外社交平台 Instagram(照片墙,简称 ins 或 IG)上收到大量负面评论,他们的粉丝随即翻墙到 Instagram 留言,以"我家哥哥出道几千年,现存最古老文明"刷屏。随后,"我们都有一个爱豆,名字叫阿中""守护全世界最好的阿中"等话题词经常

---

① Stuart Hall and Paddy Whannel. *The Popular Art*.Beacon Press.1967, p.274.

② 陈映芳:《"青年"与中国的社会变迁》,社会科学文献出版社 2007 年版,第 220—225 页。

③ 吴小英:《再论青年与青年研究:从概念变迁到范式转换》,《青年研究》2019 年第 6 期,第 8 页。

登上新浪微博话题热搜排行榜,成为新浪微博舆论场的焦点。这些为祖国"偶像""出征"的青年人,被称为"饭圈女孩",她们在媒体中的形象被漫画手法表现为手持键盘、头戴兔耳帽①的可爱的女性形象。借由粉丝文化运作的方式把祖国人格化为爱豆(idol)并用刷屏、跟帖等形式在网络空间中表达对祖国的立场等手段,以及"阿中哥哥"和"饭圈女孩"的出现,可以看作最近几年诞生的"粉丝民族主义"日渐成熟的标志。粉丝民族主义的形成,背后有两条脉络可以作为解释:第一,官方意识形态宣传手段的改变,及其构建形成新的意识形态宣传媒体环境所呈现出的娱乐化倾向;第二,官方主流文化与青年亚文化之间的复杂关系,官方主流文化的宣传已不是霸权式的,青年亚文化也绝非简单的符号式抵抗,两者之间相互渗透,构成了近年来官方意识形态宣传和青年文化之间的独特张力。

近年来,随着网络信息化水平的不断提高,互联网文化对日常生活融入程度的不断深化,以及国家经济与政治水平的日益发展和开放,国家进行主流宣传工作出现了一系列的新问题:第一,随着互联网信息的传播广度的拓宽与速度的不断增加,通过多种网络途径传播的信息可以在短时间内迅速形成效应,对国家安全与信息治理提出了新的挑战;第二,随着具有商业资本属性的大型传媒平台的兴起,以及传统大众传媒影响力的式微,主流宣传的范围和影响力受到了一定程度的影响。因此在国家层面上出现了利用国家资本来推动媒介的融合,搭建新的媒体平台,打造融合性的"新型主流媒体"的一系列政策及实践。

自2014年以来,国家采取了一系列关于媒体发展的政策。其中不容忽视的是,在多重政策中着重突出了对青年人文化上的影响力。也正是基于以上因素,近年来官方话语在对媒介和青年关系的定位上发生了较为明显的转变。通过梳理习近平总书记自2013年以来发表的关于媒介思想的若干讲话精神,

---

① 头戴兔耳帽的形象,来自漫画《那年那兔那些事儿》,该漫画后于2015年被改编成网络动漫在各大网络平台播放,主要内容为通过卡通漫画的形式讲述中国历史,在青年观众中引起广泛共鸣。

大致可归纳为以下几点：第一，强调对于媒介融合思想及互联网思维的重视，并大力推进传统媒体与新兴媒体的全方位融合；①第二，加大力量关注和研究青年文化，把主流媒体宣传以青年人喜闻乐见的形式展开，这就意味着加强对青年人文化"阵地"的占领，并掌握新的媒介手段②，从而加强青年人的思想建设③；第三，注重中国文化的海外传播，讲好中国故事，推进中国文化走出去。④

同时，需要着重指出的是，在当下的社会文化语境中，国家层面大力加强对青年文化的重视，这体现在对新时代青年的定位更加精准，并充分肯定

---

① 例如，习近平在 2014 年 8 月 18 日中央全面深化改革领导小组第四次会议上的讲话中指出："推动传统媒体和新兴媒体融合发展，要遵循新闻传播规律和新兴媒体发展规律，强化互联网思维，坚持传统媒体和新兴媒体优势互补、一体发展，坚持先进技术为支撑、内容建设为根本，推动传统媒体和新兴媒体在内容、渠道、平台、经营、管理等方面的深度融合，着力打造一批形态多样、手段先进、具有竞争力的新型主流媒体，建成几家拥有强大实力和传播力、公信力、影响力的新型媒体集团，形成立体多样、融合发展的现代传播体系。" 2015 年 12 月 25 日习近平在视察解放军报社时发表的讲话中指出："要研究把握现代新闻传播规律和新兴媒体发展规律，强化互联网思维和一体化发展理念，推动各种媒介资源、生产要素有效整合，推动信息内容、技术应用、平台终端、人才队伍共享融通。"

② 例如，在 2013 年 8 月 19 日至 20 日，习近平在全国宣传思想工作会议上的讲话中指出："很多人特别是年轻人基本不看主流媒体，大部分信息都是从网上获取。必须正视这个事实，加大力量投入，尽快掌握这个舆论战场上的主动权，不能被边缘化了，要解决好本能恐慌问题，真正成为运用现代传媒新手段新方法的行家里手。"具体参见：http://www.xinhuanet.com/politics/szxzt/qgxcsxgzhy/。

③ 例如，习近平于 2019 年 1 月 21 日在省部级主要领导干部坚持底线思维着力防范化解重大风险专题研讨班开班式上的讲话中指出："要高度重视对青年一代的思想政治工作，完善思想政治工作体系，不断创新思想政治工作内容和形式，教育引导广大青年形成正确的世界观、人生观、价值观，增强中国特色社会主义道路、理论、制度、文化自信，确保青年一代成为社会主义建设者和接班人。"具体参见：http://www.gov.cn/xinwen/2019—01/21/content_5359898.htm。

④ 例如，2016 年 2 月 19 日，习近平总书记在党的新闻舆论工作座谈会上指出："要加强国际传播能力建设，精心构建对外话语体系，发挥好新兴媒体作用，增强对外话语的创造力、感召力、公信力，讲好中国故事，传播好中国声音，阐释好中国特色。"具体参见：https://topics.gmw.cn/node_82772.htm。

青年在国家发展中的重要地位。例如，2022年4月国务院新闻办公室发布的《新时代的中国青年》白皮书①中指出，新时代的青年人处于中华民族发展的最佳时期，青年人的物质与精神文化生活都得到了极大的丰富，在青年人的精神文化品位不断提升的过程中，随着新兴的文化产业发展为青年人提供的更多的文化产品及更加丰富的文化视野，着重指出了青年人深刻地影响着中国互联网的发展潮流，要求青年人要"在网上积极弘扬正能量、展示新风尚，共同营造清朗网络空间"。同时确定了中国青年应该坚定的三个方向：坚信中国道路、坚守价值追求和坚定文化自信，要求中国青年要不断从中华优秀传统文化、革命文化、社会主义先进文化中汲取养分，特别注重从源远流长的中华文明中获取力量。在庆祝中国共青团成立100周年会议上，习近平总书记指出青年人对于实现民族伟大复兴的重要意义："实现中国梦是一场历史接力赛，当代青年要在实现民族复兴的赛道上奋勇争先。……新时代的中国青年，生逢其时、重任在肩，施展才干的舞台无比广阔，实现梦想的前景无比光明。"②

从以上官方话语中可以很清晰地看出，在新型主流媒体建设过程中，官方的主流意志对青年文化的重视，如何把主流宣传更加有效地融入媒介当中，使得对青年文化的引领力不仅仅是刻板的、说教式的，而是获取来自青年受众更为主动的文化认同，是近年来在新型主流媒体建设过程中面对的重要问题。在主流宣传的手段上，开始借用青年人更容易接受的形式③，具体体现在以下几个层面。第一，在主流宣传的渠道上，更多地融入青年人习惯使用的

---

① 2022年4月，中华人民共和国国务院新闻办公室发布《新时代的中国青年》白皮书，具体参见：http://www.scio.gov.cn/ztk/dtzt/47678/48169/48177/Document/1723487/1723487.htm。

② 2022年5月10日，习近平总书记在庆祝中国共产主义青年团成立100周年大会上发表重要讲话，具体参见：https://baijiahao.baidu.com/s?id=1732407127453738183&wfr=spider&for=pc。

③ 例如，2014年1月中国共青团中央委员会在《全面深化改革进程中共青团工作五年发展纲要》中强调，要"经过五年努力，力争形成内容上与青年思想实际和认知规律相适应，方法上更具吸引力、亲和力和感染力的青少年思想引导工作体系"。

平台渠道中，例如在新浪微博平台"共青团中央"账号拥有1777.6万粉丝（数据截止到2023年10月18日）的关注度，其发布内容通常以年轻人喜闻乐见的漫画、视频、歌曲等形式呈现，在青年中具有较广泛的影响力。在以青年为主要受众对象的视频平台哔哩哔哩、芒果TV中，也都开辟了专门的青年专题板块。第二，在宣传手段上，融入在青年中具有强大粉丝群体的明星元素，具有正面形象的明星逐渐成为进行主流宣传的主力角色。第三，在具体呈现出的文艺形式上，把主流宣传融入更多青年观众喜爱的综艺节目、电视剧、电影等形式中。

具体到主流媒体对节目内容的生产环节，其自制节目对官方话语的呈现方式如何更加有效地引发青年观众的认同就显得尤为重要。湖南广电的第四轮改革的重点即为建成新型主流媒体集团，在此过程中对主旋律节目的生产和传播成为其在内容生产上的重点。接下来，本书将以湖南卫视和芒果TV推出的自制节目为例，分析在建设新型主流媒体的过程中，节目内容如何越发具有中国特性，并逐渐形成了对青年受众在文化上的引领力。

二、讲好新时代的青年故事：娱乐节目与主旋律的新型融合

湖南广电自2015年开始发展新型主流媒体战略以来，从其具体实施的改革政策及播出的节目内容来看，发展了两个层面的革新。一是在宏观性的战略层面强调媒介融合。笔者在进行田野调查期间，这种强调"媒介融合"的思想一直在湖南广电的战略策略中占据极其重要的位置，如前文提及的对"芒果生态圈"的打造，同时湖南广电积极推进和其他优势媒介资源及技术的合作与融合。二是在节目内容上更加注重"主流色彩"，与以往的意识形态宣传性节目更加刻板、说教的形式不同，湖南卫视及芒果TV推出的主流宣传节目显然抓住了青年人与娱乐化元素。

其中，在具体的节目内容和类型上的主流化及文化性呈现出以下几个特点：第一，在已有的具有广泛受众基础的王牌综艺节目中，以更为生动的形式融合本土性、正能量的具有主流价值观的元素；第二，开发原创性的文化政论类综艺，这类综艺节目的主要目标受众为青年学生，通过具有娱乐性色

彩的表现形式，结合与青年思想宣传相关的内容，如《社会主义"有点潮"》及其第二季《新时代学习大会》，在青年观众中受到广泛好评。第三，在多种自制节目的基础上，开发以融合中国文化特色、体现中国特色社会主义实践为主要内容的节目类型。如展现中国青年建设"一带一路"的纪录片《我的青春在丝路》，展现历史上中国的文化变迁的纪录片《中国》、专题短剧《理想照耀中国》等，一系列微专题片、短综艺、理论片、纪录片、新闻大片、广播剧作品，用颇具新意的形式达到了在青年观众中具有影响力的传播效果。如《百炼成钢·党史上的今天》，以编年体形式回溯中国共产党百年来的历程，是国内首档且持续时间最长的庆祝建党百年微专题片；《为有牺牲》以"宣传片＋正片＋英雄谱＋胡湘平"的组合式报道，扎根湖南本土的文化特色，展现湖湘儿女百年奋斗与牺牲，给人以强烈的情感冲击力和艺术震撼力。以上叙述的多种类型的融合主流文化及价值观的节目，呈现出一个鲜明的特点，即都以青年人为表现主体及主要的目标受众群体，在内容与形式上都具有年轻化的特点，通过青年观众接受度更高的节目形式，并融合进本土性与文化性，引发青年观众广泛的关注。接下来，本书将以文化政论类综艺《社会主义"有点潮"》及其第二季《新时代学习大会》、专题短剧《理想照耀中国》，以及融合更多本土性文化特色的综艺节目为分析对象，通过对节目内容进行解读，分析在当下新型主流媒体建设的语境中，节目内容如何呈现出向文化性的转向并使青年受众群体建立起对国家的认同感。在接下来的行文中，将按照这三种类型，结合具有代表性的节目的文本内容与传播特点，分析新时代中国文化特性与主流价值观如何在青年受众中获取文化认同。

第一，在湖南广电一直所擅长的以娱乐性为主的传统综艺节目模式中，不再过度强调竞技性与娱乐化，而是呈现水准更高的节目内容，并深挖中华民族文化中的精神资源，融入更多的主流色彩与文化情怀。例如，2022年4月24日，由国家广播电视总局网络视听节目管理司、国家广播电视总局国际合作司（港澳台办公室）、中央人民政府驻香港特别行政区联络办公室宣传文体部特别指导，湖南广电联合香港TVB出品的音乐献礼节目《声生不息·港乐季》，在芒果TV、湖南卫视、香港TVB三平台首播。在节目的流程上，依然按照演唱竞技类的综艺节目设置，通过来自内地与香港的16组歌手演唱经典的粤语歌曲，观众现场投票的基本模式进行，但并不采取竞争制与淘汰制，与湖南卫视此前推出的同类型综艺节目《我是歌手》系列相比，弱化了竞争性与对抗性。同时，节目内容通过对港乐经典的创新性表达，让具有传播意义与审美性的香港音乐重新回归观众的视野，让内地与香港人民特别是青年观众，以音乐为载体，更加了解彼此的文化。在歌曲演唱中穿插具有历史性与文化记忆的纪录片片段和对歌手、学者的采访，在这些能唤起共同体想象的画面中，呈现出1997年香港回归祖国、2000年中央人民政府驻香港特别行政区联络办公室正式挂牌、2003年"内地香港自由行"开通、2008年香港演艺界举行义演为汶川地震受灾同胞筹集赈灾款、2018年港珠澳大桥通车、2019年《粤港澳大湾区发展规划纲要》发布、2020年《中华人民共和国香港特别行政区维护国家安全法》通过等一系列历史时刻。节目以对港乐的演绎为载体，并结合音乐背后所具有的历史性文化意义的讲述，以中国文化的多样性为底色，在青年观众中得到广泛好评，使青年观众心中构建起了对祖国的认同感。这档节目的基本结构及模式并未脱离传统的竞演类综艺节目，依然以演唱、投票，穿插幕后故事及采访为主要的节目流程，但在主题及具体内容的选择上，把粤语歌曲作为连接内地与香港同胞建立民族认同感及自豪感的能指，在不失综艺节目娱乐属性的同时，展现出一定的历史感与文化性。作为一档"献礼节目"，在香港回归祖国25周年的历史性背景下，《声生不息·港乐季》并没有走向刻板化与说教化，而是以文化性与历史感构建起内地与香港青年观众对祖国的认同感，这可以作为新型主流媒体在新时代如何"讲好中国故事"的有效例证。

自2013年以来，国家采取了一系列关于媒介融合发展[①]的宏观性宣传政

---

① 自2013年8月举行的全国宣传思想工作会议中提出深入开展中国特色社会主义宣传教育、讲好中国故事、加快传统媒体与新兴媒体融合发展等要求，进而在2014年8月的中央全面深化改革领导小组第四次会议上明确提出要建成几家拥有强大实力、传播力、公信力、影响力的新型主流媒体集团后，媒介融合成为宏观性宣传思想的主流性内容。

策,着力建设新型主流媒体,并密切关注和研究青年文化,力图将主流媒体宣传以青年人喜闻乐见的形式展开,这就意味着加强对青年人文化"阵地"的占领,并提出"讲好中国故事"的概念。无论是如共青团中央等主流媒体"放下身段"活跃在作为网络原住民的青年群体所赖以生存的社交媒体,还是如《山海情》《觉醒年代》等带有主旋律色彩的影视作品在内容与市场上的大获全胜,都指向当下的事实:一方面,官方政策对新型主流媒体的建设需要传媒机构在关于中国故事的讲述上加大力度;另一方面,节目模式和内容上的同质化问题,开始面临观众需求及电视市场的压力。因此把主流宣传融入更多青年观众喜爱的综艺节目、电视剧、电影等形式中似乎已经成为电视及视频行业一种新的发展方向与经济效益的增长点。在媒介融合的政策及技术现实的语境下,"讲好中国故事"已经不仅仅是宣传政策的需求,更成为媒体对内容生产及市场的新要求的尝试与探索。

以"讲好中国故事"为导向,在中国的综艺节目生产场域中,呈现出两种不同的层级结构的转变。其中,中央广播电视总台央视综合频道于2017年推出的《朗读者》的成功,标志着综艺生产的文化类转向。随后,原本处于较为边缘化的省级卫视,如河南卫视、内蒙古卫视和黑龙江卫视推出原创性的具有中国本土文化特色的综艺节目,如《中秋奇妙游》《开卷有理》《见字如面》等文化类综艺节目,通过对文化性内容的深刻挖掘,并弱化海外模式中的对抗性及竞技性,而成功"出圈"。而以娱乐性综艺节目为标志的强一线卫视,如湖南卫视、东方卫视、江苏卫视等则以将元素化的"红色基因"中国传统文化融入其原有的"王牌"综艺节目中为主要手段,维持了其原有的经济资本与文化资本。例如,《向往的生活》中对扶贫项目的展现,《极限挑战》中对城市底层劳动者的关注等,虽然在内容上的确试图融入更多的宣传性因素,也达到了一定的传播效果,但从节目的整体性上来讲难免有"强硬拼贴"之嫌,这种对宣传性、政治性因素的强调,可以视作主流媒体对讲述中国故事的早期尝试。

然而,近几年湖南卫视及芒果TV呈现出较为明显的主流化转型,其在节目编排、平台设计及节目内容上,开始强调主旋律色彩。仅2020年以来,

"芒果系"旗下的各媒体——新闻中心、湖南卫视、芒果TV、广播、湖南经视、都市频道等在主旋律宣传上投入多达31亿元[①],这足以佐证湖南广电在全新的媒介环境及内容生产的语境下向主旋律转向所做出的努力。同时值得关注的是,2021年9月,湖南卫视提出全新频道定位及口号"青春中国,湖南卫视"[②],一改其自2004年确立的"快乐中国"的频道定位,从"快乐中国"到"青春中国"的转换,也反映出湖南卫视改变了其娱乐化的道路,而更加注重对主流价值观以及青年文化的塑造。具体来讲,常态化的综艺节目在类型上依然主打演唱类综艺及生活方式类慢综艺,但在内容上更加强调专业性,而非竞技性。另外,在综艺节目的内容中融入正能量、主旋律的主题,以其一直以来所擅长的精良制作的综艺节目的方式来呈现主旋律内核。

然而,如何突破既有的综艺节目与主旋律宣传之间的僵硬拼贴,在内容层面上做到让观众喜闻乐见,是当下的综艺节目市场及媒介生态中的内容生产方需要攻克的一道难题。如前文提到的《声生不息·港乐季》在这个难题的解决上,提供了一种异于往常又颇具引领性的方案:在嘉宾的选择上,融合香港流行音乐的泰斗级歌手、中生代歌手,以及内地的实力派歌手,其中既包括香港流行乐坛的奠基性歌手林子祥、叶倩文等,也吸纳了香港年轻一代的歌手炎明熹、曾比特等,通过粤语歌曲这种形式联结了不同母语及文化背景的歌手对经典香港流行音乐的演绎。在综艺节目的基本结构、嘉宾及模式上,《声生不息·港乐季》并无较为突出的创新之处,而其能够成为"讲好中国故事"的有效例证,是由于抓住了香港流行音乐与大众文化、普通观众

---

① 2022年1月27日,湖南广播影视集团有限公司(湖南广播电视台)2021—2022年度总结表彰暨工作会议上,集团公司(台)党委书记、董事长张华立在以《守正创新建设主流新媒体集团 书写高质量发展芒果新答卷》为题的主题工作报告中,对湖南广电主流宣传做出的评价。

② 湖南卫视于2021年9月30日提出全新的口号,并在其官方宣传文案(如官方微信公众号与新浪微博)中指出:从"快乐"到"青春"的背后,是湖南卫视守正创新、担当作为的初心坚守,是对青年文化、价值取向的主动选择,是湖南卫视不懈追求与新时代同向同行、与年轻人共同前进的精神焕彩。

的爱国主义情感之间的结构性联系。

20世纪80年代以来,香港的流行音乐伴随着香港电影,一同进入中国内地的流行文化的生产及流通过程,甚至形塑了早期内地流行文化的基本格调及文化趣味。以张国荣、"四大天王"、香港电影为代表,作为流行文化的表征,具有极强娱乐性色彩的港乐及电影进入了内地观众的视野。节目中演出曲目的选定,基本上围绕着经典的香港流行音乐,例如,首期节目中叶倩文演唱的《祝福》,这首发表于1988年的作品是内地观众开始接触香港流行音乐的标志,也是改革开放中国的经济开始腾飞的标志,在香港回归之时这首歌曲成为代表性曲目被广为传唱,这样的曲目承载了香港与内地之间在政治与文化的联系中许多特别的记忆。与之类似,在节目中,《我的中国心》《中国人》《我和我的祖国》《万水千山总是情》《狮子山下》等诸多经典的、书写爱国之心与身份认同的歌曲,经由专业化的重新编曲、舞台化设计以及实力派歌手的重新演绎之后,反而焕发了新的活力,被新一代的年轻观众所接受和喜爱。

除了高水准的歌曲竞演,值得着重分析的是节目中对历史及文化片段的重现,以及在歌曲演唱中穿插具有历史性与文化记忆的纪录片片段和对歌手、学者的采访。如前文中提到的那些具有政治性的历史时刻穿插进上文提及的具有爱国主义色彩与政治身份认同的歌曲当中,恰如其分地烘托了香港与内地之间的血脉相连之意。正因为演绎的歌曲与其背后的历史政治背景的一致性,所以并未出现此前综艺节目主旋律化中的生硬拼接,在一定程度上,构建起了青年观众心中对祖国的认同感。这种对祖国的认同感,一方面建立在具有强大娱乐性、感染性与专业性的香港流行音乐之上,另一方面通过节目中对关键性的历史时刻的再现以及对香港大众文化的考证式解读,为新一代的年轻观众——不仅是内地的观众,也包括香港的年轻人——重新复刻了香港大众文化的辉煌时刻,并展现出了新时代内地与香港之间的密切关系,在港乐广泛的娱乐性与爱国的人民性之间建立起一种联结。在对祖国的认同感上,香港的年轻人在一定程度上需要建立及巩固对祖国的民族主义认同,香港的年轻人需要在情感及对祖国的认同感上获取修复与重建,香港的年轻人也需要和内地的年轻人在情感和文化上进行更加深入的联结与理解。而《声生不息·港乐季》在对这种关系的修复与重建上起到将二者结合起来的作用，将此前综艺节目的主旋律化提升到一个新的高度。2022年7月1日，在香港回归祖国25周年之际，节目中一曲众嘉宾合唱的《东方之珠》在社交平台大范围传播，作为一档"献礼节目"，构建起了内地与香港青年观众对祖国的认同感。

值得进一步思考的是，在由多种类型的综艺节目所构成的综艺节目市场或格局中，如何认识这一类有别于传统的游戏类或竞技类节目，又非以中国传统文化为表现中心的综艺节目，对于今后综艺节目的生产具有关键性意义。以《声生不息·港乐季》为代表的有机结合娱乐性与人民性的综艺节目，不仅意味着综艺节目内容模式跳出了以西方为中心的模式类型，在一定程度上完成了对链条性的全球资本主义电视市场既定逻辑的超越，更在传播效果上实现了一定的人民性，重塑了所谓"讲好中国故事"的受众的主体性。张慧瑜曾指出，从20世纪80年代以来就一直存在着一种意识形态叙述的"双轨制"，一方面是围绕着以经济建设为中心展开的鼓励个人奋斗、发家致富的浮士德精神，另一方面就是以爱国、爱党为核心的维护执政党执政地位的主旋律。[①]然而，通过对当下具有主流意志宣传性质的综艺节目等的分析，可以发掘出当下"主旋律"文化生产所处的语境以及产生作用的方式，已经与20世纪80年代的意识形态叙述产生了巨大的裂隙。这种裂隙产生的原因，一方面在于具有"中国特性"的文艺作品本身在当下的内容生产场域中，已经开始具备市场主体性的特征，这得益于中国特色本身拥有众多可被挖掘的文化性宝藏资源，通过一系列符合大众市场品位及现代传播方式的生产和流通手段，使其成为内容生产上新的增长点；另一方面，通过以综艺的手段来处理具有主流色彩的节目的实践，突破了张慧瑜所讲的主流宣传与个人成长的"双轨制"对立。这种用综艺化（娱乐化）的手段来进行主流性文化宣传的新的综

---

① 张慧瑜：《当代中国的文化想象与社会重构》，中山大学出版社2014年版，第227—229页。

艺生产模式，融合了经济资本与政治资源，并收获了较多的社会资本，也充分证明了从所谓"讲述中国故事"到"讲好中国故事"的过程中，将"大众化"与"人民性"自然融合，恰恰是讲好中国故事的关键所在，也正是阐释新时代中国特色社会主义的一种较为理想的文化表征实践途径。

第二，在原创性的政论类综艺节目中，在内容上以向青年观众阐述中国特色社会主义的内涵及意义为主，在形式上采用了青年人更易接受的表现形式，如游戏竞技、说唱、动漫等形式，通过新型的综艺节目模式开启了主流宣传在新时代的全新模式。2017年10月，由中共湖南省委宣传部、人民网、湖南教育电视台联合策划，湖南教育电视台制作的文化政论类综艺节目《社会主义"有点潮"》于2017年10月9日在湖南卫视首播，之后相继在人民网、芒果TV等平台播出。从节目的命名上来看，用"有点潮"来形容社会主义，足以看出节目的定位对年轻观众的吸引。在节目的结构设计上，用六个代表了中国共产党发展历程的具体意象，串联起节目的主要内容："乌托邦是座什么岛？""《共产党宣言》是一本什么书？""阿芙乐尔号为什么开炮？""南湖的红船为什么能破浪前行？""中国特色社会主义特在哪？""中国梦是个什么梦？"，把社会主义500年的发展历程通过电视手段呈现出来。每期节目以由三位马克思主义研究专家及青年学者对现场的青年观众进行讲述的形式为主。一般在节目开头会播放一段短片介绍相关的史实，接下来由专家、学者通过生动活泼的，符合青年人思维模式的方式来讲述每期的主题。比如，在讲述"中国梦是个什么梦？"的时候，节目中的讲述方式是通过列举美国大片中超级英雄、钢铁侠、蜘蛛侠的例子来类比"美国梦"，而中国梦则更为强调个体和整体的协调，以青年人所熟悉的电影角色来类比"中国梦"和"美国梦"的差异。在讲述之后，会和现场的青年观众进行问答环节，问答环节的设置也具有一定的游戏性。在节目的视听语言上，多用色彩鲜明的漫画、节奏鲜明的歌曲进行呈现，具有鲜明的融合了青年人文化审美的年轻化特点。

除此之外，湖南卫视于2018年10月推出了《社会主义"有点潮"》第二季《新时代学习大会》。节目共5集，每集40分钟，以习近平新时代中国特色社会主义思想"从哪里来""新在哪""带来什么新变化""告诉我们怎么干""带我们到哪里去"五个逻辑清晰的主题串联起整季节目，通过使用青年观众接受度高的节目形式和节目语言，把新时代中国特色社会主义核心价值观以青年观众喜闻乐见的形式呈现出来。在内容上，通过讲述在中国特色社会主义建设过程中、中国共产党不断发展的过程中，以及中华人民不断实现中国梦的过程中发生的故事，以具体的人或物为载体，以小见大，在青年观众中取得了良好的反馈效果。在节目形式上，更多地加入了综艺性的元素，如设置了大学生观众现场参与的竞赛游戏环节，借助棚内游戏竞技类综艺节目的手法，将有关新时代中国特色社会主义核心价值观的因素融合进去，这种综艺手法与主流性内容的融合，是湖南广电进行文化政论类综艺生产的有力尝试。如果说第一季的《社会主义"有点潮"》是更为注重对青年观众进行社会主义理论讲述的综艺节目，那么第二季的《新时代学习大会》无论是在节目模式的呈现上，还是在视觉效果及环节设置上，都更具有竞技性与观赏性。节目中综合运用现场访谈、现场视频、影视片段、文献资料、动漫演示、画外旁白、场面烘托、微观特写等多种电视艺术形式和视觉表现手法，一改往日人们对理论宣传教条生硬的固有认知，既能够以紧张的知识问答比赛节奏打造"综艺感"，又能够以权威专家的娓娓道来、解惑释疑，带给青年观众理论上的教育。

　　第三，在发挥青年文化引领力上，不仅综艺节目中产生了诸如《社会主义"有点潮"》《新时代学习大会》等"讲好中国故事"的节目，在其他多种形式自制内容中，都着重体现出对青年观众在国家及民族认同上的作用，并在节目内容和形式上依据青年观众的趣味进行创新调整。例如，2021年是中国共产党建党100周年，建党百年献礼剧《理想照耀中国》于5月4日19:30开始在湖南卫视首播，并在芒果TV、腾讯视频、爱奇艺、优酷同步播出。该剧由湖南省广播电视局支持，湖南广电及其旗下芒果娱乐等机构承制，该剧的形式为系列短剧，每集仅25分钟，通过不同时期的40组人物和故事，记录中国共产党诞生100年来引领中国人民在争取民族独立、人民解放、国家富强，为实现中华民族伟大复兴的中国梦而不懈奋斗的过程中所做出的努力。

该剧在青年观众中获取了广泛的关注。在播出期间，《理想照耀中国》的收视率和播放量稳居同时段剧类第一，在青年用户集中的豆瓣网上获得8.2的评分，芒果TV和腾讯视频播放量合计5.29亿，并深受年轻观众的欢迎，其在社交媒体上的大量转载与二次创作，证明了《理想照耀中国》在年轻观众中的影响力。《理想照耀中国》之所以能在一众红色题材作品中脱颖而出，受到年轻人的青睐，离不开它的"年轻态"气质，以及偏向综艺化的表达方式。它以年轻受众为核心目标，青春特质在该作品中格外突出。采用"系列短剧"的模式，讲述了40个精彩动人的故事，带领观众回顾中国共产党自诞生以来，不忘初心、坚守理想，为实现中华民族伟大复兴的中国梦而不懈奋斗的艰苦征程。从创作形式看，每集25分钟的时长充分考虑到了当下年轻受众的收视习惯，短小精悍的故事契合了年轻观众在平台化时代对于视频内容"时长短＋明星化＋冲突性"的需求。这种在短时间内设置冲突，并加入明星元素的表现形式，与综艺节目具有一定的相似之处，虽然弱化了综艺节目的参与性，但这种新型短剧的呈现方式恰恰说明了在媒介融合的语境中，综艺创作手法已经开始渗入到其他形式的节目类型中。该剧独特之处在于对主旋律讲述方式的新范式，在彼此独立的40个叙事单元中，打破了以往主旋律作品的说教性的刻板印象，探索出了当代主旋律作品艺术表达的新思路，即在每个叙事单元中采取不同的艺术表现形式，既有大片式的快节奏视觉冲突，也有写意的抒情叙事，形成了多元的艺术风格。同时，在传播方式上，运用多种以青年为主要用户的传播渠道，并进行参演明星在社交平台上的致敬行为。例如在播出期间，王一博、王俊凯、吴磊等上百位演员共同将微博头像更换为角色剧照，致敬其饰演的原型人物。除在湖南卫视及芒果TV播出外，该剧联合高校组织走进校园的活动，通过主创人员和青年大学生的交流，使得大学生观众在观剧的同时受到了历史教育。剧集播出后，收视率、点击量、观众口碑、影响力均取得较好成绩。

值得进一步思考的是，文化政论类的综艺节目是如何讲好中国故事的？该类节目生产的根本性动因是什么？在由多种类型的综艺节目所构成的综艺节目市场或格局中，如何看待这一类有别于传统的游戏类或竞技类综艺节目的节目？以《社会主义"有点潮"》和《新时代学习大会》为代表的文化政论类节目，一改湖南广电所擅长的具有较强娱乐性质的综艺节目的特征，将青年人尤其是青年学生作为其预设受众，通过青年观众喜闻乐见的一系列艺术及表现手段，跳脱于刻板僵化的教育形式，旨在聚焦于当代中国社会主义形成的历史及其运行的基本特征及规律，并从共产主义国际的历史中来重新定位中国的一系列历史与理论实践，拓展和丰富了新时代中国特色社会主义的意涵。

反观湖南广电20世纪90年代以来的"娱乐化道路"，自2018年以来其在主流宣传、文化性方面的比重明显增加。与以往主旋律节目"说教"的刻板印象不同，湖南广电所采取的融合多种媒介形式并符合青年文化趣味的方式，借用了一定的娱乐性综艺节目的流程设置与制作手段，达到了较好的宣传效果。当下湖南广电在主流宣传上呈现出的特征，标志着其在此前的"娱乐化道路"中已经进行了向主流化与文化性的尝试，虽然在节目中依然呈现出娱乐性，但其内核却是运用一定的娱乐化的呈现手段与方式，去处理扎根中国特色的、丰富人民群众思想的、具有本土特色的议题。正如本尼迪克特·安德森在《想象的共同体——民族主义的起源与散布》[1]中指出的，想象的共同体是一种与历史文化变迁相关，根植于人们深层意识的心理建构，"民族"这个"想象的共同体"是通过资本主义、印刷科技和人类语言宿命的多样性的重合所构建起来的。那么，以湖南广电在新型主旋律节目上的生产与传播为代表的实践则在一定程度上构建了新时代中国青年对祖国文化的认同感。在此意义上，综艺节目成为一种情感装置，激发及形塑了媒介融合语境下，受众尤其是青年观众广义的爱国主义情感。青年人的思想认同、日常生活方式在很大程度上受到媒介内容的影响，上文分析的新型的具有主流色彩的节目内容对重塑当代青年的思想与日常实践，具有积极的影响与作用，这促使一种带有正面价值意义与思想性的"新型"青年文化的形成。孟登迎曾

---

[1] ［美］本尼迪克特·安德森：《想象的共同体——民族主义的起源与散布》（增订版），吴叡人译，上海人民出版社2016年版。

对这种"新型"青年文化进行了设定与描述,"新型"青年文化应该是有"新青年"参与的、有着"新生活"形态的文化,能体现未来价值导向、表达积极文化政治诉求的群体文化。①从湖南广电近年来在以青年人为主要受众目标,进行带有主旋律色彩的新型文化类综艺节目的生产及产生的传播效果中,可以看出存在创造"新型"青年文化的可能性。

2021年9月6日,湖南广电对全面奏响庆祝建党百年主题宣传交响乐的16个重点项目②进行集团公司(台)嘉奖令表彰。

> 16个重点项目,每一个都体现了我们的政治本质和鲜明底色……事实再次证明,只要勇敢地去探索、去实践融合传播新路径、新方式,主流阵地一定会更壮大;只要坚守作为党媒的平台价值观,做大做强自己的平台,不随波逐流,我们就不会被资本裹挟、被眼前利益裹挟,创作出具有中国风格、中国气派、中国审美的原创精品。庆祝建党百年主题宣传交响乐取得的成绩再次证明,只要走正道、行王道,与国家同行、与时代同向、与人民同心,就一定会被时代所需要;只要是优质内容,就一定会被人民群众所需要。当前,中央正开展文娱领域综合治理。我们要从百年党史中汲取营养和力量,从庆祝建党百年主题宣传交响乐的策划、创作、传播全流程中汲取智慧和经验,始终坚守平台的政治逻辑、内容的价值观逻辑,准确把握新时代文艺创作的根本方向,拿出最大气魄做颠覆性的内容创新。

---

① 孟登迎:《试论当今中国"新型"青年文化生成的可能性》,《文学与文化》2019年第4期,第11页。

② 这16个项目为:《百年正青春》《理想照耀中国》《百炼成钢》《百炼成钢·党史上的今天》《选择》《为有牺牲》《28岁的你》《闪光的记忆》《党的女儿》《风华正茂百年青》《燃烧》《闪耀的平凡:青春接力》《翻开这一页(第四季)》《毛泽东和韶山特别支部》《我和我的党支部》《学"讲话"·六堂课》,以上文化类综艺、专题节目、短剧等均以展现中国文化特色和中国共产党历史以及弘扬社会主义核心价值观为主要内容。

这段张华立在嘉奖令颁奖仪式①上的讲话，明确地传递出湖南广电在宣传主旋律上做出的努力和取得的成果。湖南广电在当下新的媒介环境中，深入发展媒介融合，发展从属于自身的平台，并不完全随着流行的趋势与资本的潮流，创作出了具有中国风格与审美的原创性节目，并通过与青年文化趣味相符的传播方式，在青年受众中取得了良好的传播效果。

作为社会主义文艺的有机组成部分，综艺节目自始至终都势必承担塑造文化认同的功能。尤其是党的十九大强调当代中国人的需求已经从物质需求转化为精神文化需求，把文化建设提升到了前所未有的高度。党的十九大报告指出："文化建设的核心就是满足人的精神需求。在当今和未来相当长一段时间，建设中国特色社会主义文化，就是秉承中国的文化价值理念，坚持中国的文化立场，立足当代中国的文化发展现状，思考和解决当代中国人关心的文化问题，提出中国的文化方案。"②因此，在这样的背景下，综艺节目如何在塑造认同、教育大众的意义上达到良好的传播效果，社会主义文艺的优越性究竟应该如何展现，如何培养参与建构制度的优越性与自信感，是当下视听综艺亟待解决的问题。

通过对湖南广电"讲好中国故事"的视听综艺节目的分析，可以发现在节目内容及传播方式上，湖南广电已经开始对具有中国本土特色的、深入历史及文化的综艺节目进行生产，并借用一定的娱乐性手段，培养青年观众对中国文化与中华民族的认同感。无论是文化类综艺节目还是具有主流宣传性质的节目，自建设新型主流媒体的改革实践以来，在重点开发的节目内容及类型上，湖南卫视和芒果TV等平台都呈现出一种变化，这种变化一方面体现在节目内容中纯娱乐性元素逐渐减弱，而越发融入具有教育性意义的因素；另一方面体现在具有主旋律意义的内容的说教性及刻板性逐渐减弱，而越发

---

① 根据笔者的参与式观察，作为湖南广电内部"最高礼仪"的大堂嘉奖，是湖南广电内部工作者的至高荣誉，只有在节目内容、创新性或传播效果上取得突出成就的节目或栏目组才能获此殊荣。对主旋律内容颁布的嘉奖令，意味着湖南广电对加强主流宣传的重视。

② 祁述裕：《党的十九大关于文化建设的四个突出特点》，《经营管理改革》2017年第11期，第40页。

融入具有更加受青年观众欢迎的轻松性因素，节目内容呈现出"主流的娱乐化与娱乐的主流化"的特征，该特征在很大程度上代表了新时代中国特色社会主义文艺的特色。

视听综艺作为大众娱乐文化的"关键装置"，一方面成为中国媒体生态（包括电视业和视频平台）发展中不可或缺的增长性力量，另一方面又承担着主流意志与文化的宣传及教育功能，有效地接合了人民群众的精神文化需求和代表国家意志的主流价值观的宣传。近30年来以湖南卫视为代表的主流媒体，在内容生产上的种种尝试与变化，都在印证着从中国本土历史经验出发的知识生产能力的不断强化。视听综艺作为20世纪90年代以来重要的大众文化生产的结果与产物，一方面具有代表了市场的"大众"的一面，另一方面也必须承担起代表着具有宣传性及社会主义文化特色的"人民"的一面。在综艺节目发展的过程中，我国经历了过度依赖国外的模式经验，以及资本渗入的泛娱乐化的问题，但在这个过程中，也逐渐生长起一种新的兼具大众与人民的文化生产的经验。这样一种"不破不立"的过程，其实也是在新的全球政治与文化经济中，以及以互联网技术为主宰的全新的媒介环境中，值得深入讨论与挖掘的文化生产方式的代表。

在2021年12月14日举行的中国文联十一大上，习近平总书记强调文艺要反映民族复兴的时代主题，并提出文艺生产要突出"中国特性"，文艺工作者要坚持人民立场。[①]作为文化领域不忘初心的体现，重返人民文艺已然成为时代新声。[②]正如80年前毛泽东在延安文艺座谈会上的讲话中提及的"文艺"为什么人而服务的问题，重新界定了"为中国老百姓所喜闻乐见的中国作风和中国气派"[③]。值得寻味的是，2021年9月湖南广电对全面奏响庆祝建党百

---

① 《习近平在中国文联十一大、中国作协十大开幕式上的讲话》，《光明日报》2021年12月15日第2版。

② 赵月枝：《社会主义跨文化传播政治经济学——理论路径与问题意识》，《人民论坛·学术前沿》2020年第21期，第28页。

③ 罗岗：《联通"媒介革命"与"社会革命"——社会主义文艺转向对"视觉文化"研究范式的挑战》，《东方学刊》2019年第2期，第105页。

年主题宣传交响乐的重点项目进行嘉奖令表彰时,张华立在颁奖词中指出:"只要坚守作为党媒的平台价值观,做大做强自己的平台,不随波逐流,我们就不会被资本裹挟、被眼前利益裹挟,创作出具有中国风格、中国气派、中国审美的原创精品。"湖南广电作为以具有市场性及娱乐性的综艺节目打开全国市场的大众媒体,在历经了30余年的发展后,对自身平台和内容生产的定位及规划却呼应了左翼的文艺传统以及对人民立场的坚持。在此意义上,湖南广电的综艺生产可以看作中国大众文化生产正在经历的向着中国特性以及人民主体性回归的一种表征。上文通过对湖南广电综艺节目的分析,指出在当下的社会文化语境中,综艺节目开始呈现出一种兼具大众和人民的双重属性。从市场化媒体的角度来看,观众就是文化产业意义上的"大众";但从社会主义的意识形态和历史记忆来看,譬如"为中国老百姓所喜闻乐见""具有中国风格、中国气派"便具有了某种人民性。湖南卫视的综艺节目,为我们理解这两者之间的关系和变化提供了一个窗口。通过湖南广电所生产的综艺节目内容从20世纪90年代以来的不断演变,譬如由《快乐大本营》向《声生不息·港乐季》的变化过程中,人民性的意味呈现出逐渐增强的趋势。这种人民性不仅仅是政治宣传性的增强,也并不是政策规制下的被动选择,而是生产者根据市场、受众心理以及文化生产的本土性所进行的主动性的选择。考察作为国有主流媒体的湖南卫视近30年在综艺节目生产的变化中,逐渐形成的人民性与大众性之间的融合,为我们理解新时代中国的文化生产的风格及发展路径提供了继续深入思考和讨论的空间。

小　结

本章主要是解决作为文本的视听综艺节目与文化认同之间关系的问题。通过追溯在社会变迁的过程中,具有娱乐性的视听综艺节目的类型及内容以及对其批判性的程度的变化,描述了一条娱乐化节目与国家主流意志之间的流变脉络。一方面,在对娱乐化节目不同程度的批判中,从20世纪80年代的"寓教于乐",到20世纪90年代的"雅俗共赏",再到世纪之交的对泛娱乐化的批判,直到今天国家层面对娱乐行业的清理整顿,娱乐与教育功能之间始终相互联系;另一方面,通过对综艺节目内容的分析发现,节目内容本身对大众文化及主流意志的表征也发生着转变,综艺节目通过对日常生活的表征,不断建构着大众文化,无论是表征都市家庭与情感的节目,还是表征中国特色文化的文化类节目,都从教育及国家治理的角度印证了意识形态是如何通过具体的节目文本渗透进大众文化与日常生活中的。

在分析湖南广电生产的综艺节目内容在不同阶段呈现出的特点时,可以从中发现较为明确的转向,即从以娱乐性为中心的内容向以文化性为中心的内容转向。具体体现为20世纪90年代以来,视听综艺节目的内容以娱乐性为主并辅以教育性因素。其后在21世纪第一个十年中,视听综艺节目的内容以对日常生活的呈现为主,虽然具有娱乐性质但开始逐渐具有一定的专业性。近年来随着新型主流媒体的建设,综艺节目开始呈现出更多的文化性,这种文化性体现借由具有一定的娱乐性的表现手法与传播手段,融入更多具有中国本土文化特色的内容,并在青年受众中获取了文化上的引领力。

在丰富的节目内容的实践变化中,娱乐性与文化性在一定程度上得到了调和,逐渐形成了一种具有中国文化特色并兼具娱乐性的文化生产体系。本书在前文中依次通过政策规制、内容生产、资本消费等方面分析了构成以湖南广电为代表的文化生产机制的组成部分。本章把分析的重点落在节目内容上,通过分析以视听综艺为主的节目的发展及转向,指出综艺节目在内容的角度是如何表征中国特色社会主义文化的建构过程的。由此,政策规制、内容生产、资本消费、内容表征等共同构成了娱乐文化生产的不同面向。

结　论　"以中国为方法"的新文化及未来

　　我在广电工作二十几年了，从电台、经视，到总台……经历过当时做电台音乐节目的时候跟听众互动的那种喜悦，也经历过在电视台做选秀节目的时候粉丝的狂热对我的鼓励，一直到今天，我现在的工作也是在不断地提供着新的思路。我们湖南人搞娱乐的确是有两把刷子的，其实没有什么成功的经验可言，但我只记得我们当时做节目时候的拼劲，也走过一些弯路，但就这样在一轮一轮的改革里走下来了。(F25)[①]

　　这段访谈来自湖南广电的一位"老人"，她见证了湖南广电一步步发展壮大的过程，也目睹了湖南广电从一个地方电视台转变成一个大型传媒集团过程中的波折和曲折。虽然她已经不再"做节目"了，可是每当谈起曾经做节目的经验，依然可以看到她眼中闪着的光，那份湖南广电人对节目的赤诚与追求，即对内容和创新的重视，这也许可以视为湖南广电不断发展的关键性动力之一。探寻一家处于边缘性的电视台如何在30余年里转变成传媒巨鳄，并创造了在中国颇具影响力的娱乐性文化，这对于一个生于20世纪90年代、深受湖南电视文化影响的"电视儿童"来说，具有源源不断的吸引力，这也是促使本研究出发和写作的原点。笔者在出发去湖南广电进行田野调查之前，受制于学院内所读的批判性理论等原因，其实对湖南广电是抱着如法兰克福学派对文化工业的批判性一样的预设，可当真正以实习生的身份在其中工作，

[①] 内容来自笔者对某前制片人的访谈记录，访谈编号为F25，访谈时间为2019年1月15日。

并细致地观察自己所工作的环境、氛围、同事,并对诸多的制片人、导演、技术人员等进行深入访谈后,之前对其批判性的预设彻底被推翻了。无数个深夜,笔者见到湖南卫视和芒果TV的办公大楼还灯火通明,无数次感慨于跟访谈对象谈及节目制作时他们的滔滔不绝,无数次见到台里的年轻人步履匆匆又意气风发地投入工作当中……这些鲜活的经验,无不促使着从一个由媒介丰富的实践中切实生长出来,即生产的角度去考察湖南广电文化的生产过程及其转向。在湖南广电30余年的改革实践与节目内容中所呈现出的最鲜明的特性,可以用娱乐性来概括,而"娱乐"在当代中国的社会语境当中,已经成为一种充满张力的、需要被分析与解释的症候。

因此,我们此刻需要回到本书问题意识的出发点,"娱乐"已然成为一个充满问题性与生产性的场域。在这个场域中,大量的文艺作品、文化产品创造着巨大的经济效益,但同时也产生了一系列的乱象。与此同时,在互联网视频平台对传统电视台全面抢占与褫夺的现状下,传统电视台所面临的重重困境,生发出一种全新的媒介环境。娱乐性的内容对观众具有强烈的吸引力,并逐渐形成了以娱乐性为表征的大众文化,这种大众文化已经成为一种景观,充斥在各种形式的媒体当中。当娱乐成为一种超级景观,追溯娱乐化的源流、发展及其动因就成为一个重要的问题。自20世纪90年代以来,在中国的电视媒介中,视听综艺节目作为娱乐发挥作用的重要产品,在数量、内容和对观众的影响力上都越发丰富与重要。娱乐内容是如何在当代中国的历史变迁中逐渐获取其地位,作为一种既内在于又区别于传统社会主义文艺的文化实践形态,在不断变动的政治经济和媒介生态中得以确立,又是如何伴随着媒体产业内外部条件的发展而发生变化的?通过展现娱乐在不断变动的媒介生态中的转化,可以从一个多元动态的视角来考察作为文化观念与实践形态的娱乐是在何种机制下被生产与建构出来的,进而可以作为考察当代中国大众文化生产机制的一个重要面向与途径。

第一节　娱乐文化生产机制的基本结构

本书在绪论中指出，自改革开放以来，中国的电视业经历了市场化与商业化的改革，这导致在中国的媒介体系中，电视具有行政与商业的双重属性。既要兼顾市场性与商业性的双重逻辑，又要保证在市场和商业上的成功，对娱乐性节目的生产和传播无疑是一种切实可行的实践。在此意义上，湖南广电无疑可以成为在行政与商业双重属性下进行娱乐性节目生产的最佳例证。

作为以娱乐性节目的成功逐渐在中国电视业版图中占据中心位置的湖南广电，凭借其自1993年以来所采取的一系列具有标志性的改革，在近30年的发展历程中，逐渐形成了一套以娱乐为表象的文化生产机制，并于近年来呈现出具有主流性的文化转向。把湖南广电作为个案研究的对象，通过其30余年的发展改革历程，从场域理论的视角分析构建起其文化生产场域的各因素及其之间相互作用的关系，对于解释20世纪90年代以来在媒介改革的语境下，中国的文化生产所处的社会文化语境及其生产机制的特征，具有一定的代表性意义。在具体的行文中，分别从政策规制（第二章）、内容生产（第三章）、资本与消费（第四章）、文化认同（第五章）的角度进行分析。

其中，第一章从历史的角度追溯了以娱乐为中心的中国电视的发展进程，并将其问题化，指出中国电视的娱乐化是以日常生活的消费化为前提展开的。以湖南广电具有代表性的频道及视频平台在改革路径、内容生产及技术上的特点为例，描绘出本书的分析对象——湖南广电的主体部分。通过分析20世纪90年代末的"湖南电视现象"对电视业格局的影响及其背后的文化动因，指出湖南广电在何种文化与社会背景下开始了其以综艺节目为中心的娱乐化道路，并逐渐形成其娱乐文化生产场域，以及构成该场域的要素。

第二章是从政策规制的角度，分析在媒介改革的大的政策背景的驱使下，湖南广电是通过怎样的改革策略，走向以娱乐为主的道路，并如何将其正当化的。采用由宏观到微观的角度，分析了在国家的宣传政策及媒介改革战略的变迁下，如何影响作为媒介机构的湖南广电集团的改革策略，最终如何共同作用于频道对发展路径的定位及选择。

第三章从内容生产的角度展开分析，湖南电视的改革与发展是在技术更迭促进下的行业变迁、对节目模式的引进及创造，以及劳动方式的转变的合力影响下发生的。这些因素见证了湖南电视及其平台如何在技术变革、全球电视业的流动性发展，以及社会变迁中劳动方式变革的语境下完成及确认其以娱乐化为特征的发展道路及在发展过程中展现出来的复杂性。对节目的生产面向的分析，主要分为如下几个部分：第一，是技术上的不断升级为内容生产提供的空间，由有线电视到卫星电视再到互联网视频平台的转变，带来了湖南广电在娱乐性内容生产上的不断发展。第二，是节目模式的流变。在湖南电视从本土阶段的节目，到"上星"之后卫视的节目，再到互联网进入之后平台化芒果 TV 的过程中，所体现出的节目模式的转换历经了一个节目模式的接受、模仿到创造的过程。这个过程中体现了技术进步带来的物质丰富，从而塑造了作为产品的节目不断深化和创新的过程，也蕴含了文化上的创新以及中国文化"走出去"的新篇章。第三，是模式流变背后的制作制度的转变。通过分析制作制度自 20 世纪 80 年代以来的几次转变，分析制作制度的变化在生产领域的作用，分析 20 世纪 80 年代的聘用制和制片人制度，一直到当下独立工作室制度的转变，其背后一方面是产业制度的变革，另一方面是媒体内部不断发展的动能。

第四章的重点是从经济性层面来分析作为一种内驱力的娱乐文化。以湖南广电为例，分析它在从一个边缘化的地方电视台逐渐发展壮大成一个媒体帝国的过程中，伴随着具有物质性与生产性的空间的扩展及具有协同性的产业化的过程产生。同时，资本与产业的发展带来了新型的消费模式，创造出一种以娱乐为标志的消费文化，从融合的角度分析了资本及产业上的发展如何促使新的粉丝经济与平台经济的产生。

第五章是从文化认同的角度结合节目内容分析论证了作为文化表征的综艺节目在不同时期所呈现出的不同特征。通过教育大众这个关键词勾连起不同时期、不同类型的节目是如何对受众产生作用的，这种教育功用是如何与娱乐性发生联系的，以及这种以娱乐性为表征的节目是如何激发出受众对国家与家庭关系的认同的。该章节涉及两个关键问题：一是突破原有"娱乐至死"理论对电视娱乐的全盘否定，通过对一系列（比如《爸爸去哪儿》《我家那闺女》）涉及家庭关系的综艺节目，以及当下出现的新型的主旋律类型节目的解读，分析作为文化表征的节目内容如何呈现城市日常生活以及对青年文化产生文化上的影响力，进而构成新时代大众教育的一种新形式；二是通过节目内容及形式的流变，指明了综艺节目在内容上已经呈现出经由纯娱乐化向文化性的变化趋势，从依赖海外节目内容及模式的流行趋势，到开始注重回应中国社会中存在的集体心理与社会问题，再到开始扎根中国历史文化挖掘具有本土性文化特色的节目内容，"娱乐"在整个文化生产过程中的位置发生了转变，即从以娱乐为目的逐渐变化为以娱乐为手段。

通过以上分析和论述，湖南广电的独特性被凸显出来，作为中国电视（视频）场域中的娱乐能指，通过探究其娱乐能指的形成过程和机制，基本可以窥见市场化以来电视业在生产、内容、传播层面的变迁过程和基本特征。湖南广电的发展可以展现中国电视业的兴衰过程。在省级卫星电视阶段，通过打造娱乐这个象征性的符号，在当时获得巨大的收益，跨越了地域性的差异，在全国刮起了娱乐旋风；在平台时代，通过打造视频平台芒果TV，用内容上的优势，在平台"围剿"电视台的语境中，突围成功。在这个过程中，娱乐的内涵已经发生巨大的转变，从较为低俗的搞笑，逐渐向高端化演进，并与新时代的主旋律文化形成了一种深度、自然的融合，让娱乐的内涵发生巨大的转变，形成了一种以娱乐性为表现形式，以新的文化为内核的文化性的转变。通过对湖南广电近30年在节目生产、产业发展、改革政策、平台建设等方面的一系列实践的分析，可以总结出其文化生产机制的基本内容：即一套以内容生产为中心，辅以制度改革、产业发展以及平台建设，从而形成的以各种产业协同作用构成的平台为流通途径，推动文化消费及认同的一套生产机制。

通过各章节的论述，完成了对文化生产机制中各个部分的拆解，即由政策规制和媒介自身的战略政策、技术与生产模式共同驱动的内容生产、融合文化下的资本与消费,以及由内容所带来的文化认同,共同构建起娱乐文化生产机制。在这个文化生产机制中,规制、技术、模式、内容、消费彼此之间相互支撑,共同作用于形成新的文化及认同。同时,上述各要素缺一不可,彼此之间相互支撑并具有相对的独立性。

保罗·杜盖伊和斯图尔特·霍尔曾用"文化的循环"[①]的理论来指称文化是意指实践的过程,在这个循环当中,表征、规则、消费、生产和认同彼此联系、相互作用,从该循环的任何一个要素出发,都能形成一个完整的循环。"文化的循环"对分析作为意义表征的文化具有重要的理论价值,并指明文化是一个过程、一组实践,同时也指出文化包含感情的面向,即文化既涉及概念与观念,也涉及感情、归属感与情绪。本书在分析以娱乐为表象的文化生产机制时,在一定程度上借用了霍尔的理论,并指出了该理论框架应用在分析当代中国文化时所面临的盲点,即在文化的循环中对生产面向作为物质性支撑的条件分析较少,而偏重于意义的分析。而本书在此程度上补充了霍尔的理论,在其原有理论框架中补充进生产的维度,本书对文化生产机制的分析既从意指实践的角度考察了娱乐文化的生产,也从物质性的角度分析了技术、空间、产业等因素如何作为物质性的支撑与保障参与进文化生产机制的过程中。

在媒介环境不断变化的语境下,对传媒业的分析已经不能仅停留在意义表征层面,而需要把不断升级的作为物质性支撑的因素考虑进来,以适应当下全球性的媒介环境的变迁。文森特·莫斯可指出,文化研究把文化当成一种普遍的、日常生活的产物,被广泛地生产、分配与消费,因此其开启了对整个娱乐和新闻媒介的研究,但是把生产与流行文化区分开来,忽视了对生产过程的分析。[②]在传播政治经济学的视野中,对超大型的传媒集团如福克斯、迪士尼、时代华纳、索尼的研究中存在着批判与抵制的立场,批判这些大型的传媒集团在资本不断发展的过程中存在着对内容、受众及劳动的过度商品

---

① [英]斯图亚特·霍尔:《表征——文化表征与意指实践》,徐亮、陆兴华译,商务印书馆2013年版,第3—9页。

② [加]文森特·莫斯可:《传播政治经济学》,胡春阳、黄红宇、姚建华译,上海译文出版社2013年版,第280页。

化的问题,并对大型传媒集团构建起娱乐持批判性的态度。同样,无论是霍克海默与阿多诺在《文化工业:作为大众欺骗的启蒙》中指出的,文化工业保留着娱乐的成分,文化工业对受众的影响是通过娱乐确立起来的,晚期资本主义的娱乐是劳动的延伸;①还是伯明翰学派对青年亚文化的研究中从阶级、代际、性别和种族等维度考察青年文化跟主流文化的关系,并指出对青年亚文化实践的"通过仪式抵抗"②的意义,其出发点都是对主流的大众文化批判的视角。也就是说,在以往传播政治经济学及文化研究的理论脉络中,对大众文化中的娱乐主要持批判性立场。而本书通过对湖南广电这个大型的传媒集团自20世纪90年代以来的发展历程,及其形成的文化生产机制的分析,发现其在发展过程中不断对其娱乐化道路进行修正与定位,逐渐从依赖娱乐化获得发展到合理地运用娱乐化的手段来进行具有中国特性的文化生产。

在21世纪初,中国的学者曾经极为担忧媒体的市场化所带来的文化生产上的过度娱乐化问题。周志强用"傻乐主义"来形容21世纪初中国的娱乐文化生产的核心,即强调文化的产业化,在当时成为强调文化塑造市场、占有市场并获取利润的经济功能,而娱乐文化的核心只能成为一种可以带来经济效益的新增长点。于是,娱乐文化对利润的追求成为最"安全"的生产方式,其背后所代表的是一种去政治化的政治的逻辑。③汪晖对当代中国"去政治化的过程"的分析中,认为其包含了两个特点,一是将20世纪逐渐形成的理论与实践的明确的互动关系转化成"摸着石头过河"的改革实践;二是以经济改革为中心将工作重心转移到经济建设上来。④在市场条件下,媒体的商业逻

---

① [德]马克斯·霍克海默、[德]西奥多·阿多诺:《启蒙辩证法——哲学断片》,渠敬东、曹卫东译,上海人民出版社2020年版,第123页。

② [英]斯图亚特·霍尔、[英]托尼·杰斐逊编:《通过仪式抵抗:战后英国的青年亚文化》,孟登迎、胡疆锋、王蕙译,中国青年出版社2015年版,第12页。

③ 周志强:《从"娱乐"到"傻乐"——论中国大众文化的去政治化》,《天津师范大学学报(社会科学版)》2010年第4期,第41页。

④ 汪晖:《去政治化的政治:短20世纪的终结与90年代》,生活·读书·新知三联书店2008年版,第19页。

辑对媒体本身的公共性具有较深的影响。大众媒体本身在市场条件下的运作使其成为追逐经济利益的集团，为了争取更大的发行量，媒体必然以取悦大众为取向，①生产娱乐性的节目就是代表性的取悦大众的方式。通过湖南广电30余年的发展实践过程，的确可以从中看到去政治化所带来的问题。然而，通过其在近年来所展现出的由娱乐性向文化性的转向，可以解释这个在21世纪初所提出的问题。通过湖南广电在21世纪第二个十年后半期在主流性内容生产以及媒介融合传播上所呈现出的具有中国文化特色及传播特点的实践，及其形成的文化生产机制，在一定程度上说明了具有中国特色的媒介改革路径的可能性。针对生产机制的研究，王晓明曾经在对文学生产机制产生的变化所持态度时指出，文学界对文学生产机制产生的巨大变化及其背后的深刻动因，简单化地以西方的学术概念做出笼统的解释，"几乎看不见这个变化的多样的中国特色"。②从此意义上讲，文化生产机制同样也面临这个问题，在21世纪已经走过20余年的今天，我们身处的世界、国家在政治、经济、文化环境中都在发生巨大的变动，如何以对文化生产机制的解读试图去解释在今天我们所面临的复杂的状况，如何以中国经验为基础去阐释文化生产机制的构成及运作方式，是本书着重处理的问题。

通过对湖南广电30余年来文化生产过程的考察可以发现，娱乐文化生产机制是在中国30余年不断变动的社会与文化语境中逐渐变化和发展的过程，而并非独立于主流文化之外，它内化于当代中国思想文化的变迁过程中。因此，对娱乐化的单纯批判就显得单薄。正如维塔尔所说："仅依靠资本逻辑分析和以阶级分化为中心而得出结论，都是徒劳的，应该以来自深层的政治经济学以更好地理解文化生产者自身微观的生产行为。"③本书从生产的角度分析湖南广电在政策规制、媒介发展、技术变革、全球性行业变迁等因素共同作

---

① 汪晖、许燕：《"去政治化的政治"与大众传媒的公共性——汪晖教授访谈》，《甘肃社会科学》2006年第4期，第236页。

② 王晓明：《近视与远望》，复旦大学出版社2012年版，第179页。

③ Wittel, Andreas. "Culture, Labor, and Subjectivity: For a Political Economy from Blow", *Capital and Class,* Vol.84, 2004, pp.11–30.

用下，逐渐形成了一种文化生产机制，该文化生产机制与娱乐有着不可分割的关系，娱乐与其文化生产之间的关系也在不断地发生着变化与转向，逐渐从"以娱乐为目的"转向到"以娱乐为手段"。

在此我们需要回到本书的出发点，当泛娱乐化已经成为一种时代症候，我们如何重新认识与解释关于泛娱乐化的问题。经由本书的分析，泛娱乐化的问题是文化生产过程中由媒体、资本、受众等因素共同作用产生的阶段性问题，泛娱乐化问题的产生是中国在进行文化建设的过程中所碰到的岔路，但并不能由此否定娱乐与文化的意义，而应该通过反观在娱乐性文化生产及传播的过程中，通过发掘文化生产机制的生成语境，探究是由哪些因素影响和导致其向反面发展，又是通过怎样的手段与途径的实践完成了向正面价值的转向，是哪些因素促进了具有中国本土特色的文化的发展。在此意义上，通过对湖南广电30余年来在文化生产上的分析，展现了构成文化生产场域的各要素及其关系的不断变动和调整的状态，正是在政策、技术、内容生产、平台建设等方面的不断调整的动态过程中，具有中国特性的文化生产在该过程中"生长"起来。因此，通过本书对湖南广电文化生产机制的展现及分析，应该注意到娱乐与文化是互为一体的，其代表了具有中国社会主义特色的文化生产的机制及过程，这个过程并非铁板一块，而是在不断变动的社会文化语境中处于不断发展与变动的状态。虽然本书在分析过程中借用了如场域理论、文化的循环理论、政治经济学批判等西方理论资源，这些理论在一定程度上都带有批判性的视角，但当把研究对象聚焦在中国的媒介上的时候，也必须考虑到中国具体的社会历史语境，结合中国30余年来在社会文化、媒介改革上的语境以及中国媒体所具有的行政与市场的双重属性，通过对湖南电视台及视频平台的节目内容转变的分析，可以发现在中国的媒介环境中，已经具备生产来自中华民族的文化资源、具有中国文化特色的精品节目的能力，并已经逐渐形成了一套较为成熟的文化生产机制。

第二节 具有中国特性的文化生产

本书在对文化生产机制各要素进行分析和论述后,从历史变迁的角度,呈现出在规制及改革、媒介技术、生产方式、节目模式、节目内容及形态上的一系列变化,在这些变化中,本书所遵循的三条基本逻辑已基本明晰。第一,从理论的逻辑上看,本书以场域理论与文化的循环理论作为方法,从政策规制、生产、市场、意识形态的角度分析中国电视业中以娱乐为表象的大众文化的生产和流通机制,并逐渐剥落娱乐这层外壳,探讨这种主流文化(大众文化)的内里其实是中国特色社会主义文化在不断地发展和建设过程中所呈现出的不同样态;第二,从历史的逻辑上看,通过梳理历史材料厘清了三条媒介与文化变迁的历史,即技术变革带来的从电视到平台的媒介发展史,产业全球化带来的内容与生产关系的变化史,以及国家与媒介动态关系的制度变革史;第三,从文化变迁的逻辑上看,本书通过追溯文化道路演进的逻辑,梳理在不同历史时期娱乐节目的变化,可以看出一条由"借鉴"到"自主"、由"落后"到"先进"的中国特色社会主义文化建设的脉络。文化自信和文化的未来是一个充满艰辛的、不断向前的过程,在这个意义上,本书并不是站在批判娱乐文化、大众文化的立场上,而是从一个较为正面的立场来说明中国特色社会主义文化的生成逻辑。

具体而言,以湖南广电文化生产机制为例,中国文化道路的逻辑主要体现在三个层面。第一,在内容的表征上,由 20 世纪 90 年代初期追求港台及海外节目中所擅长运用的娱乐性元素及流行性潮流,节目内容的选取以商业价值和观众的关注度为主要的考量标准,因此出现了诸如低俗化、泛娱乐化的问题。发展至今,无论是以娱乐性为主的传统综艺节目,还是具有主旋律宣传意义的节目,都摒弃唯泛娱乐化及资本化的内容选取标准,而以丰富的中国文化资源及表现中国特色社会主义的理论性与思想性资源为内容生产的选取范围,形成了在内容表征上由娱乐性向文化性的转化路径。第二,在节目模式的角度上,形成了由过度依赖海外模式向原创型本土模式的发展趋势,从20世纪90年代对港台模式的借鉴到21世纪以来相继对欧美模式与韩国模式的引进,再到当下本土原创性节目模式兴盛发展并实现了中国综艺模式向海外的输出。在此意义上,模式上的中国性代表了在内容上本土性的文化资源也具有巨大的潜力与动能,并经由模式的出海完成了具有中国文化特色的模式向海外的输出,实现了中国文化"走出去"的实践,提高了中国文化在国际上的影响力。第三,在技术的层面上,实现了由落后向先进的转化。中国的电视技术起步较晚,在筚路蓝缕中完成了无线电视与有线电视在全国范围内的铺设,自20世纪90年代末期开始,卫星电视建立起全国性影响力,发展至今,互联网技术已经在全球具有领先位置,随之而来的平台化已经深入人们的日常生活。技术的发展为内容的呈现与传播提供了更广阔的环境,也为文化的传播提供了支持与保障。

在节目模式由"依赖"到"自主",技术及生产方式由"落后"到"先进",节目形态由纯娱乐性到获取更多文化上的认同的逻辑变化中,我们可以看出,中国视听行业中的文化生产,出现了一种显著的转变,即呈现出一种由娱乐性向文化性的转变。这个转变背后,是中国的视听行业日益摆脱以西方为主导的流行文化的生产方式,代表着具有中国特性的文化生产的日益壮大。沟口雄三曾用"以中国为方法"来界定中国研究的视野与方法,他认为以往的"以中国为目的"的研究,是把世界作为方法来研究中国,因此当然要以世界为衡量标准斟酌中国的发展程度,这里的"世界"主要是指欧洲等发达地区。而"以中国为方法"则是在一个多元化的世界中,向世界展现作为其中一部分的自己的世界即可。这是一种自我肯定的态度,这与逐渐渗透进日常生活中的中国及亚洲文化的影响力的增强有一定的关系。[①]陈光兴在一定程度上借用了沟口雄三"以中国为方法"的视野和逻辑,提出了"以亚洲为方法"的命题。在他看来,这个命题的目的在于透视视野的想象与中介,

---

[①] [日]沟口雄三:《作为方法的中国》,孙军悦译,生活·读书·新知三联书店2011年版,第130—132页。

与处于亚洲的各个社会能够重新相互看见，彼此成为参照并转化对自身的认识；在此基础上能更进一步，从亚洲的多元历史经验出发，提出根植于本土经验的知识生产。①湖南广电在30余年的发展过程中，作为中国处于核心位置的主流媒体集团，经过不断的发展已经逐渐形成了从娱乐性向多元性的转向。这里的多元性既体现在注重对主流宣传与媒介自身在市场性发展上的统合，也体现在对具有中国文化特色的媒介发展策略、节目内容生产方式的建立上。无论是在建设新型主流媒体的政策下湖南广电集团所采取的一系列改革政策，还是在平台化时代的技术背景下芒果TV加大对主流宣传的力度，无论是在节目模式上本土原创的节目模式实现了模式出海，还是在内容表征上越来越具有本土性与文化性的节目的蓬勃发展……这些变化都在论证以湖南广电为代表的主流媒体在文化生产中本土性与文化性的不断增强。

在当下的社会文化语境中，文化的重要性被提升到了前所未有的关键地位。党的十八大以来，我国强调要用社会主义核心价值观来引导文化建设，并强调文化自信是更为基础、广泛、深厚的自信，是推动国家与民族进步的持久性力量。在2021年12月14日举行的中国文联十一大上，习近平总书记强调了文化和文艺工作在当下的地位和对文艺工作的要求，文艺要反映民族复兴的时代主题，并提出文艺生产要突出"中国特性"，文艺工作者要坚持人民立场。同时对新时代的文艺性质做出界定，指出文艺要通俗化、生活化、创新化，新时代文艺是讲究效益的，但不能成为市场的奴隶。他针对当下文艺界出现的泛娱乐化问题，指出"低格调的搞笑，无底线的放纵，博眼球的娱乐，不知止的欲望，对文艺有百害而无一利"，并强调青年文艺工作者对文艺事业发展的历史性推动作用。②从这些论断中，可以进一步确认在中国特色社会主义建设道路上文化建设的重要地位，确立中国特色的文化自信、道路自信，是在全球意识形态纷争中使中国处于优势地位的有力途径。社会主义

---

① 陈光兴：《去帝国：亚洲作为方法》，行人出版社2006年版，第339页。
② 《习近平在中国文联十一大、中国作协十大开幕式上的讲话》，《光明日报》2021年12月15日第2版。

的文艺建设是文化建设中的重要组成部分,要保持人民立场,坚持通俗的风格,虽然可以追求经济效益,但不能完全被市场左右。

正如赵月枝教授在当下这个特殊的历史十字路口所指出的,作为文化领域不忘初心的体现,重返人民文艺已然成为时代新声。对马克思主义文化内涵的理解,需要建立在重视文化作为基础性地位及其作为身份认同、意义以及社会创新源泉中的关键角色的基础之上。同时需要在具体的历史语境下,在承认民族国家与民族文化的边界性和独特性的互构关系过程中,超越各种形式的文化本质主义和原教旨主义,强调文化的复杂性与开放性内涵。[①] 本书通过对湖南广电的考察,以这个在电视时代、平台时代都有广泛影响力的传媒集团为例,分析其在建设主流媒体的道路上,在不断试错和改革的过程中如何确立文化道路。湖南广电在节目内容、产业发展、战略定位上的一系列改革实践,充分验证了社会主义文化建设在传媒机构层面发挥的作用与效果。

经过本书的分析,基本可以得出以下结论:视听综艺作为大众娱乐文化的"关键装置",一方面成为中国媒体生态(包括电视业和视频平台)发展中不可或缺的增长性力量,另一方面又承担着主流意志与文化的宣传及教育功能,有效地接合了人民群众的精神文化需求和代表国家意志的主流价值观的宣传。通过对湖南广电自20世纪90年代初期以来在媒体发展、内容生产、节目表征等层面的考察,分析了其以娱乐为突出特征的文化生产机制,其中政策规制、内容生产、产业与资本共同作用构建起了其娱乐文化生产场域。同时指出娱乐文化的生产经历了由娱乐性向文化性的转向,这个转向体现在内容表征、节目模式、技术等多个层面上,由落后向先进、由依赖其他国家及地区的文化向具有中国特色的文化的转变,具有中国性、本土性、理论性的文化逐渐在这个过程中生长起来,有效地回应了中国自20世纪90年代以来社会文化的转变。视听综艺作为20世纪90年代以来重要的大众文化生产的结果与产物,一方面具有代表了市场的"大众"的一面,另一方面也必须

---

① 赵月枝:《社会主义跨文化传播政治经济学——理论路径与问题意识》,《人民论坛·学术前沿》2020年第21期,第28页。

承担起代表着具有宣传性及社会主义文化特色的"人民"的一面。在综艺节目发展的过程中，我国经历了过度依赖国外的模式经验，以及资本渗入的泛娱乐化的问题，但在这个过程中，也逐渐生长起一种新的兼具大众与人民的文化生产的经验。这样一种"不破不立"的过程，其实也是在新的全球政治与文化经济中，以及以互联网技术为主宰的全新的媒介环境中，值得深入讨论与挖掘的文化生产方式的代表。也正是在此意义上，需要抛出一个问题，即如何重新定义和理解娱乐文化？

在此意义上，娱乐已经不仅仅是通俗化和消遣化的代名词，它已然具有了日渐融合中国文化自信要素的新型的主流文化的意义。娱乐作为一个鲜明的能指，其背后是中国文化建设与文化政治在经济不断发展视域中的丰富所指。但同时必须指出的是，正如在绪论中所述当下泛娱乐化成为具有时代症候性的问题，促使其产生的原因与对娱乐产品、娱乐消费文化等过于宽松的管制不无关系。因此，用何种方式来生产娱乐性文化，用何种方式把娱乐引向更为具有生长性的正面价值，是党和国家在思想引领上以及媒体在生产的具体实践中所必须重视的问题。作为主流媒体集团的湖南广电在30余年充满张力的发展过程中所体现出来的文化生产机制及其转向，为这个问题提供了一种具有实践性的注解。

本书试图寻找出娱乐和广义的文化之间的关系，以及肯定"作为一种新的文化的娱乐"的正面意义。在此意义上，"文化"具有混杂性、交互性、过程性和开放性的内涵。这种新的文化生产何以可能？具有中国特性的文化生产何以可能？娱乐的本性并不是负面的，新的娱乐文化在中国的语境中被赋予了全新的意义与动能。当下，国家在政策和管理层面开始新一轮对过度娱乐化的整顿。在这样的情况下，如何给娱乐和文化定位？我们可以试图给出一个答案，新的中国特色的文化应该具有丰富人民群众精神生活及文化视野的特性，发掘中国历史文化中具有本土性意义的资源，开发出具有中国风格、中国气派、中国审美的文化作品，在人民群众尤其是青年人当中建立起文化自豪感与认同感。湖南广电对娱乐性文化的生产及其呈现出的向文化性的转向，可以看作一种"以中国为方法"的文化生产的具体实践，这个过程体现了中国在建设具有中国特色社会主义道路上提供的一种认识世界和改造世界的可能性。

　　本书还有许多方面亟待进一步的修正和完善，也存在很多不足。首先，本书以文化生产场域的框架来结构政策规制、内容生产、产业资本以及节目内容等要素，虽然说明了这些要素共同构建起以湖南广电为代表的文化生产场域，但对这些要素间更为深刻的结构性及理论性联系并未进行更加深入的谈论；其次，本书着眼于构建起中国自20世纪90年代中期以来以娱乐为特点的大众文化生产机制，及其在新的社会文化和媒介环境中所呈现出的转向，在行文中过多地着墨于对文化及社会语境的阐释，但对田野调查所获取的资料以及具体的节目文本的细读和分析略显单薄。在今后的研究过程中，将加强对具有典型性的综艺节目的个案分析。同时，囿于所掌握资料的有限性及保密性的需求，有一些未能被充分说明和论证的部分，需要在掌握更为详尽的材料的基础上进行更深入的论证；在本书所讨论的各议题的面向上，虽都有所涉及，却未能进行更为深入的探讨，需要在今后的研究中继续深入；面对历史及现实的不断变动，本书难免有判断不准确的地方，也囿于笔者在大多数情况下的身份只是一名观众和研究者，即便进行了为期八个月的田野调查，但终归无法进行极为详尽与准确的判断，这也是研究正在发生的问题所必须面对的难题。

　　在一些研究议题和更深层次的问题意识上，本书还有继续深入的可能。一方面，在具体的研究议题上，对平台、数字劳动、粉丝文化、媒介融合、技术驱动下的新闻业变革等，本书都未能做到详尽的研究，在今后还可以有更多研究展开的空间和继续探讨的可能。另一方面，正如马克思所指出的"哲学家的工作是解释世界，而我们要做的是改造世界"，通过理论上的分析与论证，在揭示了文化生产机制运作的逻辑及其所暴露的一些问题之后，我们能否以一种更多元、更具生长性的视角来想象未来及通过切身的实践深入其中？"对未来世界怀有怎样的想象，选择怎样的生活，牵涉到我们对人、社会、意义的理解，因此这是一个与当下社会每一个方面，与我们日常生活相关的问题。而如何达到人类理想的社会图景，更是一个艰难的旅程。它要求我们把自己放到实际工作中来,而不是局限在理论里打转。"① 因此本研究最终指向的问题,可以大致概括为:如何定义新时代中国特色的社会主义文化?在未来其如何发展?如果说娱乐是其前世,那么经过在地化、本土化的一系列发展,以及本土"活生生的"文化,具有中国特性的文化要如何继续形塑其未来的可能性?这些都将是本研究在未来继续深入的方向。

---

① 孙晓忠编:《方法与个案——文化研究演讲集》,上海书店出版社2009年版,第581页。

参考文献

一、专著

[1]［意］乔万尼·阿里吉:《亚当·斯密在北京——21 世纪的谱系》,路爱国等译,社会科学文献出版社 2009 年版。

[2]［美］本尼迪克特·安德森:《想象的共同体——民族主义的起源与散布》(增订版),吴叡人译,上海人民出版社 2016 年版。

[3]［意］安东尼奥·葛兰西:《狱中札记》,曹雷雨等译,河南大学出版社 2016 年版。

[4]［美］尼尔·波斯曼:《技术垄断:文化向技术投降》,何道宽译,北京大学出版社 2007 年版。

[5] 包亚明主编:《现代性与空间的生产》,上海教育出版社 2003 年版。

[6]［法］让·鲍德里亚:《消费社会》(第 3 版),刘成富、全志钢译,南京大学出版社 2006 年版。

[7]［法］皮埃尔·布尔迪厄:《关于电视》,许钧译,南京大学出版社 2011 年版。

[8]［法］皮埃尔·布尔迪厄:《文化资本与社会炼金术——布尔迪厄访谈录》,包亚明译,上海人民出版社 1997 年版。

[9]［法］皮埃尔·布尔迪厄:《艺术的法则——文学场的生成与结构》(新修订本),刘晖译,中央编译出版社 2011 年版。

[10]［法］亨利·列斐伏尔:《空间与政治》,李春译,上海人民出版社 2015 年版。

[11]［英］雷蒙德·威廉斯:《漫长的革命》,倪伟译,上海人民出版社

2013年版。

[12]［英］彼得·伯克：《制造路易十四》，郝名玮译，商务印书馆2007年版。

[13]陈光兴：《去帝国：亚洲作为方法》，行人出版社2006年版。

[14]陈向明：《质的研究方法与社会科学研究》，教育科学出版社2000年版。

[15]陈映芳：《"青年"与中国的社会变迁》，社会科学文献出版社2007年版。

[16]常江、邓树明编著：《从经典到前沿：欧美传播学大师访谈录》，北京大学出版社2020年版。

[17]常江：《中国电视史：1958—2008》，北京大学出版社2018年版。

[18]陈昌凤：《中国新闻传播史：传媒社会学的视角》（第二版），清华大学出版社2009年版。

[19]［英］戴维·莫利：《电视、受众与文化研究》，史安斌主译，新华出版社2005年版。

[20]［英］戴维·莫利：《传媒、现代性和科技——"新"的地理学》，郭大为等译，中国传媒大学出版社2010年版。

[21]邓小平：《邓小平文选》（第三卷），人民出版社1993年版。

[22]［英］大卫·哈维：《新帝国主义》，初立忠等译，社会科学文献出版社2009年版。

[23]［英］大卫·哈维：《新自由主义简史》，王钦译，上海译文出版社2016年版。

[24]［英］保罗·杜盖伊等：《做文化研究——索尼随身听的故事》，霍炜译，商务印书馆2003年版。

[25]［美］丹·席勒：《传播理论史：回归劳动》，冯建三等译，北京大学出版社2012年版。

[26]［英］丹尼·卡瓦拉罗：《文化理论关键词》，张卫东等译，江苏人民出版社2006年版。

[27]［英］戴维·英格利斯:《文化与日常生活》，张秋月等译，中央编译出版社 2010 年版。

[28]《当代中国的广播电视》编辑部选编:《中国的电视台》，北京广播学院出版社 1987 年版。

[29]［法］米歇尔·福柯:《规训与惩罚：监狱的诞生》，刘北成等译，生活·读书·新知三联书店 2012 年版。

[30] 冯建三:《传媒公共性与市场》，华东师范大学出版社 2015 年版。

[31] 方汉奇主编:《中国新闻事业通史》，中国人民大学出版社 1996 年版。

[32] 郭镇之:《中国电视史》，中国人民大学出版社 1991 年版。

[33]［日］沟口雄三:《作为方法的中国》，孙军悦译，生活·读书·新知三联书店 2011 年版。

[34]［美］克利福德·吉尔兹:《地方性知识——阐释人类学论文集》，王海龙等译，中央编译出版社 2000 年版。

[35]［德］哈贝马斯:《公共领域的结构转型》，曹卫东等译，学林出版社 1999 年版。

[36]［英］斯图尔特·霍尔编:《表征——文化表征与意指实践》，徐亮等译，商务印书馆 2013 年版。

[37] 何苏六:《中国电视纪录片史论》，中国传媒大学出版社 2005 年版。

[38]［法］亨利·列斐伏尔:《空间的生产》，刘怀玉等译，商务印书馆 2021 年版。

[39]［美］亨利·詹金斯:《融合文化：新媒体和旧媒体的冲突地带》，杜永明译，商务印书馆 2012 年版。

[40] 江泽民:《江泽民文选》（第一卷），人民出版社 2006 年版。

[41] 姬德强:《数字化中国：有线电视数字化的政治经济学》，中国广播影视出版社 2016 年版。

[42]［英］卡尔·波兰尼:《大转型：我们时代的政治与经济起源》，冯钢等译，浙江人民出版社 2007 年版。

[43] 陆晔、赵民主编:《当代广播电视概论》，复旦大学出版社 2010 年版。

[44] 刘海龙:《宣传:观念、话语及其正当化》(第二版),中国大百科全书出版社 2020 年版。

[45] 罗岗:《英雄与丑角——重探当代中国文学》,东方出版中心 2020 年版。

[46] [英] 雷蒙德·威廉斯:《关键词:文化与社会的词汇》,刘建基译,生活·读书·新知三联书店 2005 年版。

[47] [英] 吉莉恩·罗斯:《观看的方法:如何解读视觉材料》(原书第3版),肖伟胜译,重庆大学出版社 2017 年版。

[48] [美] 劳伦斯·格罗斯伯格等:《媒介建构:流行文化中的大众媒介》,祁林译,南京大学出版社 2014 年版。

[49] 吕新雨:《学术、传媒与公共性》,华东师范大学出版社 2015 年版。

[50] 李彬:《中国新闻社会史(1815—2005)》,上海交通大学出版社 2007 年版。

[51] [美] 林文刚编:《媒介环境学:思想沿革与多维视野》,何道宽译,北京大学出版社 2007 年版。

[52] [俄] 列夫·马诺维奇:《新媒体的语言》,车琳译,贵州人民出版社 2020 年版。

[53] 雷启立:《传媒的幻象:当代生活与媒体文化分析》,上海书店出版社 2008 年版。

[54] [美] 罗德尼·本森、[法] 艾瑞克·内维尔主编:《布尔迪厄与新闻场域》,张斌译,浙江大学出版社 2017 年版。

[55] 刘一平主编:《追梦:湖南电视 40 年》,湖南人民出版社 2010 年版。

[56] [英] 理查德·戴尔:《明星》,严敏译,北京大学出版社 2010 年版。

[57] 中共中央文献研究室编:《毛泽东文集》(第三卷),人民出版社 1993 年版。

[58] 毛泽东:《在延安文艺座谈会上的讲话》,人民出版社 1975 年版。

[59] [德] 马克斯·霍克海默、西奥多·阿多诺:《启蒙辩证法——哲学断片》,渠敬东等译,上海人民出版社 2020 年版。

[60]［美］马克·波斯特:《信息方式：后结构主义与社会语境》，范静哗译，商务印书馆 2014 年版。

[61]［英］尼克·史蒂文森:《传媒的变革：全球化、道德和伦理》，北京大学出版社 2005 年版。

[62]［加］尼克·斯尔尼塞克:《平台资本主义》，程水英译，广东人民出版社 2018 年版。

[63]［美］尼尔·波兹曼:《娱乐至死·童年的消逝》，章艳等译，广西师范大学出版社 2009 年版。

[64] 夏冰青:《依码为梦：中国互联网从业者生产实践调查》，上海社会科学院出版社 2021 年版。

[65] 许婧:《中国电视艺术史》，文化艺术出版社 2013 年版。

[66] 乔新玉:《电视娱乐化转向——景观社会的视角》，社会科学文献出版社 2019 年版。

[67]［英］斯图亚特·霍尔、托尼·杰斐逊编:《通过仪式抵抗：战后英国的青年亚文化》，孟登迎等译，中国青年出版社 2015 年版。

[68] 项飚:《全球"猎身"——世界信息产业和印度的技术劳工》，王迪译，北京大学出版社 2012 年版。

[69] 杨晓凌:《解码电视湘军》，中国传媒大学出版社 2009 年版。

[70] 岳淼:《中国电视新闻节目发展史研究（1958—2008）》，厦门大学出版社 2009 年版。

[71] 孙晓忠编:《方法与个案——文化研究演讲集》，上海书店出版社 2009 年版。

[72]［英］托尼·本尼特:《文化、治理与社会——托尼·本尼特自选集》，王杰等译，东方出版中心 2016 年版。

[73] 陶东风主编:《粉丝文化读本》，北京大学出版社 2009 年版。

[74] 汪晖:《去政治化的政治：短 20 世纪的终结与 90 年代》，生活·读书·新知三联书店 2008 年版。

[75] 王晓明:《近视与远望》，复旦大学出版社 2012 年版。

[76] 王维佳:《作为劳动的传播——中国新闻记者劳动状况研究》,中国传媒大学出版社 2011 年版。

[77] 汪民安主编:《文化研究关键词》,江苏人民出版社 2007 年版。

[78] 姚建华主编:《媒介产业的数字劳工》,商务印书馆 2017 年版。

[79] 张慧瑜:《当代中国的文化想象与社会重构》,中山大学出版社 2014 年版。

[80] 张国良主编:《20 世纪传播学经典文本》,复旦大学出版社 2003 年版。

[81] 张旭东:《文化政治与中国道路》,上海人民出版社 2015 年版。

[82] 朱礼庆:《娱乐的本性——电视娱乐节目的娱乐性研究》,光明日报出版社 2013 年版。

[83] 周翼虎:《中国超级传媒工厂的形成——中国新闻传媒业 30 年》,秀威咨讯科技股份有限公司 2011 年版。

[84] 赵瑜:《从数字电视到互联网电视:媒介政策范式及其转型》,复旦大学出版社 2015 年版。

[85] 赵玉明主编:《中国广播电视通史》(第 2 版),中国传媒大学出版社 2006 年版。

[86] [英]格雷厄姆·默多克、[美]珍妮特·瓦斯科、[葡]海伦娜·索萨编:《传播政治经济学手册》,传播驿站译,华东师范大学出版社 2022 年版。

[87] [美]埃文·塞德曼:《质性研究中的访谈:教育与社会科学研究者指南》,周海涛主译,重庆大学出版社 2009 年版。

[88] 赵月枝、吕新雨主编:《传播新视野:危机与转机》,华东师范大学出版社 2019 年版。

[89] 赵月枝:《传播与社会:政治经济与文化分析》,中国传媒大学出版社 2011 年版。

[90] 赵月枝:《中国传播政治经济学》,唐山出版社 2019 年版。

[91] Amanda D. Lotz. *The Television Will Be Revolutionized*. New York University Press, 2007.

[92] Anthony Y.H. Fung. *Asian Popular Culture: The Global (dis) Continuity*. Routledge, 2013.

[93] Anne Cooper-Chen. *Global Entertainment Media: Content, Audiences, Issues*[M]. Psychology Press: 2014.

[94] Albert Moran Michael Keane. *Television Across Asia*. Routledge Curzon: 2004.

[95] Alison F.Slade. Television, *Social Media and Fan Culture*. Lexington Books: 2015.

[96] Bernadette Casey. *Television Studies: The Key Concepts*. Routledge: 2008.

[97] Donald, S.D., Keane, M. *Media in China: Consumption, Content, Crisis*. Routledge: 2008.

[98] Zhang, Xiaoling. *The Transformation of Political Communication in China: from Propaganda to Hegemony*. Singapore: World Scientific Publishing: 2011.

[99] Bourdieu P. *The Social Structure of the Economy*. Cambridge Polity Press: 2005.

[100] Janet Wasco. *A. Companion to Television*. Blackwell: 2005.

[101] Lynn Spigel Jan Olsson. *TELEVISION AFTER TV: Essays on a Medium in Transition*. Duke University Press: 2004.

[102] Packer, J. & Wiley. *Communication Matters: Materialist Approaches to Media, Mobility and Network*. New York: Routledge, 2013.

[103] José van Dijck, Thomas Poell, Martjn de Waa. *The Platform Society: Public Values in a Connective World*. Oxford University Press, 2018.

[104] Lin Chun. *China and Global Capitalism: Reflections on Marxism, History, and Contemporary Politics*. London: Palgrave Macmillan, 2013.

[105] Lynn T. White. *Legitimacy: Ambiguities of Political Success or Failure in East and Southeast Asia*. World Scientific, 2005.

[106] Min Tang. *TENCENT: The Political Economy of China's Surging*

Internet Giant. Routledge, 2020.

[107] Stuart Hall Paddy Whannel. *The Popular Arts.* Beacon Press, 1967.

[108] Hardt, M. and A. Negri. *Empire.* Harvard University Press, 2000.

[109] Hailong Liu. *Cyber-Nationalism to Fandom Nationalism: The Case of Diba Expedition in China.* Routledge, 2019.

[110] Hongwei Bao. *Queer China-Lesbian and Gay Literature and Visual Culture under Post socialism.* Routledge, 2020.

[111] Vicki Mayer. *Production Studies: Cultural studies of Media Industries.* Routledge 2008.

[112] Wanning Sun Jenny Chio. *Mapping Media in China.* Routledge, 2012.

[113] Foucault, M. *Ethics: The Essential Works.* London: Allen Lane, 1997.

[114] Mark Post. *The Second Media Age.* John Wiley & Sons, 2018.

[115] Jeroen de Kloet, Chow Yiu Fai Lena Scheen. *Boredom, Shanzhai, and Digitisation in the Time of Creative China.* Amsterdam University Press, 2019.

[116] Williams R. Ederyn Williams. *Television: Technology and Cultural Form.* Routledge Classics, 2003.

[117] Yuezhi Zhao. *Communication in China: Political Economy, Power, and Conflict ,* Rowman and Littlefield, 2008.

[118] Ruoyun Bai Geng Song. *Chinese Television in the Twenty-First Century.* Routledge, 2015.

[119] Wannning Sun Jenny Chio. *Mapping in China: Region, Province, Locality.* Routledge, 2012.

[120] Zhang, Xiaoling. *The Transformation of Political Communication in China: From Propaganda to Hegemony.* Singapore: World Scientific Publishing, 2011.

二、连续出版物

[1] 雷启立：《传播革命："历史中的一股力量"》，《编辑学刊》2008 年第

5 期。

[2] 雷启立:《新媒体给当代生活带来了什么》,《传承》2012 年第 3 期。

[3] 雷启立:《主体隐匿的景观创制——论"后世博"时代的文化表象》,《华东师范大学学报（哲学社会科学版）》2011 年第 4 期。

[4] 雷启立:《发展的幻象与未来沉思》,《中国报道》2010 年第 6 期。

[5] 雷启立:《"微传播"时代的文化特质》,《编辑学刊》2010 年第 4 期。

[6] 李兆丰:《被命名的改革:2008 年以来广电制播分离的政策与政治》,《现代传播（中国传媒大学学报）》2011 年第 2 期。

[7] 李岚:《关于广电改革的两点思考》,《中国广播电视学刊》2015 年第 9 期。

[8] 刘习良:《我国电视制片人制的现状及前景展望》,《电视研究》1999 年第 2 期。

[9] 崔柯:《娱乐文化的形式变迁与时代内涵》,《文艺理论与批评》2013 年第 6 期。

[10] 赵承燕整理:《陈荒煤同志在北京召开的全国电视剧编导经验交流会上的讲话》,《大众电视》1981 年第 4 期。

[11] 何道宽:《尼尔·波斯曼:媒介环境学派的一代宗师和精神领袖》,《新闻记者》2019 年第 11 期。

[12] 靳大力:《制片人 大剧务 小杂家》,《中国电视》1994 年第 9 期。

[13] 范顺事:《与市场同行——电视的必由之路》,《中国广播电视学刊》1999 年第 9 期。

[14] 黎瑞刚:《从〈新闻观察〉看电视新闻栏目制片人制》,《新闻记者》1998 年第 9 期。

[15] 吕新雨:《逐鹿新媒体:宏观政策的博弈,或共赢?——试论社交媒体平台与中国主流新闻生产之关系》,《文艺理论与批评》2018 年第 3 期。

[16] 吕新雨:《"微博时代"的终结?——〈新媒体与当代中国政治〉导言》,《新闻大学》2018 年第 1 期。

[17] 田进:《加快推进广电媒体与新兴媒体深度融合》,《新闻战线》2016

年第 19 期。

[18] 么咏仪、吴心悦:《芒果 TV 的创新之路——专访芒果 TV 团队》,《新闻与写作》2019 年第 1 期。

[19] 黄田园:《加速融合媒体转型 推动广电体制机制改革创新》,《电视研究》2017 年第 7 期。

[20] 张腾之:《中国广电媒体融合的驱动路径与未来思考》,《现代传播（中国传媒大学学报）》2016 年第 5 期。

[21] 高顺青:《用改革的力量推进媒体融合转型——以南京广电集团改革实践为例》,《中国广播电视学刊》2019 年第 1 期。

[22] 陈剑晨、薛瞳瞳:《工作室制:广电运营模式的改革与探索》,《青年记者》2019 年第 29 期。

[23] 魏文彬:《关于湖南广电改革和发展的思考》,《湖北宣传》2007 年第 2 期。

[24] 易前良:《媒介管理者与传媒产业化:中国广电体制变迁的微观考察》,《现代传播（中国传媒大学学报）》2018 年第 3 期。

[25] 马薇薇:《晚清上海西式娱乐的传播路径与娱乐观念的建构》,《重庆邮电大学学报（社会科学版）》2016 年第 3 期。

[26] 杨俊伦、王向前、郑妍:《自主创新四级办 再造生态融未来——中国广电 70 年发展初探》,《电视研究》2019 年第 3 期。

[27] 刘海龙:《当代媒介场研究导论》,《国际新闻界》2005 年第 2 期。

[28] 官怀椿:《试论电视业的转型创新》,《中国广播电视学刊》2000 年第 8 期。

[29] 游洁:《电视娱乐本性的回归——从〈快乐大本营〉说起》,《现代传播（中国传媒大学学报）》1999 年第 3 期。

[30] 刘淑燕:《玩也要玩得有品位有格调》,《当代电视》1999 年第 7 期。

[31] 伍素芬、董石才:《浅议"雷同"与"上星"》,《中国广播电视学刊》1999 年第 7 期。

[32] 谢杰、朱晶、陆军:《从湖南经视发展探索省级地面频道突围之道》,

《当代电视》2014年第12期。

[33] 柴志芳：《〈超级女声〉走红的传播学思考》，《新闻界》2005年第5期。

[34] 段京肃：《新闻媒介运行中的三种控制因素》，《新闻与写作》2007年第5期。

[35] 王晓明：《九十年代与"新意识形态"》，《天涯》2000年第6期。

[36] 赵丹：《事业性广电集团"叫停"的背后》，《传媒观察》2005年第4期。

[37] 宋守山：《中国媒体市场化的路径及反思》，《青年记者》2018年第25期。

[38] 胡正荣：《媒介寻租的背后》，《新闻周刊》2003年第42期。

[39] ［加］达拉斯·斯迈思、王洪喆：《自行车之后是什么？——技术的政治与意识形态属性》，《开放时代》2014年第4期。

[40] ［英］R.威廉斯、陈越：《电视：技术与文化形式（一）——技术与社会》，《世界电影》2000年第2期。

[41] 《艾知生部长谈广播电视》，《中国广播电视学刊》1993年第6期。

[42] 刘朝、张婵：《电视"上星"纷争荧屏"老大"——中国电视业现状透视》，《决策与信息》1999年第4期。

[43] 苏子龙：《出路在于创新：电视上星之后的行业分析》，《电视研究》1999年第8期。

[44] 应中迪：《试论卫星电视》，《新闻大学》1997年冬季号。

[45] 常江、石谷岩：《阿曼达·洛茨：未来的电视是一种非线性文化——数字时代的电视与电视研究》，《新闻界》2019年第7期。

[46] 蔡骐、唐亦可：《电视节目模式：在全球化与本土化之间》，《中国电视》2017年第3期。

[47] 张建珍、彭侃：《电视节目模式国际贸易发展简史》，《新闻春秋》2013年第2期。

[48] 吴畅畅、赵瑜：《试析我国综艺节目发展的困境与未来》，《中国文艺

评论》2016 年第 10 期。

[49] 吴畅畅、赵瑜:《湖南卫视:资本、市场与国家意识形态的转化》,《新闻大学》2007 年第 4 期。

[50] 吴畅畅:《电视综艺"讲好中国故事"与重建青少年文化领导权的可能》,《东方学刊》2021 年 12 月冬季刊。

[51] 魏文彬:《谈谈我们当前的任务》,《潇湘声屏》1994 年第 6 期。

[52] 陆地:《我国省级电视台上星节目浅析》,《电视研究》1998 年第 4 期。

[53] 丁方舟:《论传播的物质性:一种媒介理论演化的视角》,《新闻界》2019 年第 1 期。

[54] 陈波、宋诗雨:《虚拟文化空间生产及其维度设计研究——基于列斐伏尔"空间生产"理论》,《文化研究》(集刊)2021 年第 1 期。

[55] 戴宇辰:《"物"也是城市中的行动者吗?——理解城市传播分析的物质性维度》,《新闻与传播研究》2020 年第 3 期。

[56] 孙萍、邱林川、于海青:《平台作为方法:劳动、技术与传播》,《新闻与传播研究》2021 年增刊。

[57] 欧阳宏生:《认知与认同:中国电视的文化身份》,《国际新闻界》2007 年第 6 期。

[58] [英] 齐格蒙特·鲍曼:《工作、消费主义和新穷人》,郭楠译,上海社会科学院出版社 2021 年版,第 29—31 页。

[59] 张兵娟:《中国电视传媒的三种现代性话语及其建构》,《现代传播(中国传媒大学学报)》2009 年第 1 期。

[60] 张颐武:《论"新世纪文化"的电视文化表征》,《文艺研究》2003 年第 3 期。

[61] 高寒凝:《虚拟化的亲密关系——网络时代的偶像工业与偶像粉丝文化》,《文化研究》2018 年第 3 期。

[62] 吴小英:《再论青年与青年研究:从概念变迁到范式转换》,《青年研究》2019 年第 6 期。

[63] 孟登迎:《试论当今中国"新型"青年文化生成的可能性》,《文学与

文化》2019 年第 4 期。

[64] 祁述裕:《党的十九大关于文化建设的四个突出特点》,《经营管理改革》2017 年第 11 期。

[65] 汪炳文:《"综艺"探源——从综艺栏目〈快乐大本营〉说起》,《当代电视》1999 年第 6 期。

[66] 尹鸿:《"分离"或是"分制"?——对广电制播分离改革的思考》,《现代传播（中国传媒大学学报）》2010 年第 4 期。

[67] 汪晖、许燕:《"去政治化的政治"与大众传媒的公共性——汪晖教授访谈》,《甘肃社会科学》2006 年第 4 期。

[68] 赵月枝:《社会主义跨文化传播政治经济学——理论路径与问题意识》,《人民论坛·学术前沿》2020 年第 21 期。

[69] 赵月枝:《构建社会主义媒体的公共性和文化自主性?——重庆卫视改革引发的思考》,《新闻大学》2011 年第 3 期。

[70] 赵月枝、吴畅畅:《网络时代社会主义文化领导权的重建?——国家、知识分子与工人阶级政治传播》,《开放时代》2016 年第 1 期。

[71] 张旭东:《"革命机器"与"普遍的启蒙"——〈在延安文艺座谈会上的讲话〉的历史语境及政治哲学内涵再思考》,《中国现代文学研究丛刊》2018 年第 4 期。

[72] 周逵、黄典林:《娱乐的正当性:当代中国大陆电视综艺节目的观念与实践流变》,《国际新闻界》2021 年第 7 期。

[73] 张亮:《雷蒙·威廉斯"文化唯物主义"视域中的电视》,《文艺研究》2008 年第 4 期。

[74] 周志强:《从"娱乐"到"傻乐"——论中国大众文化的去政治化》,《天津师范大学学报（社会科学版）》2010 年第 4 期。

[75] 姬德强:《平台化治理:传播政治经济学视域下的国家治理新范式》,《新闻与写作》2021 年第 4 期。

[76] 胡正荣、王天瑞:《新传播环境中的泛娱乐化现象与破解》,《青年记者》2021 年第 23 期。

[77] 田元、冯应谦:《恋"湘"情结:媒体融合时代湖南电视生产者的空间迁徙与社群依附》,《新闻记者》2021年第6期。

[78] 张潇潇、冯应谦:《全球模式与地方性知识:电视生产社群的民族志阐释》,《国际新闻界》2016年第7期。

[79] 胡泳、刘纯懿:《现实之镜:饭圈文化背后的社会症候》,《新闻大学》2021年第8期。

[80] 胡翼青:《当我们说数字劳动,我们在谈论什么》,《新闻与写作》2021年第2期。

[81] 汪民安:《电视的观看之道》,《文艺研究》2011年第12期。

[82] 杨东篱:《接合理论与文化研究的演进》,《文艺理论研究》2021年第3期。

[83] Fung, A.Y. *Fandomization of Online Video or Television in China*. Media, Culture&Society 2019(7).

[84] Keane, M. T*elevision, and Moral Development in China*. Asian Studies Review, 22(4).

[85] Katz, James E. *Technologies of Freedom: On Free Speech in an Electronic Age*. Informatica Communication&Society.2015(12).

[86] Dallas W. Smythe. *Communications: Blindspot of Western Marxism*. Canadian Journal of Political and Social Theory, Vol.1, No.3.

[87] Freedman Des. *A Technological Idiot? Raymond Williams and Communication Technology*. Information, Communication and Society,2002(5).

[88] Michael Keane. *As a Hundred Television Formats Bloom, a Thousand Television Stations Contend*. Journal of Contemporary China, 2002(11).

[89] Michael, Keane. *Going Global or Going Nowhere? Chinese Media in a Time of Flux*. Media International Australia, 2016, 159(1).

[90] Murdock G. *Media Materialties: For A Moral Economy of Machines*. Journal of Communication, 2018, 68(2).

[91] Mosco V. *After the Internet: New Technologies, Social Issues, and Public*

Policies. 复旦人文社会科学论丛：英文版，2017, 10(3)。

[92] Wong. J. *Here's Looking at You: Reality TV, Big Brother and Foucault.* Canadian Journal of Communication, 2001(26).

[93] Wittel Andreas. *Culture, Labor, and Subjectivity: For a Political Economy from Blow.* Capital and Class, 2004(84).

[94] Graham, Mark Isis Hjorth , Vili Lehdonvirta. *Digital Labour and Development: Impacts of Global Digital Labour Platforms and the Gig Economy on Worker Livelihoods.* Transfer (Brussels, Belgium) 2017(23).

[95] Acs, Zoltan J, Abraham K Song, László Szerb, David B Audretsch, and Éva Komlósi. *The Evolution of the Global Digital Platform Economy*: 1971–2021. Small Business Economics 2021(4).

[96] Seta, Wailing, Fran Martin. *Transmigrant Media: Mediating Place, Mobility, and Subjectivity.* International Journal of Cultural Studies 2019(4).

[97] Keinonen, Heidi. *Television Format as Cultural Negotiation: Studying Format Appropriation through a Synthesizing Approach.* View (Utrecht) 2016(9).

三、学位论文

[1] 李云峰:《产业化媒介：存在、运行与发展》，吉林大学硕士学位论文，2004年。

[2] 吴杰:《湖南广播电视台文化体制改革中的问题及对策研究》，湖南大学硕士学位论文，2015年。

[3] 祁高:《湖南广电集团第三轮体制改革研究》，湖南大学硕士学位论文，2011年。

[4] 谷良:《湖南广电集团企业运作模式创新研究》，湖南大学硕士学位论文，2004年。

[5] 胡萍:《融媒体背景下湖南广电产业竞争力研究》，湖南大学硕士学位论文，2018年。

[6] 蒋凯警:《价值链视角下电视媒体融合发展路径选择——以芒果TV发

展战略为例》，中国青年政治学院硕士学位论文，2017年。

[7] 毛震：《湖南广电媒体融合的平台化发展研究》，湖南大学硕士学位论文，2017年。

[8] 曾文晶：《湖南广电"局台分离"运行研究》，湖南大学硕士学位论文，2011年。

[9] 王欢：《媒介融合时代的分享与协同：以湖南广电集团为例》，华中科技大学硕士学位论文，2012年。

[10] 李芳旭：《湖南广电集团电视产业可持续发展研究》，湖南大学硕士学位论文，2011年。

[11] 袁娟：《新媒体时代传统电视转型发展研究——以芒果TV为例》，湖南师范大学硕士学位论文，2016年。

[12] 梁蓉：《湖南卫视"快乐购"在网购时代的困境与出路研究》，湖南师范大学硕士学位论文，2017年。

[13] 何倩：《湖南卫视品牌综艺节目的互联网转型研究》，湖南大学硕士学位论文，2017年。

[14] 杨晓凌：《电视媒体创新的路径与系统——兼析湖南电视现象》，中国人民大学博士学位论文，2010年。

[15] 周长宏：《广电系视频网站的品牌建构——以改版后的芒果TV为例》，浙江传媒学院硕士学位论文，2016年。

[16] 张茜：《湖南广播电视产业发展研究》，中南大学硕士学位论文，2008年。

[17] 左妮：《传统电视媒体融合平台研究——基于湖南广电与上海文广的案例分析》，暨南大学硕士学位论文，2016年。

[18] 吴文依：《湖南广电集团的媒介融合研究》，南昌大学硕士学位论文，2015年。

[19] 曾徽：《湖南卫视综艺节目的娱乐化研究》，江西财经大学硕士学位论文，2015年。

[20] 王贞瑾：《芒果TV自制综艺节目传播及效果研究》，湖南大学硕士学

位论文，2018年。

[21] 刘勇：《重塑权威、重塑核心》，复旦大学博士学位论文，2004年。

[22] 周亭：《中国电视娱乐产业研究》，复旦大学博士学位论文，2007年。

[23] 田明：《电视娱乐产业战略发展研究》，复旦大学博士学位论文，2005年。

[24] 张志安：《编辑部场域中的新闻生产》，复旦大学博士学位论文，2006年。

[25] Nauta, A.P.M. *Governing Through Reality Television in Contemporary China*. University of Amsterdam, 2021.

四、报纸

[1] 吴湘韩：《"湖南电视现象"探秘》，《中国青年报》1999年12月12日。

[2] 吕焕斌：《中国文化走出去，要立足于"卖出去"而不是"送出去"》，《中国日报》2019年3月13日第4版。

[3] 郭沫若：《文艺与宣传》，《大公报》1937年3月27日。

[4] 《习近平的新闻舆论观》，《人民日报》（海外版）2016年2月25日。

[5] 董学文：《美丑不分、娱乐至死是文艺审美生态的毒株》，《光明日报》2021年8月30日第2版。

[6] 习近平：《在中国文联十大、中国作协九大开幕式上的讲话》，《人民日报》2016年12月1日第2版。

[7] 《坚守人民情怀，走好新时代的长征路——习近平在湖南考察并主持召开基层代表座谈会纪实》，《人民日报》2020年9月21日第1版。

[8] 龙军：《一场别开生面的思想之旅——〈新时代学习大会〉缘何引发社会强烈反响》，《光明日报》2018年10月25日第6版。

[9] 《更好构筑中国精神、中国价值、中国力量——新时代中国特色社会主义的伟大成就》，《人民日报》2021年12月3日第5版。

[10] 《习近平在中国文联十一大、中国作协十大开幕式上的讲话》，《光明日报》2021年12月15日第2版。

五、年鉴及工具书

[1] 王兰柱主编：《中国电视收视年鉴》，中国传媒大学出版社.2003—2020年版。

[2] 中国广播电视年鉴编辑委员会编：《中国广播电视年鉴》，中国广播电视年鉴社，1986—2020年。

[3] 湖南省广播电视厅史志编辑室编：《湖南广播电视年鉴》，1986—2018年。

[4] 湖南省统计局编：《湖南统计年鉴》，1987—2020年。

[5] 国家广播电影电视总局发展改革研究中心：《中国广播影视发展报告》，社会科学文献出版社，2006—2020年。

六、电子资源

[1] 中国共产党思想理论资源数据库：

http://data.lilun.cn/index_custom.html

[2] 全国报刊索引：

https://www.cnbksy.com/

[3] 人民数据　权威党政、时政信息平台：

http://data.people.com.cn/

后　记

　　本尼迪克特·安德森在自传中介绍其研究经历时曾说，在印度尼西亚，当有人问你要去哪里而你却没有明确答案时会说"lagi tajaji angin"，意思是"我在等风"。安德森用"等风来"隐喻学者对突破固有的学科界限及研究舒适圈的勇气，同时也感慨自己作为学者从事知识生产工作的"运气"。

　　我的学生生涯也是充满运气的，自小以来，我就成长在一个充满宽松与包容氛围的家庭中，无论是对阅读、观影、音乐还是对艺术的喜好，我的父母都从未有过任何干涉，始终积极地支持着我。出于对文学的喜好，我在高考选专业时将所有的志愿都填上中文系，也如愿以偿地在文学中徜徉了四年的时间。其间偶然间我读到了王晓明老师《九十年代与"新意识形态"》的相关论述，恍然间领悟到原来文学研究还可以如此深刻与有趣。从那时起，文化研究的种子默默地在我的心中种下。硕士研究生期间，如愿去了上海大学文化研究系学习，在那里接受了文化研究的系统训练。难忘无数个周末的午后，沪上知名学者在上海大学的会议室中讲述文化研究的联合课程，从威廉斯到霍尔，从竹内好到孔飞力……毛尖老师称联合课程是"最好的时光"。于我而言，接受文化研究的理论与方法奠定了我的学术视野与思想地图，那种永远不做保证的充满动态的研究精神，也一直影响着我的思考。博士研究生期间，来到华东师范大学传播学院攻读传媒文化研究，我也开始逐渐接受到更多关于传播学的方法与理论，并通过自己的实践将文化研究的视野与路径结合到传播学研究中。这本笨拙的基于博士学位论文的小书，姑且可以算是一种尝试。

　　能够完成这本基于博士学位论文的小书，首先要感谢我的导师雷启立教授，老师始终不断鞭策与激励着我，跟随老师的求学之旅，我不仅学到了专业知识，更领悟到了许多做学问与做事的道理。其次要感谢墨尔本大学文化与传播学院的马嘉兰（Fran Martin）教授，自2015年开始担任马嘉兰教授的研究助理开始，我们在学术上的交流就从未间断，在墨尔本大学联合培养期间，与马嘉兰教授的交流为本书的完成提供了若干有力的支持，更感谢马嘉兰教授为本书撰写序言。再次要感谢罗岗教授、吕新雨教授、聂欣如教授、沈嘉熠教授、倪伟教授、董丽敏教授在本书完成过程中所提出的宝贵指导意见；感谢我的启蒙恩师乔焕江教授与师母孙葳博士，他们的支持与鼓励一直是我前行的动力与避风港；感谢我的同门申爽博士，人生得一知己是一种幸运。最后，我要感谢在湖南广电进行田野调查的过程中为我提供了莫大帮助的王国庆老师、尹洋老师，以及我的同事们，更要感谢我的受访者。

感谢我的家人自始至终用爱与包容支持我。仔细算来，来沪求学已八年有余，我在这座城市读书、安家，体会着这座城市的摩登与现代，也感受着它的秩序与包容。终于，在三十岁的尾巴上与学生的身份作别了，并开启了全新的人生旅程。谨以此书，为我的博士生涯画下一个小小的尾注。

凡是过往，皆为序章。安德森倡导青蛙们不要只蜷缩在自己阴暗的椰壳碗里，要打破疆界联合起来，希望未来我们都不做那只固守椰壳碗的青蛙。

2023年6月于上海长宁